MANAGEMENT DISPOSITION

管理心性
管理变革的根本

陆贞全　陆 茛 /著

新时代就是心时代　新生活就是心生活
新经济就是心经济

管理企业有三大核心，其一是员工，其二是客户，其三是产品，这是管理的金三角。但回归到一点：管理的核心还是人

企业管理从管事、管人走向管心，是历史的必然。要经营好企业，必须抓住员工的心

经济管理出版社
ECONOMY & MANAGEMENT PUBLISHING HOUSE

图书在版编目（CIP）数据

管理心性：管理变革的根本 / 陆贞全，陆苃著 .—北京：经济管理出版社，2021. 1
ISBN 978-7-5096-7675-2

Ⅰ .①管… Ⅱ .①陆…②陆… Ⅲ .①企业管理 Ⅳ . ① F272

中国版本图书馆 CIP 数据核字（2021）第 007428 号

组稿编辑：杨国强
责任编辑：赵天宇
责任印制：黄章平
责任校对：王淑卿

出版发行：经济管理出版社
　　　　　（北京市海淀区北蜂窝 8 号中雅大厦 A 座 11 层　100038）
网　　　址：www.E-mp.com.cn
电　　　话：（010）51915602
印　　　刷：北京晨旭印刷厂
经　　　销：新华书店
开　　　本：710 mm×1000 mm/16
印　　　张：20
字　　　数：286 千字
版　　　次：2021 年 1 月第 1 版　2021 年 1 月第 1 次印刷
书　　　号：ISBN 978-7-5096-7675-2
定　　　价：68.00 元

一畫開天，淄為首，然土載萬物，惠德顯君子，烝黎通元，愚羊蒼義，我榮品瑞，艾而品瑞。

己亥冬初定遠人辰鴻釣

書于廬州安徽茶城

一乃天道为自然

土载万物惠得显

君子不器通天意

羊者义也耐品端

千年一笔谈《管心》

什么样的书才是"好书"呢？

我们评价一本书有社会和个体两个指标。那些被社会公认的，推崇的，叫作"名著"；而那些让我们能够读下去，并且有所得的，才叫"好书"。

"四大名著"就是这样。这四部代表中华文化的名著，对于每个人来说却未必都是"好书"。

这么多年来，《西游记》我读了十七八遍，《三国演义》《水浒传》大概一两遍，而《红楼梦》则至今一遍都没读完。我所有关于《红楼梦》的知识，几乎都是来自少年时看过的一部电视连续剧。

我仰视《红楼梦》的伟大，却怎么也读不下去，当然也就无所得。而贞全老师的《管心》却不是这样。展开书页，贞全老师特有的角度，卓越的创见，深刻的思想，深深地吸引了我，让我一气读完。我也有所得。十多年前，我开始研究《西游记》。从那时起，我就在玩味这样一个"西游谜题"——唐僧的取经团为什么能取得成功。

取经团为什么能够取得成功呢？

从管理学的角度，我们可以总结出四点经验。

第一，取经团的组织目标制定得好。

任何团队在做项目时，都应该有一个明确的目标。唐僧师徒到西天干什么？就是要取得三藏真经。为什么说这个目标制定得好？它好在具有普世价值。"真经"的功用，是用来普渡世人的，按大家熟悉的话来说，是用来拯救全人类的。这样一个意义，相当的崇高伟大，正义凛然，让人不敢仰视，不敢怀疑，只有五体投地、顶礼膜拜，只有唯唯诺诺、按部就班。这对于取经团来讲，思想比较容易统一，也就先天赋予了一种强制的凝聚力。

另外，就是团队的目标凝练、单一。我们知道，佛派组建取经团队是有多重目标的：一是为了传经，二是为了除妖，三是为了弘法。这样复杂的目标体系，如果不进行适当的凝练，就难免顾此失彼，无法完成。通过观音的策划，这个目标被凝练成西天取经这样一项工作。唐僧等人只要完成这一任务，就可以全面完成团队目标。这是一个非常高明的设计，它成为取经团队取得成功的首要因素。

第二，有效的人才激励机制。

走完漫长的取经道路，需要有强大的精神动力。这个精神动力是什么呢？就是修成正果。

在组建团队时，观音就加入了这个诱导。他对孙悟空说："待我到了东土大唐寻一个取经的人来，叫他救你。你可跟他做个徒弟，秉教伽持，入我佛门，再修正果，如何？"对猪八戒说："你可跟他做个徒弟，往西天走一遭来，将功折罪，管教你脱离灾瘴。"她对沙和尚说："你何不入我门来，皈依善果，跟那取经人做个徒弟，上西天拜佛求经？"把小白龙化成白马后，观音又吩咐道："你须用心了还业障，功成后，超越凡龙，还你个金身正果。"对于唐僧，其实也有许诺。观音在离开长安之时，留下一个颂子，写得明白："若有肯去者，求正果金身。"有了"修成正果"这根胡萝卜，孙悟空有言，"我愿保你取经，与你做个徒弟"；猪八戒道，"我若不是真心实意，还教我犯了天条，劈尸万段"；沙和尚也表忠心，"弟子向蒙菩萨教化，指河为姓……岂有不从师父之理"，使他们有了共同的精神动力。在取经路上，虽然有千难万险，但是师徒团结一心，克服了难以想象的困难，最终取回真经而修成正果。

第三，团队成员的互补与协作。

取经团的每一个成员都有很大的缺点，这是一个让人完全没有信心的团队。果然，在取经路上：唐僧，面慈心软、迂腐、刻板和敌友不分；孙悟空，盲目自信、逞强自负；猪八戒，自私、贪婪；沙和尚，犹豫、无能，使取经路上平添了很多困难和阻力。唐僧被送到锅边，差点成了"东坡肉"；孙悟空多次受难、被困，险些丧命；猪八戒被架到火上，差点成了"烤猪"；沙和尚和白龙马更是几度面临"下岗"的危险。

虽然成员的综合素质不佳，但团队却在不断的艰险和内讧中完成了取经的任务。任何成功都不是平白无故的，都有成功的要素和模式，取经团队的成功也有它很多的道理，甚至是哲理在里面。

看似每个成员都有缺点，组合在一起却是一个整体能力比较强的团队。这是为什么呢？因为成员的能力和性情是互补的，所以团队有很大的执行力。

我们仔细分析一下。唐僧：他虽没有任何克服困难的本领，也没有从事任何一项具体工作的实际能力，但却是唯一一个意志坚定的取经人，唯一一个清楚地知道取经的意义和价值的人，也是唯一一个把取到真经当成必须完成的事业的人。孙悟空：他虽然野性十足，也并不十分安于本职工作，但他的真才实学却是团队中无人能及的，几乎所有的困难都是靠他来克服的。猪八戒：他是团队里最易起内讧的人。但是我们不要忘了，猪八戒以前也曾是职能部门的一把手，也能上天入地（有本领），他是唯一能给孙悟空实质性帮助的团队成员。沙和尚和白龙马：他们是非常清楚自己能力并且知道自己能力极限的人，所以也是最安于本职工作的成员，是团队稳定的基础。可以说，团队里的成员，他们的能力是相辅相成的。

毛泽东在延安给即将毕业的"抗大"第三期学员的讲话中也谈到过唐僧等人的特点。他说："唐僧一心一意去西天取经，遭受九九八十一难，百折不回，他的方向是坚定不移的。但他也有缺点，麻痹，警惕性不高，敌人换个花样就不认识了。猪八戒有许多缺点，但有一优点，就是艰苦。臭柿胡同就是他拱开的。孙猴子很灵活，很机动，但他最大的缺点是方向不坚定，三心二意……"他还特地提到那匹白马，他说："你们别小看了那匹小白龙马，它

3

不图名，不为利，埋头苦干，把唐僧一直驮到西天，把经取了回来，这是一种朴素踏实的作风，是值得我们取法的。"

从性格上看，孙悟空是力量型、事业型；猪八戒是交际型的；沙和尚是稳健型的，白龙马是工具型的；唐僧是协调型、管理型的。因此他们的组合，可谓珠联璧合，相得益彰。

团队成员的任何一个角色都是唯一的，试想如果有两个孙悟空或猪八戒，那结局会怎样？一个战斗力很强的团队从人员构成到分工与协作，有它自身的模式。如果这个模式是最佳的，那么团队在实现目标的过程中，其成员就会自我磨合，自我成长，自我修正，最终修成正果。再加上外界的资源整合和利用，那么，达到目标是指日可待的。

唐僧师徒在过了凌云渡以后，有这样一个细节，很耐人寻味。唐僧方才省悟，急转身，反谢了三个徒弟。悟空道："两不相谢，彼此皆扶持也。我等亏师父解脱，借门路修功，幸成了正果；师父也赖我等保护，秉教伽持，喜脱了凡胎。"唐僧靠徒弟保护，徒弟靠唐僧解脱，彼此扶持，合作得以成功。这个成功是互利的，用现在的说法叫："双赢"。

第四，有效的组织控制。

唐僧是师父，其他几人是师兄弟，师徒如父子，父父子子、兄兄弟弟构成了一个家庭。

对于徒弟们的努力，家长唐僧及时给予了客观地评价和鼓励，"贤徒，亏了你也！这一去，造诣西方，径回东土，奏唐王，你的功劳第一"，"贤徒啊，多累你了"，这些话让徒弟们在辛劳之余、委屈之后感到一股股暖意，充分调动了他们工作的积极性。而且，唐僧一旦发现自己因判断失误而错误处置(如因误将妖魔当好人而撵走孙悟空)，能坦诚地承认错误，并不因自己"师父"的地位而死要脸面、拒不认错，这恐怕也是孙悟空尽管屡遭误解，却仍对唐僧忠心耿耿的重要原因之一。

作为一个团队领导，情感管理是非常重要的。当孙悟空犯些小错误时，当猪八戒好色、懒惰时，唐僧就苦口婆心，循循善诱，用感情来感化、教导徒弟们改过自新。在情感层面上驾驭徒弟，这是更为高级的管理艺术。

唐僧获得了紧箍咒，也就掌握了制服孙悟空的法宝，孙悟空再也不敢任意撒野了，只得服服帖帖。唐僧道："你今番可听我教诲了？"悟空道："听教了！""你再可无礼了？"悟空道："不敢了！"为什么唐僧老是要惩罚孙悟空呢？唐僧采取的是一种"地位高的要求也高"的管制措施。他对于能力最强、贡献最大、地位也最高的成员（孙悟空），动用了惩罚权（念紧箍咒）和解聘权（将其撵走）；对于地位次之的成员（猪八戒），主要采取的是"训斥的方法"；而对于地位最低的成员（沙和尚、白龙马），几乎不进行任何惩戒。相对而言，团队中地位高的成员，由于其承担的责任重大，其负面行为的影响也就越大，因此对其要求高是完全必要的。孙悟空有能力，但是有个性，不好控制，容易出现违背组织意图的思想和行为，不利于取经团整体的建设。制服猴哥，其实是为了"杀猴骇猪"。猪八戒、沙和尚和白龙马，自身本领就不过硬，没有和组织叫板的本钱，再一看大师兄的下场，焉能不服？就这样，团队秩序就在猴哥头痛欲裂的痛苦中得以保全了。

不过我们从《西游记》中可以看到，唐僧使用紧箍咒的过程，可以分三个阶段或三个时期。第一个时期，唐僧刚从观音处获得这一法宝，只要孙悟空不听话或做错了事，他就会念叨起来，直念得孙悟空疼得死去活来，方肯罢休。孙悟空曾跪下哀告道："师父！这是他奈何我的法儿，教我随你西去。我也不去惹他，你也莫当常言，只管念诵。我愿保你，再无退悔之意了。"由于惧怕，孙悟空的野性收敛了不少，唐僧通过紧箍咒对孙悟空的心理和行为进行训导。第二个时期，孙悟空基本驯服，对唐僧言听计从，不敢轻易"胡作非为"，但是由于猴子的天性，偶尔也要"犯戒"。不过唐僧这时也不会动不动就念紧箍咒，而是先来一番思想政治教育；如果孙悟空再不改，才会念紧箍咒。第三个时期，也就是到了取经的后期，孙悟空等徒弟已经是一心向佛，没有必要再念紧箍咒了，紧箍咒形同虚设。

我们可以看出，唐僧是根据孙悟空心理和行为变化的情况来使用紧箍咒（权力）的，并非滥用。试想，如果唐僧不根据孙悟空的实际情况，而是滥用职权，动不动就用紧箍咒来折腾孙悟空，到头来的结果，只能是孙悟空在忍无可忍的情况下一走了之。

总之，唐僧师徒这个团队不但具有明确的奋斗目标，而且拥有意志坚定且品德高尚的负责人、本领高强的技术骨干以及甘当配角的员工，还有一套行之有效的管理方法，具备了一个优秀团队的必要条件，因此，尽管在取经路上这个团队也曾经历坎坷，但最终还是圆满完成了任务，取回了真经，修成了正果。其实这四点，啰啰唆唆，倒是完全可以凝练成两个字：管心。

适逢本书再版，贞全老师嘱我为跋。

班门弄斧，实在让我难以下笔。

谨录所得，并向读者推荐一本好书。

是为跋。

钱　斌

中央电视台"百家讲坛""千年一笔谈"主讲嘉宾

合肥工业大学教授、博士

修心为上
——正心的魅力

进入21世纪以来，人类在享受以互联网为代表的高新技术的同时，也面临着能源危机、环境污染、自然灾害，经济发展的不确定性，以及国家和地区局部的冲突等新问题。企业经营环境发生了巨大变化。面对上述挑战，企业家不得不思考一个问题：通过什么样的管理，可以保证企业基业长青？

世界上现有的企业，绝大多数都是最近几十年建立起来的，百年以上的老店寥寥无几，如果把目光超越企业，一些社会组织的生存时间要长得多：它们是学校和宗教团体。那么，是否可以从管理上找到长期生存的答案，或者说，找到组织之间管理上的区别呢？

企业老板招聘员工，双方是雇用关系，是依据契约发挥各自功能的；而学校或宗教团体中，不知道谁是老板，所谓"员工"都是自愿的，甚至不计报酬的，也没有明确的契约关系。是什么力量让"员工"为组织死心塌地地服务呢？归根结底在于，心之所向也。

按照我粗浅的理解，一个企业要发展，关键在于上下一心。这里的"心"，是心灵（道德规范）、心愿（愿景）、心情（文化）、心意（关爱）。要做到以"心"治企，首先需要从企业的领导者做起，具备良好的道德操守，树立正确的心愿，为企业创利润、为员工谋福祉、为社会做贡献，而不是一味为自己赚取利润，是"正心"；作为员工，要认识到必须与企业同心同德，在企业发展的同时实现自己的人生价值。每个企业家都希望能成就一番事业，成为有志之士，这个"士"是社会的精英，是引领社会前进的人，是能够改变社会风气的人。要想成为这样的士，必须要有人类的使命感，要有社会责任感这样的心。有了这样的心就可以成为士，是为"志"。

而这一切的实现，必须先修心，企业家也好，员工也好，没有一定的修炼，都只想着自己的心思，是不可能实现合作共赢的。"管心"就是企业管理的诸方面，需要反思，需要正心，需要信仰。需要如张瑞敏所说的"如履薄冰，战战兢兢"。

新时代人文精神较之现时的管理准则有很大的冲击，我们正处在新旧过渡期。《管理心性：管理变革的根本》这本书的问世，可以帮助我们理想地实现这个过渡。如果不认识这个过渡期，如果缺乏心之所向的目标，如果没有适合的准则，变成老板强迫员工服从的东西，企业的愿景是不可能实现的。

陆贞全先生的新作《管理心性》，运用大量事例说明：企业管理从管事、管人走向管心，是历史的必然。要经营好企业，必须抓住员工的心。能悟出这样的结论，凝结着陆先生多年从事企业管理工作的所见、所闻、所思。相信《管理心性：管理变革的根本》的出版，必将为企业经营管理者带来触动心灵的启迪。

丁 斌

中国科学技术大学 EMBA 中心主任、博士

2013 年 4 月 15 日

再版前言 "自净其意"

　　"经验管理是管事，制度管理是管人，而现今时代的生态管理就需要管心。"这是2013年出版的我的著作《管心》里的一句话。当年一出版社会上就出现了盗版书，后网上书店因为没有再版又出现影印版，网上书店的点评达千条以上。此书被许多大学图书馆收藏。此次出版社再版，我很欣慰。一是读者需求，二是我写了时代大背景，三是管理没有边界，内核根本就是管心。这次再版，书名由《管心》变更为《管理心性：管理变革的根本》旨在突出管理者自己的心性，正所谓"己不正何以正人"。

　　"正己"不仅是道德修养上的伦理要求，而且是领导与管理上的风范与艺术要求。通过"正己"而"正人"，从审美角度来看，是领导者通过自身的形象美、行为美和语言美来影响下属和群体，从而使管理对象也美起来。"正己"是一种修身美、自律美、示范美。而"正人"则是一种规范美、引导美、规整美。"正己"与"正人"的关系，是一种示范关系、引导关系。示范是美的充分展示，善于示范的领导者，是善于充分展示美和创造美的领导者。"楷模""法度""准则"本身就是美的凝集。

　　禅宗认为心即是性，"心性本净，客尘所染"，倡导明心见性，顿悟成佛。既然"心性本净，客尘所染"，那么如何不让"客尘"去蒙蔽，染污我们每个人与生俱来的"自我管理"之心呢？其实"明心见性"的管理方法至关重要，但因为人的慧根不同，顿悟成佛未必现实，神秀的"时时勤拂拭，莫使惹尘埃"则比惠能"本来无一物，何处惹尘埃"在企业管理上要显得现实得多，可行得多。

心性本净，需要我们明心见性。明心就是要发现我们本来的心，就是要研究我们的心，找到管理的本质，这就是要"管理心性"。

心性的修炼和境界的提升既是文化经济时代的必修课，也是物质文化日益精致化给当代企业家提出的要求。企业家潜力的开发实际上也是心性潜力的深掘和超越精神的比拼。要成就企业家"心愿"就要对企业进行"心性管理"，同时企业家也要进行强大自我内心的修炼。

管理企业有三大核心，其一是员工，其二是客户，其三是产品，这是管理的"金三角"。但回归到一点管理的核心还是人。对人的管理，就是对心的管理，心的管理也就是禅的管理。运用禅的智慧来管理就能够促使管理者和员工的行为从心流出，心心相印，成就管理大智慧。禅的管理能够实现真正的"自动自发"，强化企业的"执行力"，进而为有悟性的管理者开启成功的大门。商业活动的基本阅历和经验，就是"心"的品质提升和深度开发，从禅的智慧中直取商业活动的根本智慧。禅商智慧与心性管理是相通的，汪丁丁在《企业家的精神》一文中有过这样一段颇有意思的中西超越精神的对比：

信息产业只不过是"交心"

教育产业只不过是"修心"

传播产业只不过是"明心"

娱乐产业只不过是"调心"

健康产业只不过是"养心"

咨询产业只不过是"益心"

服务产业只不过是"关心"

慈善产业只不过是"爱心"

宗教产业只不过是"安心"

这是一个"直指人心"的时代。除消费者购买商品的功能价值之外，还要购买商品的心灵价值、精神价值、文化价值。姑且说一下乔布斯，他的办公室，有两百多平方米，里面几乎什么摆设都没有，除了房间中间的一个坐垫，是用来打坐的。乔布斯每天禅修习惯已有多年，在决策前，叫属下将相关产品设计一并放到垫子的周围，先闭目静坐，然后来决定选择哪个放弃哪个。坐禅让人躲开了尘世喧嚣、避开了众多表面的事务，回归到问题本质，因此乔布斯能够具有高度发达的智慧。乔布斯每天坐禅结束时，都会对着镜子问："如今天是我的最后日子，原计划今天的事我还愿意做吗？"其实人皆佛，只是私心杂念遮住了佛光，乔布斯能扫除心灵尘埃，因此就能把握到无上智慧。禅定是乔布斯的本质所在，他摘掉了私欲的眼镜，因此洞悉了商业本质，取得了巨大的成就。美国前总统奥巴马盛赞乔布斯："他改变了我们看世界的方式。"

·管理者的四种境界

老子在《道德经》中有这样一段话："太上，不知有之；其次，亲而誉之；其次，畏之；其次，侮之。信不足焉，有不信焉。悠兮，其贵言。功成事遂，百姓皆谓'我自然'。"如果从管理的角度来说，他其实论述的是管理者的四种境界：

最好的管理者——不知有之。部下其实感觉不到他的存在，在他的带领下，大家会意识到事情有条不紊，每件事都像是顺理成章，感觉不到管理层的刻意经营，甚至他们的存在。在这种环境工作，人们获得自由的空间，发挥所长，给自身、机构和社会带来最大的好处。

其次的管理者——亲而誉之。部下亲近并称赞他，因为他的贡献，大家会给予美好的赞誉，并希望和他们多多亲近。这是达到双向沟通的基本条件。有效的沟通能让大家不停地改进，并向更高的理想迈进。

再次的管理者——畏之。部下畏惧他，因此人们只会按本子办事，听从"领导"的吩咐。结果下情不能上传、政令不能下达。大家只是原地踏步，最终被社会所淘汰。

最低等级的管理者——侮之。部下轻蔑他，经常受到下级的讥笑谩骂，人们毫不尊重他的讲话和作为，这样不停地加深矛盾，加剧内耗。结果君臣不睦、下情不传、政令不达，最后只有死路一条。管理者的诚信不足，部下不信任他，最好的管理者会很悠闲，很少发号施令，事情却办成功了，众人说"我们本来就是这样的"。我始终相信，最好的管理是示范。管理者要用个人的魅力去影响下属，用远景规划、激励去实现目标；用真诚、尊重的"投资"感动下属，真心真意为员工的幸福生活、快乐成长而努力，才能赢得员工的尊重与信任，员工也才会更好地投入工作！

如果你是一个单位的管理者，你是哪一个层次的呢？

今天的时代是审美经济的时代，也就是体验经济的时代。"美"成为我们日常生活不可或缺的需求。获得感、愉悦感、满足感是我们的追求目标。试想，如果你是管理者，你的管理对象没有获得感，哪来愉悦感，没有愉悦感怎么会有满足感。没有满足感，他又怎么会全身心地投入工作，与时俱进，持续发展呢？

"自净其意"，这就是自我约束，自我觉察，自我妙悟，最高境界就是"自觉"。

陆茛女士为本书再版增加了一些内容和案例，一并署名。

感谢经济管理出版社的再版，感谢钱斌教授为再版写的"序"。感谢王涛董事长写的后记评论。感谢读者朋友对我的支持与期待。

前 言

时代的变化使管理工作的属性发生了历史性的演变。由管事、管人到管心。经验管理是管事，制度管理是管人，而现时代的生态管理就需要管心。

管理者角色的定位经历几次重大转变：管理，过去的观点就是，管得住、理得顺，是制度管理的监督者；随着转变，达到完善管理职能指导型的教练；进而又转变到提高管理艺术和效率的帮助型的顾问；直到今天转变为把管理对象视为共同事业合作中的伙伴。

管理方式的变革以及管理重点的转变造就了现代管理者角色的重新定位。这种转变首先是体现在现代领导者将要从原来的领导监督岗位更多地转向信息沟通角色，以供决策使用。其次领导者也不再是业务主管，而更多的是人际关系的协调者。

管理者今天正处在老的传统观念和新的角色定位的过渡时期。这是一个艰苦的过程，也是一个必经的过程。把管理对象视为共同事业的合作伙伴，这就从根本上体现以人为本，是平等的，而不是有等级的。既然合作伙伴是平等的，那就需要相互尊重、相互理解、相互沟通，以达到统一认识，统一行动。

- 认识"全球的社会企业家运动"的精神

日渐兴起的第三次工业革命的生产方式孕育了很多几年前还从未听说过

分在于观念的改变而非技术的发展。第二次工业革命中的权贵很快就会意识到，最起码会观察到，新兴的通信媒介和能源体制已经聚合出一个新型的经济模式，独善其身是不可能实现企业的发展的。他们同样会认识到这种聚合将会从根本上改变社会的时间和空间属性，从而要求以全新的方式组织和管理商业活动和生活方式。

今天，我们正见证一个新型通信媒体和能源机制的重新整合。这也是第三次工业革命在清洁能源、绿色建设、电子通信、微型发电系统、分散式的IT网络、插电式和生物电池交通工具、可持续化学、纳米技术、无碳物流和供应链管理等各个领域风起云涌的体现。而这种整合必将带来新型科技、产品和服务的大量出现。

到目前为止，这些新的商业机会受到了公众的欢迎，而投资者兴趣却不大。原因在于我们人类是靠故事为生，而故事通常是关于角色之间的关系和互动的。正如单个单词构不成一个故事一样，零散的技术、产品和服务并不能形成一个新的经济模式。只有当我们发现它们之间的联系，并创造出新的经济对话的时候，新经济模式的故事才会形成。当第三次工业革命的憧憬者开始共同谱写全球经济新故事的片头曲的时候，这一切已经开始了。

· 西瓜应该是怎么个吃法

吃西瓜似乎没有什么可说的。有一次，我的一位朋友在闲聊时笑着谈到她小时候有次吃西瓜的经历，我觉得很有意思，至今记忆犹新。这位朋友家中的两位老人，一位是外婆，另一位是老阿姨（家里人叫她奶奶，因为在家里年数很长，像家里的亲人一样），各有各的教育观点，有一次她吃西瓜，外婆说，吃西瓜不可以吃到瓜皮，那样不文明。奶奶却说，吃西瓜不能浪费，要吃干净，要吃到连皮的底部。我的这位朋友当时年龄还小，一双眼睛左看看外婆，右看看奶奶，不知道谁讲得对，听谁的好。我问，那以后你再吃西瓜怎么办呢？她还是笑着说，以后再吃西瓜，我就避开她们，她们看不见，我还是吃我的。

为什么两位老人观点不一样呢？这里反映了一个认识问题，而这个认识是由经历决定的。原来，奶奶的家里生活非常艰苦，难得吃西瓜，非常珍惜，自然舍不得浪费，所以要吃到连皮处。外婆家里条件好些，虽然不是很富裕，但也不至于困苦，吃西瓜时自然显得文明些。

同时代的人，由于成长的经历不同，感受不同，沉淀了对事物认识的价值观，而这种价值观直到晚年生活条件改善，也难以改变。吃西瓜究竟应该怎么吃法？不要浪费，也要吃相文明是我们中国人的基本认识。可西方人在吃饭时，连盘子都舔干净，他们很自然地认为应该这样，因为一点不浪费才是对的。

今天做管理工作的领导者"吃西瓜"大多是中国人的观点，因为中国人很要面子。但我们的管理心理意识是否还固守着传统的由上对下的管理层次意识呢？思想观念要改变，就不能要眼前的面子。要超越，要有一个渐进的过程，问题是谁有悟性，谁有勇气，谁就可以做到超越。

超越需要胆识。胆是勇气，识是灼见。人类历史上每一次重要的超越，都要付出代价，有时甚至是流血的代价。然而，无论这种超越所付出的代价怎样的沉重，总是值得的。因为没有这种超越，就没有人类文明的发展、社会的进步以及生活的改善。

什么是超越？超越，就是"要同传统的观念实行最彻底的决裂"①。

· 巴菲特的故事

每年年初，包括世界 500 强企业在内的大公司都开年会。全体管理人员参加，大老板亲自讲话，下面人的反映各有不同：有的是赞美老板，有的是怕老板不敢说，但也有少数会骂老板。巴菲特下属子公司有 53 家，通过二级市场持有大量股票的上市公司有 38 家，总资产超过 2 万亿元人民币，员工超过 25 万人。巴菲特每年如何召集各家子公司经理人开会呢？

不开。不相信？真的。

伯克希尔公司总部只有 20 个人，全部在一个楼层办公，机构设置极度精简，

---

① 马克思和恩格斯：《共产党宣言》.1947 年版。

"在伯克希尔公司我们没有法律部门，没有人事部门，没有投资者关系部门，也没有战略规划部门。这也意味着我们并不需要警卫、司机或是送信跑腿等后勤支持人员。"其实真正的管理人员只有巴菲特一个人，芒格是他的参谋。

下属公司25万名员工只是知道，他们的母公司伯克希尔是巴菲特控股，但绝大多数员工从来没有到过总部，也从来没见过巴菲特。下属子公司的普通员工如此，经理人大多也是如此。

巴菲特如此描述他完全放权的管理方式："在伯克希尔公司，下属各家公司经理人能够专注于业务经营：既不需要到总部开会，也不需要担心融资，更不需要担心华尔街股票市场的骚扰。……他们愿意的话可以随时打电话给我。他们的想法各有不同：有些公司的经理人过去一年到头一个电话也没有打过，也有一个经理人几乎天天和我通电话。我们信任的是人而不是流程。雇好人才且很少管理（hire well，manage little），这套方法最适合我和我们下属公司的经理人。"

巴菲特从三个方面加强这种放权管理模式：

第一，完全放权，不搞统一管理。伯克希尔下属公司的CEO百花齐放。有些有MBA学历，另有一些连大学也没有读过。有些运用预算控制和照章管理，有些则凭感觉管理。我们的经理人团队像是一个拥有各种各样完全不同击球风格的全明星棒球队。极少为了统一而要求他们改变自己的风格。巴菲特的管理方法就是完全授权（1986）："早在认识我们以前这些公司经理人就已经是管理明星，我们的主要贡献就是不去妨碍他们。我们这种管理方法看起来简直太简单太轻松了：如果我的工作是管理一支高尔夫球队——而且杰克·尼克劳斯或者阿诺德·帕尔马愿意为我打球——那么他们任何一个人都不会从我这里得到关于如何挥杆的指导。"

第二，很少视察公司，不乱指挥。例如，1986年巴菲特收购了从事制服生产销售的费区海默公司："说出来你可能不敢相信：尽管我们收购了费区海默公司，我与查理却从来没有去过费区海默位于辛辛那提的总部考察公司的经营运作（顺便说一下，这种方式同样适用于子公司经理人：哈金斯管理我们下属的喜诗糖果公司已经有 15 年了，却从来没有来过位于奥马哈的伯克希尔公司总部）。如果我们的投资成功建立在通过多次视察工厂形成的投资眼光的话，那么伯克希尔公司就会有大麻烦了。"

第三，塑造强大的公司文化，管住人主要靠管住心。巴菲特 (2010) 说："我们最后一项优势是非常难以复制而且已经渗透于伯克希尔公司骨子里的企业文化。在企业经营中，企业文化至关重要。……文化会自我繁衍。正如丘吉尔所说：你塑造你的房子，然后你的房子塑造你。这个哲理同样适用于企业经营。官僚主义的程序会产生更多的官僚主义，专制的企业帝国会引发更多的专制行为。"

·怎么样看待成功

中国传统文化的主流思想，历来鄙视拜金主义，崇尚清贫与清静，看轻地位与权势，向往雅逸与超俗。而市场经济的潮流却把人们的追求推向金钱、物欲、权力之端。美国《世界日报》民调显示，在全世界 23 个国家中，中国、日本和韩国三国的民众最相信"金钱万能"并列成为世界第一"拜金主义"国家。而据环球网在线调查结果则显示，80% 的受访网民承认中国是第一"拜金主义"国家。对于我们这个有着 5000 年文明国度而言，纯属莫大的讽刺。

难道金钱、地位、权势绝对意味着成功？答案肯定是值得思考的，那么什么是真正的成功？请看下面这些理解：

（1）成功就是逐渐实现有价值的理想——美国哲学家厄尔·南丁格尔。

（2）成功就是实现人生目标的过程。

（3）成功可以分为两部分：你怎样看待自己；别人怎么看待你。

（4）成功 =What you have been ／ What you should be。

（5）成功的意义在于遇到许多好的问题。

（6）罗兰：成功的意义应该是发挥了自己的所长，尽了自己的努力之后，所感到的一种无愧于心的收获之乐，而不是为了虚荣心或金钱。

（7）孔子：安身立命平天下。

（8）老子：人法地，地法天，天法道，道法自然。

的合作型商业模式，越来越多的全球性大公司也涉足其中。其中一些新兴商业模式是如此震撼和非传统，甚至引发了我们对传统交易的重新定位。"合同能源管理"就是一个极佳的例子。

像飞利浦照明这样的公司可能会同某一城市签订合同，为所有公共和户外照明设施提供高效的 LED 照明。飞利浦为城市的照明项目提供财政资助，作为回报，城市将节约的能源费用在固定年限内支付给飞利浦作为项目成本。如果飞利浦未能实现预定的节能目标，那么损失将由飞利浦公司承担。这样的合作关系在第三次工业革命中将十分普遍。

如果全球经济顺利完成第三次工业革命的转型，企业家和管理者必须主动学习如何利用新型的商业模式，包括开放性的网络商业、分散合作式研发战略以及可持续的低碳物流和供应管理。

社会企业家的不断涌现，新兴经济分散式、合作型的本质与经典的经济理论不同。传统的经济理论是以经济人的假设为前提，认为个体的利己性经济行为是推动经济增长的唯一有效途径。第三次工业革命也不同于传统的社会主义高度计划的经济模式。新型模式在社会和市场结构上都追求扁平化，是实现经济可持续发展的最佳选择。这一崭新的时代体现出企业家更加民主化的趋势，每个人都将成为能源的生产者，同时也需要合作的途径实现能源在本地区、地区间乃至整个世界的共享。

第三次工业革命本身就包含了席卷全球的社会企业家运动的精神。同时，恰恰是治疗 21 世纪经济、社会和政治生活各种弊端的良方。

社会企业家从世界各地的大学不断涌现出来，创造了连接盈利和非盈利经济部门的新经济模式，而这种兼具两者特征的企业在未来的数年中将会十分普遍。

商业运作模式的转变引发了第二次工业革命的"卫道士"同开拓创新、致力于推行扁平化，可持续发展模式在全世界普及的第三次工业革命企业家之间的战争。这本质上是谁将获得 21 世纪全球经济主导权的问题。

展望未来，实现第二次工业革命到第三次工业革命的转变，最艰难的部

（9）罗素：A good life is one inspired by love and guided by knowledge。（美好的人生是由爱所激励的、由知识所引导的）

（10）爱因斯坦：在一个崇高的目的的支持下，不停地工作。即使慢也一定会获得成功。

（11）李开复：成功的定义其实就是让自己快乐。

（12）古典：成长，长成为自己的样子！

（13）现代社会的三种毒药：消费主义、性自由和成功学。消费主义以品牌为噱头，以时尚为药效，恋物成瘾。性自由以人性为噱头，以性爱为药效，纵欲成瘾。成功学以速成为噱头，以名利为药效，误导急于走捷径成为人上人的年轻人投身其中，投机成瘾。

（14）我的野心是要证明一个没有野心的人也能得到所谓的成功。不过，我必须立即承认，这只是我即兴想到的一句俏皮话，其实我连这样的野心也没有。

（15）对于我来说，人生即事业，除了人生，我别无事业。我的事业就是要穷尽人生的一切可能性。这是一个肯定无望但极有诱惑力的事业。

（16）在上帝眼里，伟大的失败也是成功，渺小的成功也是失败。那些在平凡中显现高尚，在清贫中拥有精神，在艰苦中追求幸福，热爱生活而不被物质所劳役的人们，他们一样让人高山仰止，他们都是真正的成功者。

那企业的成功怎么看呢？

哈佛商学院是世界上最著名的工商管理学院之一。在教《管理与企业未来》这门课时，根据哈佛最著名的案例教学法，教授出示了一份具有测试性的案例：请根据下面三家公司的管理现状，判断它们的前途。

公司A：8点钟上班，实行打卡制，迟到或早退1分钟扣50元，统一着装，必须佩戴胸卡，每年有组织地搞一次旅游、两次聚会、三次联欢、四次体育比赛，每个员工每年要提4项合理化建议。

公司B：9点上班，但不考勤。每人一个办公室，每个办公室可以根据个人的爱好进行布置，走廊的白墙上，信手涂鸦不会有人制止；饮料和水果免费敞开供应；上班时间可以去理发、游泳。

公司 C：想什么时候来上班就什么时候来上班；没有专门的制服，爱穿什么就穿什么，把自家的狗和孩子带到办公室也可以，上班时间去度假也不扣工资。

教授让学生根据自己的管理经验做出判断，结果 96% 的人认为第一家公司会有更好的前景。这时教授宣布三家公司的真实身份：

公司 A：广东金正电子有限公司。1997 年成立，是一家集科研制造为一体的多元化高科技企业。2005 年 7 月，因管理不善，申请破产，生存不到 9 年。

公司 B：微软公司。1975 年创立，现为全球最大的软件公司和美国最有价值的企业，股票市值 2883 亿美元。

公司 C：Google 公司（是一家美国的跨国科技企业，致力于互联网……）。1998 年由斯坦福大学的两名学生创立，目前每股股价 402 美元，上市一年翻了 3 倍，超越全球媒体巨人时代华纳，直逼百年老牌可口可乐。

三家公司的管理模式各不相同，最有朝气的是公司 C：Google 公司，因为年轻而没有成熟的经验桎梏，体现了现代地球生物圈，自由放飞的精神。更加符合现代人的心理意识。

• 祈祷词的智慧

天主教是基督教的分支，天主教的祈祷词有助于我们开发智慧。

"主啊，赐给我们智慧和力量吧，让我们共同肩负起你赋予给我们的责任，我们一定团结协作，一起奔向你赐给的天乡，为此我们同声祈祷！"

这段祈祷词有个关键词，智慧力量。智慧力量从哪里来？从智慧来，有智慧就有内在力量，那什么是智慧呢？

从汉字结构上看"智"与"慧"各自的含义。其实，智与慧的不同，早在这两个汉字被创造出来的那天起，就已经明明白白地显示出来了，只是我们没有认真领会罢了。

中国的汉字是象形文字，认真分析其构成的各个部分，常能给人以启迪。智，是由"知"和"日"两部分组成。"知"即见识，就是人们对外部世界的探索和认识。"日"即时间，表示人们对外部世界探索和认识的时间积累。人们的见识与日俱增，于是形成了智，也就是形成了"对事物能认识，辨别，判断处理和发展创造的能力"。慧，是由"彗"和"心"两部分组成。"彗"即扫帚。"心"即人的内心世界。一把扫帚放在心头，慧就开始运行了。这是为什么呢？扫帚是中国民间常见的除尘工具。把扫帚放在心头，就是对人的内心世界加以净化。佛教给自己下的定义是："诸恶莫作，众善奉行，自净其意，是诸佛教。"自净其意，就是内省的过程，就是净化内心世界的过程。显然，这个过程与形成智的外求过程是截然不同的。

宗教修炼的宗旨在于发展"慧"，"慧"是元神运行的结果。发展"慧"是宗教修炼的重中之重。所以，宗教是一门发展"慧"的学问，也可以说是发展元神的学问。佛教流传一首歌谣，名叫"扫地歌"：

"扫地扫地扫心地，不扫心地空扫地，人人都把心地扫，世间无处不净地。""扫心地"要扫除什么呢？人的内心世界存在着两种东西，是产生慧的障碍。不把它们打扫干净，慧就不能启动。这两种障碍，佛学称之为"二障"，即"烦恼障"和"所知障"。烦恼障，是指障碍出自人的内心世界中普遍存在的负面情绪体验。这种负面情绪体验就是我们传统的对大自然的认识体验，对生物圈的认识体验，对"知识就是力量"的认识体验，对现有的管理模式的认识体验。我们过去敬畏自然，"知识就是力量"认识体验使我们依赖自然，现时代生物圈意识要我们融入自然，管理模式同样随之变革，唱唱佛教"扫地歌"就是一种修炼。

烦恼对于慧来说虽然是一种障碍，但它却又是慧的土壤。没有烦恼，慧就无从生长。佛学为了说明这样一个道理，曾用莲花作比喻。莲花生长在污泥之中。没有污泥，莲花就不能生长。污泥就是烦恼，莲花就是菩提。菩提是佛学术语，是古印度语 bodhi 的音译，其含义有时翻译为"悟"，有时翻译为"慧"。认识一下"悟"字，可以帮助我们理解"慧"。

"悟"字，由"忄"和"吾"两个部分组成。"忄"就是"心"，"吾"就是"我"，就是"自己"。所以，"悟"字本身就告诉我们，悟是发生在自己内心的事情，这叫作"悟在我心"。这就是说，悟不是从外部强行输入的，而是由内心深处喷涌而出的。

悟是在归根的过程中产生的。归根的过程就是理顺根结、重建人格、发掘潜能的过程。根结在归根过程中理顺，人格在根结理顺中重建，潜能在人格重建中开发。在这个过程中，当人格重建出现了量变到质变的飞跃，就产生了悟。悟，意味着人格档次的跃升以及自身潜能的释放。悟——人格重建中量变到质变的飞跃。

平面属于二维空间。假设在这个二维空间生存着一个人，那就应该是一个二维空间的人。如果我们画地为牢，在这个人的周围画上一个圆圈，那么这个人就一定会感到绝望。因为按照二维逻辑，他会认为，这圆圈的360度，无论从哪里都不能找到逃脱之路。假如有一天，他突然明白了，这世界不只是二维的，还存在着三维世界。当他突破了二维逻辑的束缚时，就会发现，这圆圈的360度，无论哪一处都是解脱之门。只要他站起来奋力一跃，就可以轻而易举地跳出这个牢笼。

这奋力一跃之心和奋力一跃之举，便是悟，便是超越。

中国人的智慧是儒、释、道三者合一。儒家讲"立世"，释家（佛）讲"无我"，道家讲"自然"。

首先要立德，立德要有大德，而大德就需做到"无我"。正可谓"非我无我真大我，衣附素装美难裹"。"自然"就是要顺应社会发展规律，要做到道法自然，像自然界那样"三生万物无声息，每向自然显蕊朵"。儒家讲入世就是要"立世"，就是要有"丰满情洒报国志，色泽淡雅记汗青"的胸怀志向。

"愿"字是由"原"和"心"两个字上下组合。愿，就是原来我的心。原来我的心是心底的心愿，也是我们终极的愿景。而人的心底是要被社会承认，被社会尊重，这就需要我们融入社会、顺应社会、回报社会。这也是我们能够实现超越的原动力。超越不是需不需要，可不可以，而是一个必然的趋势。只是认识得早晚、行动得早晚问题。谁认识得早，谁行动得早，谁就领先一步。要知道：领先一步，你就步步领先！

目　录

| 第一章 |

唤起时代的领导者

最近重读老子《道德经》（治国篇），又有了新的启发，治国之道与治企之道内在是否有相通之处？"民之难治，以其多智。故以智治国，国之贼；不以智治国，国之福。知此两者，亦稽式。常知稽式，是谓'玄德'。'玄德'深矣，远矣，与物反矣，然后乃至大顺。"

《道德经》文中的意思是：百姓难以治理，是因为他们的巧智太多。因此，用巧智治理国家，就是国家的祸害；不用巧智治理国家，就是国家的幸福。知道这两者的差别，也就是法则。经常认识这个法则，就是"玄德"。"玄德"深沉啊，幽远啊，与万物返回到质朴的本原，就可以顺应大自然的规律。企业管理处理的是企业与员工之间的关系，如果企业管理也用一些巧智，是不是也是企业的灾难？如果不用巧智，是不是就是企业的幸福？那么企业管理的本原是什么呢？

时代的变迁是管理变革的必然

第三次工业革命是大工业革命的最后篇章，它将为即将到来的合作世纪打下坚实的基础，第三次工业革命40年的基础设施建设将创造无数的新商机和就业机会，这项工程的结束将标志着以勤劳、创业和大量使用劳动力为特征的200年商业传奇故事的结束，同时，它标志着以合作、社会网络和行业专家，技术劳动力为特征的新时代开始。在接下来的21世纪，第一次和第二次工业革命时期传统的、集中式的经营活动，将逐渐被第三次工业革命的分散经营方式取代；传统的、等级的经济和政治权力将让位于以节点组织的扁平化权力。

对于年轻的、受过良好教育的一代来说，他们正成为全球性社会中的一部分，成为脸谱网的忠实用户，原来的方式已变得不合时宜。重男轻女的思想，没有活力的社会制度和长辈们的排外行为，与在社交媒体网络里长大的这一代格格不入。这一代人强调透明、合作、平等，标志着他们在观念上与前辈产生了重大分歧。

20世纪90年代和21世纪的前10年，信息与通信技术革命和第二次工业革命完成了整合。从一开始，这便是不合时宜的。虽然信息和通信技术提高了生产效率，优化了操作实践，创造了新的商业和就业机会，这有可能延长传统工业模式的寿命，但它不可能完全发挥分布式通信的潜力，其阻力来自能源集中化的体制与商业基本结构的内部制约因素。

以铁路为例，铁路被认为是以煤炭为能源，蒸汽机驱动为标志的第一次

3

工业革命的杰出成果。铁路系统也成为主导第一次和第二次工业革命，缔造现代商业巨头的原型。

在其发展初期，修建铁路所需要的基础建设投资远远超过纺织厂、造船业、运河等其他同期的高价投资项目，即使是最富有的家族也难以独自完成一条铁路的投资。因此，铁路的发展需要大量的集资，无论资金来自哪里。为了筹集到所需资金，铁路开始发行有价证券。最初，是来自欧洲的投资者（其中大部分是英国人、法国人和德国人）为美国的早期铁路建设提供了大量资金。正是对大规模资金的需求催生了纽约证券这一庞然大物，并使华尔街成为现代资本主义的集中地。

随着铁路的发展，资本同管理开始逐步分离。新型的职业经理人开始介入并主导了巨型企业的运营，而后，通过债券和股票的发行，企业的所有权被分散到世界的每一个角落。就结构而言，运营铁路所面临的最大难题是这样庞大的运营并无先例。在数百英里的复杂地质环境中铺设铁轨已是十分困难，维护铁轨、保养蒸汽机、修理机车、预防事故更是令人焦头烂额。安排运输计划、实时准确检测数千辆运行中机车的位置、严格执行安全可靠的运营时间表，并横跨整个大陆将旅客按时运送到指定车站则是一项极为艰巨、复杂的工作，需要严格的运营结构和大量的劳动力。

运营这样一家全国性的铁路公司是一项艰巨的任务，确保商业运作的合理化成了将商业机遇最大化运作过程中不可缺失的一环。合理化商业模式的基本要求是什么？对此，20世纪初最受推崇的社会学家马克斯·韦伯对最先应用于铁路公司，并拓展到其他商业领域的运营模式中进行了界定。现代合理商业运营结构有以下基本特征：首先，金字塔型的结构本身拥有自上而下的权威。所有的运营活动，每个岗位的具体职责和每一层级之上工作的具体开展都有早已制定好的规则进行约束和指导。为了实现收益的最大化，每一项工作都进行了具体分工，并确定了固定的工作流程。员工的晋升则是以具体的业绩和客观的标准为基础，这些合理的流程使企业将纷繁杂芜的活动集中起来并加以整合，从而加快了生产流程，并对整体的运营实现了有效控制。

经济历史学家阿尔弗雷德·钱德勒对这种新型的铁路管理结构及其为其他工业建立一个标准模式的意义有着深刻的认识。他认为：铁路是第一个要求大量雇用薪酬制管理者的行业，也是首先设立由高管领导，中层管理人员具体操作并向董事会负责的中心机构的行业。同时铁路公司是美国最早确立权责明确、沟通顺畅的内部机制的行业，也是第一个通过财政收入和统计数据来对管理层业绩进行管理和评估的行业。

此外，需要强调的是，高度集中、由上而下的层级组织需要一支高素质的劳动力队伍。

铁路工业所采用的合理的集中化管理特征十分适用于煤炭和蒸汽为动力催生的更加复杂的商业体系。以煤炭和蒸汽为动力的现代科技同现代通信方式的结合，大大缩短了时空的距离，加速了处于供应链每一个环节的产业发展，无论是煤炭或其他原料的开采与运输，还是工业成品制造商到批发商再到零售商、消费者的每一个环节。

在商业迅速发展的同时，运输成本也迅速降低。巨型、高度集中的工厂所生产出来的大批量成品降低了生产的平均成本，并通过供应链将这一变化所产生的利益传递到最终消费者手中。廉价商品的大规模生产带动了消费的增长，需求的增加又驱使更多的企业生产更多物美价廉的产品。

规模经济作为第一次工业革命初始阶段最明显的特征，巨型的商业组织遍布各个领域。以铁路和电报业为模板，新型的商业组织结构扩展到每一个行业之中。

生产的合理化和产品的销售同样需要理性的员工。不久，第一个管理专家——弗雷德里克·泰勒出现了，他被尊称为"科学管理之父"。泰勒设计科学管理理论的初衷是衡量工人的劳动定额确定一个具体的工作标准，用来维持新兴的、高度集中的企业结构。通过效率原则，泰勒制定出有科学依据的工人"合理日工作量"，将工人变成"活的机器"，实现工人的效绩最大化，并通过流水线源源不断地生产出标准化产品。

科学管理的原则很快就从工商企业遍布到美国的每一个角落，使效率变为新兴工业时代最重要的价值理念。从此之后，以最短的时间、最少的劳动力和资本投入获得最大的产出就成了指导当代社会每一方面的基本准则。

第一次工业革命中出现的集中化、理性化的商业模式一直延续到第二次工业革命。也许最能代表第一次工业革命和第二次工业革命主要特征——层级的结构应该是我们耳熟能详的"涓滴理论"，处于产业结构的金字塔塔尖的石油工业受益的同时，其所产生的剩余财富可以流入处于底层。

百万生产者和卖家在虚拟空间中连接起来几乎不需要任何成本。一个由数百万人组成的分散式网络包括了从批发商到零售商在内的所有中间环节。这种网络经济消化了传统供应链中每一个阶段的教育成本。它创造了一个全新扁平式、合作形的市场组织结构，而不是传统意义上的层级式、自上而下的企业结构。

另外一个新的维度就是卖家与买家之间的人性化关系，网络聊天室，在线的产品展示和产品论坛，为买卖双方提供了互动和交流的空间与场所，这种互动式产生的社会联系很可能会持续一生。传统意义上的跨国公司通过数名工人在流水线上的操作大规模生产出来的标准化产品，很难同这种卖家和老主顾之间的一对一亲密关系竞争。买卖双方这种人际关系才是网络经济的核心所在。

"数百万的区域活体经济将会在经济中重塑一种认同感"，这正是第三次工业革命模式的本质所在。

第三次工业革命的浪潮

第三次工业革命是人类文明史上继蒸汽技术革命和电力技术革命之后科技领域里的又一次重大飞跃。

它以原子能、电子计算机和空间技术的广泛应用为主要标志，是涉及信息技术、新能源技术、新材料技术、生物技术、空间技术和海洋技术等诸多领域的一场信息控制技术革命。这次工业革命不仅极大地推动了人类社会经济、政治、文化领域的变革，而且也影响了人类生活方式和思维方式，使人类社会生活和人的现代化向更高境界发展。正是从这个意义上讲，第三次工业革命是迄今为止人类历史上规模最大、影响最为深远的一次科技革命，是人类文明史上不容忽视的一次重大事件。

与第二次工业革命相比，第三次工业革命呈现出许多鲜明特点：一是科学技术本身的发展速度越来越快，科技产品的结构越来越复杂、精密；二是科技成果商品化的周期越来越短，科学技术转化为生产力的速度越来越快；三是这次科技革命的内容极为丰富，而且联系密切，形成了一个群体形式；四是科学技术的社会化趋势大为增强；五是第三次科技革命所形成的新的技术能力，对人类社会产生了空前的、巨大而深刻的影响。

我们来看看第三次工业革命对我们人类有什么影响：

对经济发展的影响。第三次工业革命对经济发展的影响表现在以下两方面：一是它引起生产力各要素的变革，使劳动生产率有了显著提高；二是使整个经济结构发生了重大变化。第三次工业革命不仅加强了产业结构非物质化和生产过程智能化的趋势，而且引起了各国经济布局和世界经济结构的变化；此外，第三次工业革命以其丰富的内容使管理发展为一门真正的科学，并实现了现代化。

（1）第三次工业革命或科技革命中的科技成果转化为生产力的周期蒸汽机从研制到18世纪定型投产用了84年，电动机为65年，而第三次科技革命中的技术大多在10年内就投入应用，从发现雷达原理到制造出雷达用了10年，原子能的利用从开发到应用为6年，晶体管4年，移动电话4年，激光从发现到应用不足2年。此外，据美国国会有关报告统计，战后十多年发展起来的工业技术到今天已有40%过时了，电子领域中已有50%过时了。电子计算机问世以来的30年中已进入第五代，而微型计算机诞生后几乎每隔两年甚至半年就换代一次。

（2）科技进步因素在劳动生产率提高的各种因素中所占的比例，西方国家的工业生产年平均增长率在两次世界大战期间是 1.7%，而在 1950~1972 年高达 6.1%。1953~1973 年的世界工业总产量相当于 1800 年以来一个半世纪的工业总产量的总和。其中，科技进步的因素引起的产量值在发达国家的国民生产总值中所占比重起初为 5%~10%，20 世纪 70 年代增长至 60%，现在已达到 80%。

（3）科学在各分支学科不断深入和分化的同时，还朝着综合性方向发展。自然科学不仅开始成为一个多层次的、综合性的有机统一体，而且由单一技术发展为高科技群，主导技术也发生了深刻的变化。一方面，由于大量边缘学科、交叉学科和综合学科的兴起，各门科学之间的联系日益紧密，科学在各分支学科不断深入和分化的同时，其交叉、渗透、融合的趋势也在不断发展，从而使各门科学之间的间隙得以弥补。由于物质世界的复杂性，随着认识的深化，单一学科的发展已经不能解决所有的问题，各门科学之间的依赖性越来越强。如果说前两次科技革命实现了各学科内部综合的话，那么新科技革命则是对各学科进行综合，使自然科学成为一个有机的统一体。

（4）第三次工业革命导致发达国家经济结构发生变化，最近 30 年主要资本主义国家各部门的经济结构变化呈现了新的动向。

首先，第一产业和第二产业的国民生产总值和就业人数方面比重进一步下降，特别是农业的比重下降。其次，工业结构中发生新旧工业的分化。劳动和资本密集型的"大烟囱工业"逐步下降，技术知识密集型的专业化、小型化的新兴工业迅速崛起，如电子计算机、原子能、半导体、宇航、激光、人工合成材料工业等新兴工业部门迅猛发展，钢铁、采矿、纺织等传统工业发展缓慢甚至停滞，在工业结构中的比重日益下降。"二战"后，随着科技革命的发展，西方发达国家企业内部的白领工人 (以脑力劳动为主) 人数开始超过蓝领工人 (以体力劳动为主)。

第三次科技革命推动了社会生产力的发展。以往，人们主要是依靠提高劳动强度来提高劳动生产率。在新科技革命的条件下，主要通过生产技术的不断进步、劳动者素质和技能的不断提高、劳动手段的不断改进，来提高劳动生产率。随着电子计算机等新技术的应用,生产工具和机器设备等劳动资料的性质、结构、功能也发生了变化。人们研制新型材料,按照人的需要设计、制造具有特殊性能和结构的材料,使劳动对象也发生了变化。与这种变化相适应,对劳动者的文化素质和技术水平的要求也大大提高了。因为整个生产力的提高主要依靠科学技术的发展,所以,科学技术不仅是生产力,而且是第一生产力,科学技术的发展在提高生产力方面的作用将越来越大。当代的科技进步已经成为提高劳动生产率和整个经济增长的源泉。西方国家工业生产的年平均增长率,在两次世界大战之间为 1.7%,1950~1972 年增至 6.1%。在增长的因素中,科技进步的因素 20 世纪 70 年代约占 60%,80 年代达到80%。20 世纪 60 年代,苏联工业劳动生产率提高的各种因素中,约有 40%是由于采取了新技术,到 70 年代,这一比例上升到约 67%。

第三次科技革命促进了社会经济结构和社会生活结构的变化。它造成第一产业、第二产业在国民经济中的比重下降,而第三产业的比重上升。为了适应科技的发展,资本主义国家普遍强化了国家垄断资本主义,大大加强了对科技的扶植和资金投入。随着科技的进步,人类的衣、食、住、行、用等日常生活的各个方面也发生了变革。作为直接物质生产部门的第一产业和第二产业的产值和就业人数在整个国民经济中所占比重相对下降,而非物质生产领域的第三产业的产值和就业人数急剧上升。第三产业不仅仅是传统意义上的服务业、商业、运输业、通信业以及文化教育事业等,而且还包括大多数与信息工业相关的部门。据统计,1970~1979 年美国的农业人口从占人口总数的 5%下降到 3%;从事制造业的人口从 30%下降到 13%;从事服务和信息行业的人口从 15%上升到 72%。在应付 1929~1933 年资本主义世界性经济危机时出现的国家垄断资本主义,在战后的资本主义国家中得到普遍发展。为了实施各国自己的科技计划,保持自己在经济上的优势地位,主要资本主义国家的政府将投资集中于长期性、风险大的项目,特别是基础理论的研究。为了实行高技术发展战略,1983 年,美国总统里根提出了"战略防御计划",BP 以建立起防御性的战略导弹系统,来消除战略核导弹的威胁。美国人借用一部科幻影片的名字称它为"星球大战计划"。20世纪90年代，美国总统克林顿又提出建立"信息高速公路"的计划，争取使美国保持科技的领先地位。20世纪80年代，日本政府采纳和使用了"科学技术立国"的口号，并对科技政策作了相应的调整。1985年，欧共体和其他几个西欧国家共同制订了"尤里卡计划"，它是西欧联合起来改变西欧高技术相对落后于美国、日本的重大步骤。到90年代初，参与这项计划的成员国已近20个，研究项目达500多个，总投资约800亿法郎。

科学技术的进步也影响到人们的日常生活。人造纤维技术的出现，使人们的服装变得更加丰富多彩；化学肥料的大量使用和高产粮食品种的推广，促进了农业产量的提高；电子计算机的广泛应用，提高了管理水平和工作效率；计算机开始走进家庭，成为人们学习和生活的帮手；以集成电路为基础制造的小型家用电器产品，如手表、照相机、电视机等，进入千家万户；日新月异的现代化通信手段，缩短了人们之间的距离。第二次世界大战以后，以电子信息、生物技术和新材料为支柱的一系列高新技术取得重大突破和飞速发展，极大地改变了世界的面貌和人类的生活。科学技术日益渗透于经济发展和社会生活各个领域，成为推动现代生产力发展的最活跃的因素，并且归根结底是现代社会进步的决定性力量。

第三次科技革命也推动了国际经济格局的调整。随着科学技术的发展和世界各国经济相互依存、联系的日益紧密，科学技术的竞争在国际经济竞争中的地位也日益重要。科学技术水平的差距，进一步扩大了发达国家同不少发展中国家的经济差距。因而，第三次科技革命对每一个发展中国家来说，既是机遇，又是挑战。发达资本主义国家往往组成跨国公司，在原料最便宜的地方采购原料，到劳动力价格最低的地方加工产品，然后再销往全球其他地区，以获取最大的利润。这样做的后果是，发达国家往往将本国不允许设立的工厂和生产的产品，特别是容易产生环境污染的工厂和产品，转移到第三世界国家，以达到将污染转移出国，以及利用发展中国家的廉价原料和劳动力赚钱的双重目的。

对社会生活和人的现代化的影响。第三次科技革命不仅带来了物的现代化，引起劳动方式和生活方式的变革，而且也造就了一代新人与之相适应，使人的观念、思维方式、行为方式、生活方式逐步走向现代化。

对人类社会的影响。第三次科技革命中电子计算机的发明和广泛使用，以及各种"人—机控制系统"的形成，使生产的自动化、办公的自动化和家庭生活的自动化(即所谓的"三A"革命)有了实现的可能。预示着人类社会将从机械化、电气化的时代进入另一个更高级的自动化时代，空间技术和海洋技术的发展标志着人类社会已从被束缚于地球表面的"地球居民"时代进入一个甚为辽阔的陆海空立体新时期；基因重组技术、结构化学和分子工程学的进展使人类获得了主动创造新生物和新生命的创造力，标志着人类正在由"必然王国"一步步走向"自由王国"。

唤起时代的领导者

全球第一位CEO，通用公司总裁杰克韦尔奇认为，通用公司之所以能够成为世界500强中最优秀的公司，一个主要的原因就是通用公司愿意不断地尝试新事物，总愿意进行变革，并且能够对变革做出承诺。

变革的根本并不在于"组织"的转变，而是组织中"人"的转变。"事在人为"，只有"人"转变了才能最终保证变革的成功实施。领导者是促使"人"转变的关键因素，在组织实施战略变革之初，领导人一定要打破长期以来形成的各种阻碍战略性变革的思维桎梏，避免视而不见、踌躇不前的现象。

卓越的领导者，往往带着时代的特征。社会的发展，不仅在传承上更新发展着社会的价值观，道德伦理观和政治思想观。这就意味着领导者必须紧跟时代的潮流，顺应社会的变革完成不同时期的修炼和蜕变。领导者往往是一个时代的产物，当领导者难以突破个人的局限，完成自我超越时，常常会扮演一个悲剧者的角色。"英雄迟暮"虽让人吁叹不已，"江山代有人才出"

反映出一个时代的进步。因而领导者总是在"真我发现"—"自我突破"—"熔铸团队"—"创造卓越"的过程中轮回。领导者的"真我发现"就是在不同的时期，领导者将自己具备的才能与实际的需求进行对照，找到存在的"短板"并加以完善的过程。领导者的能力需求在不同的时期表现出不同的内容。20 年前对领导的能力要求主要表现在过人的胆识和魄力。20 年前国内的市场经济正在兴起，并逐步走入规范化。对市场机遇的发掘和把握能力直接决定着企业的兴衰。那个时代诞生了一批像南德集团的牟其中，爱多的胡志标等一批悲剧式的人物。十年以前对领导者的要求更集中在社会资源的调控能力和强势的执行力。20 世纪 90 年代前，国内经济在经历群雄割据之后，面临着各个行业将进行重新洗牌；能聚合社会资源（竞争资源和政治资源）一统江山式的人物无疑能将企业带入一个新的高峰。健力宝的李经纬、国美电器的黄光裕等成为那个时代悲剧化财富英雄的代表。当今的时代，中国的企业将承受着"外忧内患"的交接，企业领导者将面临着一个重要时期内的变革。对领导者的能力标准将会有大幅度提升。这就需要企业领导者应当重新审视自己，发现自我。领导者首先是目标的制定者。目标决定着企业肩负着的使命和未来走向。企业的目标都不是恒定的，往往随着领导者境界和心胸在不断地提升。领导者是目标忠诚的实施者。一旦目标确定了就需要有足够的勇气和信念将目标变成现实。这就注定了一个优秀的领导者必然是一个思想家，一个理想主义乐观者。他们要信任自己和未来，但是不必幻想生活轻松无忧。领导者必须帮助属下把失败和挫折当成加强决心的理由，而不是怀疑自我的借口。领导者的首要和终极任务便是使希望生生不息。在永不拒绝困难的同时，他们必须让信心毫不削减。领导者除了保持住乐观向上的精神之外，没有别的选择。面对未来积极向上的态度，为心中的目标不惧失败的勇气和信念成为当代企业领导人的特质。市场环境瞬息万变，企业领导者难以掌握外部环境；唯有能掌握顺应时局的变化，在坎坷的道路上跋涉前进。这就需要每一位领导者在不断地完成自我的突破。这种突破不仅是在意志力、坚韧度方面的超越，而且是在完成一次次精神上的洗礼，完成精神上的超越。在那许多惊人的历史时刻，令人欢欣的活力、动机、热情和想象爆发了出来，阻碍人类充分释放潜能的束缚也发生了断裂，于是一扇大门打开了，禁锢在笼中的苍鹰得以在高空翻飞翱翔。卓越的领导者的背景都有一个极赋凝聚力和战斗力的团队。领导者是这个团队的灵魂，影响着团队每一个人的生命轨迹和人生价值观。领导者其主要工作内容就是不断熔塑造就的团队，不断提升团队的素养、能力和工作热情。领导的职能在于激励，激励团队每个成员都能实现人生的辉煌。所以一个企业的性格往往是企业最高领导者所决定的，不同性格的领导往往会带出不同的企业。领导者与团队往往是融为一体的。领导是团队身上的血脉，在任何时刻都直接决定着团队的命运。这种领导者与企业血脉相连的关系，是中国企业的特色。尤其是民营企业，这种生死相依的关系往往会伴随着企业成长，发展到消亡的始终。即使从现代管理学的理论上讲，这种管理体制明显带着英雄主义的色彩，存在着许多的弊端；但在目前的情况之下，这种管理机制还将延续几十年。联想集团的柳传志、娃哈哈的宗庆后等都属于这类教父式的领导者。在开放式的精英社会里，管理者既不是别人授予的，也不是从长辈那里继承而来；别人授予的只有职务和权力，能继承的只有金钱或股份；未必拥有较高比例的股份或较高职务，就能成为真正的领导。领导者的地位是通过带领自己的团队创造辉煌的业绩中逐步形成的。仅仅拥有权力的人未必一定是好的领导者，而领导者掌握着权力，却能在使用权力的前提下发挥权力的威慑力。仅仅用权力去威逼下属做事的并不是真正意义上的领导者，领导者以个人的魅力和影响力让下属心甘情愿去做事。因为领导者与团队中所有人一样，有共同的目标；领导者身先士卒，走在团队的前列，起着带头作用。

21世纪是一个充斥着变革的世纪，知识经济的兴起不断冲击着传统的领导管理理论与方法，引发了企业和政府管理理念的深刻变革，导致社会发展的先进性与领导理念滞后性之间的矛盾日益突出。变革型领导是继领导的特质论、行为论、权变论之后，在20世纪80年代由美国政治社会学家詹姆斯·麦格雷戈·伯恩斯在他的经典著作《领袖论》中提出的一种领导类型。伯恩斯认为，传统的领导可以称为一种契约式领导，即在一定的体制和制度框架内，领导者和被领导者总是进行着不断的交换，在交换的过程中领导者的资源奖励（包括有形资源奖励和无形资源奖励）和被领导者对领导者的服从作为交换的条件，双方在一种"默契契约"的约束下完成获得满足的过程。整个过程类似于一场交易，所以传统领导也被称为交易型领导。交易型领导鼓励追随者诉诸他们的自我利益，但是交换的过程以追随者对领导者的顺从为前提，并没有在追随者内心产生一股积极的热情，其工作的内在动力也是有限的，因此，交易型领导不能使组织获得更大程度上的进步。

当今社会已经步入知识经济时代，竞争的压力以及激烈程度都是传统社会无法比拟的，领导者需要调动大多数人的热情和积极性，使其在内心对工作产生一种由衷的认同。过去那种仅仅依靠报酬奖励来促使被领导者工作的交易型领导已经不能适应现代知识经济社会的发展要求，在某些方面甚至成为社会进步的障碍，取而代之的是变革型领导。变革型领导所涉及的内容是有关如何变革、如何创新以及如何铸造一种新的时代精神。变革型领导强调核心价值，领导者和被领导者之间基于信任、激励以及沟通的理念，将事业的发展看作是双方共同的责任。传统的交易型领导重在形式的"换"，而变革型领导则重在内在的"变"。在此过程中，领导者首先勾勒出一幅有吸引力的组织愿景并积极地进行宣传，同时向被领导者灌输共同的理想和价值观，不断发展他们的知识和技能，并让他们承担更多的责任，以使其对工作的重要性和价值更为敏感，从而进一步增强对组织的认同。领导者通过个人魅力和个性化关怀鼓励被领导者为了组织利益而超越自我利益，从而使组织不断朝着更高层次的目标发展。作为这个影响的一个结果，追随者对领导者信任和尊敬，他们受到鼓励去做比原先期望他们多得多的工作。

我们正处在不确定的时代，未来是什么样子，没有人知道答案。中国正经历世界上最复杂的组织变革和国家转型，在此中间展现出来的种种复杂特征无法用世界上任何一个理论完全解释，只能"摸着石头过河"，在过程中找寻适合自身发展的模式与道路。中国经济与世界经济紧密地联系在一起，同样地，知识经济、全球一体化和信息社会的到来，也让中国企业和企业家们感觉到巨大的力量，并怀有深深的危机感，正如华为总裁任正非所说："在这瞬息万变的信息社会里，唯有惶者才能生存。"张瑞敏也说："他每天都战战兢兢，如履薄冰"，企业如果"不创新"就"死亡"。因此当领导的要有所为，有所不为，要努力学习，综观世界企业风云，要用战略眼光去想问题，看问题，处理问题。新的竞争秩序使我们不能再醉心于财务报表，而必须着眼于远景规划、价值观念、商界网络、企业文化等软技能。中国有句古语："有容乃大，无欲则刚""宰相肚里能撑船"，即有多大的胸怀就能办多大的事。因此每个领导者要胸怀宽广，立足公司，放眼未来。要学会宽容。宽容是一种美德，宽容不会失去什么，相反会真正得到，得到的不只是一个人，更会得到人的心。

管理的本质

维珍集团创始人布兰森说，"激励人性才是管理的真谛：世界会改变，但人性不变，我所努力探究的就是人与人之间的关系。"丰田生产模式的创造者大野耐一说："没有人喜欢自己只是螺丝钉，工作一成不变，只是听命行事，不知道为何而忙，丰田做的事很简单，就是真正给员工思考的空间，引导出他们的智慧。员工奉献宝贵的时间给公司，如果不妥善运用他们的智慧，才是浪费。"万科公司董事长王石曾提出"顺应和激励人性中高贵的一面"。这些或许是找到了管理的本原、基点，抓住了管理的本质、精髓与要点。

古今中外，对管理本质的理解可谓五花八门，有的人说管理就是管理之"道"，也就是"管得有理"；有的人说，管理是一门科学（刚性的法制），也是一门艺术（柔性的情理）；有的人说，管理就是"修己安人"。这些说法都有一定道理，其共同之处在于关注对人的管理，这就很了不起。但缺点是过分强调管理之"术"，没有抓住管理之"本"。而现在很多企业在管理实践中，管理的对象是"财物"，管理的中心也是"财物"，管理追求的目标更是"GDP"，人变成了为"财"为"物"服务的工具，变成了创造财富的工具，这样既忽视了人本身存在的价值，也迷失了管理的终极目标。

要想把管理真正搞好，不能为管理而管理，要透过现象看本质。所谓管理的本质就是管理的终极目标，即管理的终极理由。为什么管理？管理的意义是什么？为谁创造价值？工作的意义是什么？生命的意义是什么？等等，这是现代管理必须搞清楚的根本问题。

管理的本质既是管理的出发点，也是管理的落脚点。只要抓住了管理的本质，就等于牵住了"牛鼻子"。一切的管理之"法"、之"术"，都围绕其本质而发挥作用。

现代管理的本质，就是为追求人民的美好幸福生活而创造和谐价值。就是以和谐共赢价值观为导向，以追求和谐共赢、创造美好生活为宗旨，以创造和谐产品实现顾客价值为核心，统筹兼顾员工、股东、供方、社会的经济物质和精神需求的综合绿色价值。

在这里，价值是需要经济地去创造，和谐价值的内涵是多元的，和谐价值需求也是多元的，管理的终极目标是明确的。管理的主体和对象是人，创造价值的主体也是人；享受价值创造过程所带来的快乐是人，享受生活品质的提高和幸福美好生活的还是人，这就是真正的"以人为本"。抓住了这个本质，就真正找到了管理的内在动力，真正能够实现从被动管理向主动管理的质变，这就是科学发展的硬道理！

为了帮助我们对管理的深入理解，我们来看看对管理的不同认知，管理的概念穿越时空被各种不同的组织广泛运用，人们站在不同的角度看管理，站在不同的角度讲管理，站在不同的角度用管理。由此，不同视角的管理概念的泛滥也为管理本身带来了前所未有的危机。也正由于人们都从不同的角度对管理做出了不同的解释，从而形成管理学流派林立，不同理论或多或少相互矛盾但又同时并存的格局，这使得管理的研究和教学无所适从，归纳起来对管理的认识主要有以下观点：

泰罗认为，管理就是确切知道要别人去干什么，并使他们用最好、最经济的方法去干。

法约尔认为，管理是所有的人类组织（无论是家庭、企业或政府）都有的一种活动，这种活动由计划、组织、指挥、协调和控制五项职能完成。

孔茨认为，管理就是设计和保持一种良好环境，使人在群体里高效率地完成既定目标。

哈罗德·孔茨认为，管理就是由一个或更多的人来协调他人活动，以便收到个人单独活动所不能收到的效果而进行的各种活动。

德鲁克认为，归根结底，管理是一种实践，其本质不在于"知"而在于"行"，其验证不在于逻辑，而在于成果；其唯一权威就是成就。

我国著名管理学家周三多教授在总结这种概念的基础上指出："管理是社会组织中，为了实现预期的目标，以人为中心进行的协调活动。"这些解释都是站在不同的角度去谈管理，当然人们也站在不同的角度用管理。也正因如此，人们对管理的本质的理解也就不同：①管理就是一种活动过程，它自始至终融入人们工作的各个环节；②管理就是协调，它贯穿于管理的整个过程；③管理的本质就是行动，在于实践，其验证不在于逻辑，而在于成果；其唯一权威就是成就；④管理就是决策；⑤管理就是计划、组织、指挥、协调和控制的过程；⑥管理的本质就是变通；⑦管理的本质就是对欲望进行管理；⑧管理的本质就是追求效率。对管理含义及本质不同认知的同时并存，反映了管理学科学的不成熟的一面，同时也反映了人们对管理世界探寻的迫切愿望。究竟应站在一个什么视角理解管理，是对管理概念准确理解的前提。对于管理的理解，如果我们不搞清它的视角，不弄明白这一基本的概念，不搞清它的本质，我们就会一直忙于管理，而没有时间停下来好好想想你所做的哪些工作是必要的，哪些管理工作是不必要的，甚至是多余的；哪些工作是有效的，哪些工作甚至是无效的。也许我们有很多工作设想，而实现起来竟然如此艰难；也许我们艰难地走过很多路，却由于一步的失误，导致前功尽弃，甚至，我们还不知道我们在哪里出了问题。

"理想对一个人来说非常重要，我们来学管理，它的本质不是一个人完成一个理想，而更多是跟一群志同道合的人一起完成一个理想。"中欧国际工商学院举行 2010 级 EMBA 毕业典礼，百度创始人、中欧国际顾问委员会委员李彦宏出席毕业典礼，作为唯一受邀企业家发表演讲，并与中欧商学院战略学陈威如教授及近百名学员进行了一个小时的深度对话。

"当面对问题时，要 Back to the basic(回归原点)。"在李彦宏看来，相比美国公司较早就形成由职业经理人负责运营的惯例，在中国，尤其是互联网领域，基本上都是创始人在做 CEO。"做一个企业无论大小，一定是有各种各样的麻烦和困难，觉得自己心中还有理想，还要努力去完成它，这些困难就不算什么。"

中欧国际工商学院教务长约翰·奎尔奇教授也在致辞中介绍了邀请李彦宏做毕业典礼演讲的原因。在他眼中，李彦宏代表了 21 世纪企业家的形象，"如果你去百度，会发现那里充满了学习的氛围，百度不是一个发号施令的地方，而且要大家集思广益，分享自己的想法，共同完成一个目标。"

"如何让优秀的人脱颖而出，是我最近一两年经常思考的。一个近两万人的公司，每年一两千毕业生招进来，里面一定有非常优秀、非常有潜力的人。怎么让这些人被识别出来，让他们迅速地成长起来获得相应的认可，我想了很多办法。比如百度最高奖和编程马拉松。"

以"百度最高奖"为例：以 100 万美元奖给一个小于 10 人、不包括总监级别的小团队，而他们做出的项目必须足够重要、结果远远超出预期。去年，百度一个小团队获奖；今年，则有三个小团队获得总计 300 万美元的奖金。"后来我再一看，报名明年百度最高奖的项目有 100 多个"，李彦宏笑着说。而每季度举行的百度编程马拉松，目前已经发展有上千名工程师参与，在 24 小时内不限方向、做自己想做而没有时间做的事。"我会去看他们做项目展示。如果创意足够好，就会有人负责跟进，真正地用到百度的产品、技术里，真正推向市场。"李彦宏对人才管理的探索也在毕业学员中引起共鸣，演讲结束后一位学员对笔者表示，因"百度最高奖"深受启发，"这种激励团队的方式让人印象深刻,把重金砸到小团队里面,激励员工从1个项目到10个项目,再到100个项目的报名,而这件事就发生在我们身边"。

一个好的管理者,必须懂得平衡。说起利益,自然需要说到两种利益的区别:公司利益和个人利益。但说起公司利益,却着实让人想起以前一再被用来教育人现在却被人嬉笑的"集体利益"。国有企业的效率也一再被事实证明是低效的,恐怕也和一直是在虚无缥缈的集体利益和个人利益之间博弈有关。

一个好的管理者,必须懂得平衡。正如同自由市场经济所信奉的基本原理一样,每个人的经济行为的出发点都是自己的私利,而正是这种对私利的追逐,"看不见的手"平衡了各方的利益,从而达到了效率尽可能的最大化。公司的管理,本质也是相同的,它必须紧紧围绕利益这个核心,脱离了此点,任何管理都是空中楼阁。不少中国企业的做法,却残留着计划经济时代的烙印。计划经济体系的标志是一切以集体利益为尊,个人利益是不值得一提的。哪怕是现在,鼓吹公司利益至上似乎也是想当然的说法。这种鼓吹甚至还造就了"团购书"这样一个奇特的市场,这种书的另外一个名称是"洗脑书"。

利益管理的核心是平衡,而不是使之单方面扩大化。本身也涉及一个营利机构的投入产出比的问题,利益管理从公司的层面来看,也就是人力成本的管理。尽管也称为人力资源或者人力资本,但从来没有人否认过,获得这种资源或资本是需要成本的。但这种收益也是需要平衡的,因为市场会变,永远不知道这个点在哪里。这个点就是利益博弈的平衡点,越接近平衡点,越能体现管理的效率。任何管理风格的变异,其实质是围绕利益的,如果忽视利益而单方面地去追求诸如"企业文化"和"价值观",归根结底,是舍本逐末的。

有人说管理就是决策,而决策无非就是选择;不仅是在众多的方案中选择,更是在两个极端之间进行选择,在其中选择一个平衡点。这个平衡点既是理想与现实之间的平衡点,也是自己与他人和周围环境与条件之间的平衡点。平衡就是在目标与风险之间的取舍,就是在付出与索取之间的取舍,就是在欲望与放弃之间的取舍。

曾经听说过一个故事，说的是上古时代，黄帝带领了六位随从到贝茨山见大傀，在半途上迷路了。他们巧遇一位放牛的牧童。黄帝上前问道："小孩，贝茨山要往哪个方向走，你知道吗？"牧童说："知道啊！"于是便指点他们路向。黄帝又问："你知道大傀住哪里吗？"他说："知道啊！"黄帝吃了一惊，便随口问道："看你年纪小小，好像什么事你都知道不少啊！"接着又问道："你知道如何治国平天下吗？"那牧童说："知道，就像我放牧的方法一样，只要把牛的劣性去除了，那一切就平定了呀！治天下不也是一样吗？"黄帝听后，非常佩服：真是后生可畏，原以为他什么都不懂，却没想到这小孩从日常生活中得来的道理，就能理解治国平天下的方法。

而面临第三次工业革命浪潮来临时，我们的劣根性是什么？使我想起了我国思想家鲁迅的话：于旧现状心平气和，于革新者疾首闭额。

什么是人文管理

所谓人文管理，即按照不同人的不同需求，有序和谐地进行不同层次的管理，以促进人的全面发展。这是一种在人性复苏的前提下，以人为主体的管理。它肯定了人的主体性需求是社会发展的本质动力，追求的是组织行为与人的主体性的有机结合。其目的是通过满足不同人的不同需求，激发其积极性和创造性，构建企业的核心竞争力优势。

人文管理实质就是以人为主体的管理，它区别于军事化管理的强制性，更着重于激励人的自觉性。不同的人有不同的需求，能够把这些不同的需求进行有序和谐的整合，通过满足不同人的不同需求，激发其积极性和创造性，来构建企业的核心竞争优势，以促进人的全面发展来促进企业的全面发展，这是人文管理的核心目的。

人文管理有两个基本特征：

一是作为个体的人，具有自尊、自立、自信、自爱、自志、自强的本质；

二是作为群体的人，具有尊重人、理解人、善待人、宽容人、成熟人、创造人的属性。

它推崇的是：忠诚大于能力，团队能力大于个人能力；破除"地主情结、小富则安、暴富心态、绿林好汉"的狭隘意识；实行"军事化管理、健康人管理、人性化管理、人格化管理"的管理模式；倡导"鼓励文化、激励文化、欣赏文化、分享文化"的崭新理念。尤其强调团队能力在于"减少和削弱个人的弱点、弱势、弱能，放大和增强个人的优点、优势、优能"；与人分享"钱"的经济利益和"权"的政治利益是企业成功的根本要素之一；学会"欣赏员工"是企业长期发展的内在生命力。

它的境界是：人在世自有活法，都是人才，都应有用武之地，管理就是寻找一条使人成才之路，否则，管理就失去自己的灵魂。而如今的管理科学舆论讲褒贬，制度讲约束，个人讲自觉，这是社会维持很长一个时期的演化形态。社会的和谐与各阶层有序度成正比，与人的心理平衡度相吻合，这是人类缓慢而有机进化提升过程的必然趋势。

人文管理的精髓应该是人文精神，它要求激发个体人的创新和创造能力，这是它的内核。外部环境可以直接影响人的情绪、思想等诸多因素的变化，营造适宜的人文环境是人文管理的基础。同所有的管理方式一样，人是管理的内容，即传统上说的人力资源，但人文管理理论把其称为人文资源，与人力资源不同的是，它更加凸显人的资源的文化意义与文化价值，因而往往体现为人的潜能，具有很强的再生性，是最丰富的、最重要的资源。也就是更看重了人的智力和智能。

人文管理是人类管理科学史上的一场革命，是一次了不起的质的飞跃。

管理是人类发展的竞技场，工业经济孕育了泰罗制，知识经济一定会孕育出人文管理。按人的发展进程，人文管理可分为两个阶段：一是人性化管理，即人类与群体的管理；二是人格化管理，即群体与个体的管理。前者是按人的发展属性进行有序的管理，后者是按人的生存方式进行和谐的管理。

前为知识经济时代，后为智慧经济时代，知识经济和智慧经济的区别表现在：①前者的经济发展仍体现出狭隘的自私性，如国家、政治、民族等，这是它的合理性原则；而后者经济发展体现出的是广博的公益性，如共知与共享、群体和个体，社区与个人等，这是它的未来科学性原则。②前者的科技含量比重几乎是正作用和副作用同比例增加，后者的正能量比重大。③知识经济社会的物欲和个人功利色彩非常明显；而后者智慧经济社会则更多地追求发展的可持续性和人尽其用的层次人才观。④知识经济社会是国家和民族，阶级和阶层为各自的利益竞争，有时不惜动用国家专政和战争这一工具来达到目的；而后者智慧经济是国家消亡，政治作用趋无，代之以工作的情趣观至上和乐于扮演原本属于自己个体人的多种角色的生活观。

知识经济和智慧经济也有两个相同之处：一是资产形态都是柔性的；二是人作为人的地位被历史性地确立了。

人文精神创新和创造是人文管理的内核，人文环境的氛围和心境是人文管理的基础，人文资源智力和智慧是让我管理的内容。

企业人文管理的几项具体内容包括：对待市场竞争是"合"的态度；对待用户是依照个性化服务和多样性服务的准则；对待产品设计是遵循"个性化"的标准；对待员工是采取福利计划和教练计划的合作方式；对待市场是用柔性生产线组合方式；对待组织形式是采取灵活而有弹性的、网络式的项目管理；对待发展是倡导学习型企业的模式等。

管理科学也像人一样有一个逐渐发展完善的过程。自然经济的资产形态是野果、野兽和鱼，人对硬性资源的依赖程度近乎100%，人的支出是体力。管理是无为的。人是生物人，人类的本质意义是生存。

农业经济的资产形态是土地，人对硬性资源的依赖程度是90%，人们支出的是体力和经验，扩大了自然界的生产，管理是家长制，人是自给人，人类的本质意义是稳定。

工业经济的资产形态是工厂和设备，人对硬性资源的依赖程度是60%，人们支出的是体力和技能，实行的是军事化管理，人是经济人，人类本质的意义是富裕。

知识经济的资产形态是智力，人对硬性资源的依赖程度是20%，支出的是技能和创新，实行的是人性化管理，人是自主人，人类的本质意义是成就。

智慧经济的资产形态是想象力，支出的是创新加组合，人对硬性资源的依赖程度是5%，实行的是人格化管理，人是自由人，人类的本质意义是情趣。这是管理科学在发展中必须遵循的基本准则和规律。

既然我们倡导人文管理，就必须了解和研究人类的目的是什么。"人类"一词由"人"和"类"两个词素组成。作为个体的"人"的终极目的有两个：一是性生活的和谐，二是精神生活的和谐；作为"类"的终极目的也有两个：一是社区生活质量的舒适度；二是高科技发展本质属性和人的自然属性相吻合。人类的目的是追求人与人、人与社会、人与自然的和谐相处，组成一个充满朝气和活力的共生世界——自我发展、可持续发展与和谐发展，也不可能征服自然，这是我们必须认识清楚的——人类的理性和成熟正推动着我们对这一问题认识的日益深化。

在管理科学不断发展的今天，人文管理的出现无疑是有重大意义的。它使人作为个体人的时候能够得到社会和他人的足够尊重。随着人类需求层次的不断提高，个体人对精神生活和谐度的要求也越来越高，人文管理顺应了这一历史要求，实在应该得到管理者的足够重视。人是高级的智能动物。其总体的发展趋势是对硬性资源的依赖程度越来越小，而对人的智能资源依赖程度越来越大。越往前，人的兽性、物质性、自然性越来越强；越往后，文化性、精神性、理性越强。再从人类劳动方式的内容变化来看，知识劳动是从手工劳动到机械化劳动之后的又一次深刻领导革命。而它所表现出来的形式，是人类领导随着社会和科技发展逐渐由硬化到软化，其劳动软化率随着领导软化进程而提高，软劳动的量变到质变带来了经济和社会的变革，催生了人文管理的到来。

研究人文管理的谭小芳老师认为，它的内涵是由三个层次递进演化的：第一层次是人性管理，它主要关注管理者与员工之间的关系管理；第二层次是人本管理，它更关注企业的"软"管理内容；第三层次是人文管理，它是建立在对人性的理解又超越人性化管理，以"文化人"为假设，强调在人文视角下对人的全面发展，充分体现人文关怀。

有学者认为，人文管理应当具备九大特征：①以人为本，是人文管理的核心；②人的全面发展，是人文管理的终极目的；③正激励，是人文管理最重要的激励方式；④柔性管理，是人文管理的重要手段；⑤学习型组织，是人文管理增强凝聚力的主要组织形态；⑥创新，是人文管理的突出表现；⑦企业可持续发展，是人文管理的核心战略理念；⑧社会责任意识，是人文管理对企业的基本要求；⑨更为开放，是人文管理的哲学特点。

按人的发展进程，人文管理可分为两个阶段：一是人性化管理，即人类与群体的管理；二是人格化管理，即群体与个体的管理。前者是按人的发展属性进行有序的管理，后者是按人的生存方式进行和谐的管理。在管理科学不断发展的今天，人文管理的出现无疑是具有重大意义的。它使人作为个体人的时候能够得到社会和他人的足够尊重。随着人类需求层次的不断提高，个体人对精神生活和谐度的要求也越来越高，人文管理顺应了这一历史要求，实在应该得到管理者的足够重视。

在如何对待人、对待职工劳动这个根本问题上，必须真正树立"目的"观点，把"目的"和"手段"统一起来。我们说人（职工和他们的企业家）是主体。但再深入一个层次，即天天劳动，生产着种种产品，或提供着种种服务的人，它对于企业来说，是"目的"，还是"手段"？当我回答，人是目的，不是手段的时候，是多少年来传统的思维惯性所制约。人们必然会问：人，不是手段吗？如我说，人同时也是手段，是目的与手段统一的话，那么，人们又马上会再加上一个问号：谁为主呢？回答当然是以目的为主。至此，这个问题大概可以打住了——传统的思维逻辑到此真的"终结"了。然而，事情真的至此可以"终结"了吗？否。列宁多次说过：辩证法曾不止一次地成为通向诡辩论的桥梁。笔者认为，企业文化建设中提倡以人为中心的"人"，"本"文化开发中的"人"，乃是全部意义上的"人"，就是不仅把它放在经济视角上，从生产目的（主体、消费者）与生产手段（人身生产资料）的主次关系上考察，同时要把它放到政治的、文化的、道德的等各个视角上进行全方位的、流变的考察，一句话，所谓要真正地把人当"人"看，必须把他当成全部意义上的（不是局部意义上的）"人"来看待。万千成功企业的企业家认识到，他的职工和管理人员至少有三（多）种愿望：第一，他们要生活，要吃饭，要靠自己的工作获得报酬，养家糊口，改善生活；第二，他们不想白白度过一生，想根据自己的能力进行创造，有所成就，有事业心和成就感；第三，他们是人，有感情，想在一个和谐、富有激情的环境中工作，一个好的管理者，应该照顾到这三种需求，并使其得到满足。通过这一多元、复合的人生价值体系，人们便可以窥见那未被扭曲、未被肢解的，真实的、大写的"人"。

让员工把企业当作是自己的家，让员工有当家做主的感觉，是很多管理人梦寐以求的，但是这在世界上来说很多企业都做不到，在中国就更不用说了，中国的企业有很多都是家长制作风，不仅仅是在家族企业，在民营企业或者是国有企业都普遍存在这种状况。在早些年企业的高管层和下属讲话完全都是命令式的，他完全把自己的下属当作未成年不懂事的孩子来对待，这种效果带来的就是员工的逆反心理。当然，这些年随着管理层整体素质的提高，这种方式已经很少了，但是他们并没有改变那种从骨子里透露出来的高高在上的姿态，所以这只是一个表象，从长久来看，他并不能彻底地让员工信服和尊敬，又怎么能让员工心理平衡，更不要说把工作视为情趣了。

影响员工工作质量的因素有很多，但最主要的是工作环境和家庭环境。工作环境很大程度上是一个硬件，企业可以做到；但家庭环境是很多企业都做不到的，他们往往会认为员工的家庭生活跟企业没有关系，这种想法是错误的，所以一定要改变观念。及时解决员工的家庭问题才能让员工没有后顾之忧，全身心地投入到工作中去，这样员工自然会把企业当作是自己的另一个家。

让员工当家做主就应该让员工参与到企业的发展过程中，让员工参与决策，让员工及时正确地了解企业的现状，让员工明白企业在未来可能遭遇的风险。只有这样才能使员工感觉到他们是和企业同呼吸、共命运的。当员工把自己的企业当作家，把自己当作主人，这样的企业就充满了凝聚力、向心力，那么这样的企业才有能力应对任何困难和风险。

当前，我们正处在工业经济时期，军事化管理是我们的基本管理方式之一，它突出的是，纪律性、忠诚度、克服无政府主义三大优势，实践证明，它是工业经济时期的成功管理模式。工业经济有两大特征：一是生产的机械化，二是经营的规模化，其本性是对人性的一种摧残。所以，工业经济后期的"文明冲突"标志着刚性的纪律要求与人的自主性的严重对立，也说明了时代对知识经济的呼唤。在高科技公司和一些经济发达的区域，知识经济正推动着管理科学向人文管理的新纪元迈进。

管理变革大趋势

经济全球化的本质是市场经济的全球一体化。中国本土企业，要想在未来的全球化市场经济竞争中占据一席之地，管理的效率将成为其决定因素之一。要想获得企业的可持续发展，就必须把握现代企业管理的变革大趋势。

1. 管理目标的变革：由追求利润最大化的短期目标向以追求整体价值最大化的战略性目标转变

管理理论产生的初始目标便是提高生产作业的效率，随后，管理理论便一直以此为核心，而效率最大化最直接的、最具体的体现便是利润的最大化。然而，伴随着市场经济的发展，特别是新经济现象的出现，使得实业界开始对这种纯粹的追求短期利润最大化的目标产生了怀疑，因为短期的利润追求往往会缩短企业的生命周期，"揠苗助长"及透支"生命"使得企业最终得不偿失。与此同时，管理理论界也开始对效率是不是管理的唯一目的产生了怀疑，并通过不断的实验最终提出了"可持续发展"的现代企业管理理念。长远的、既注重经济效益最大化又注重社会效益最大化的管理目标浮出了水面。管理的目标也最终由追求短期利润最大化转向了追求企业整体价值最大化的战略性目标。实践证明，管理目标的这种转变可以更为有效地确保企业的可持续发展。

2. 管理对象的变革：人由"劳动力"转变为"人力资源"，最终成为"人力资本"

传统管理理论认为"人"仅仅是一种生产工具，是以"劳动力"的形式存在的，近代管理理论对人的认识有了一定的提高："人"开始作为与机器、厂房等物力资源相对等的"人力资源"的形式存在。但是与传统管理理论相一致的是，近代管理理论仍然是以"货币资本"作为企业存在的前提的，"人"无论是作为一种"劳动力"也好，还是作为一种"资源"也罢，都是通过"货币资本"就可以获得的。在这种理论的前提下，"人"是无法与"货币资本"相提并论的，"货币资本"所有者在企业中处于绝对的支配地位。然而，随着社会的发展以及企业中"人"的作用的提升，特别是在实践中被证明了"人"作为一种生产要素，他具有其他生产要素所无法比拟的、"特殊"的功效。在新经济时代，人的效用将远远超过"货币资本"的效用，因此，"人"不再是由"货币资本"支配的"劳动力"或是"人力资源"，而应当是完全与"货币资本"相提并论的，甚至是超过"货币资本"的"人力资本"。新经济的发展，将直接促使"人"成为企业的主角，成为支配力量。当然在这里，我们提到的"人"并不是企业中所有的成员，而是在企业发展过程中对企业具有至关重要作用的成员，这种作用包括特殊的管理技能、技术技能等。

3. 管理方式的变革：由传统的监控型管理转向授权型管理，最终转向以潜能开发、人力资本的价值增值为主体

管理对象的变革必然引起管理方式的转变。对于以"货币资本"为主导的传统企业管理理论而言，人作为一种通过货币资本就可以获取的"劳动力"或是"人力资源"，必然是处于被动的地位，是受货币资本所有者支配和监控的。因此，管理者的管理方式也以监督、控制为主。然而，随着企业中"人"的作用的提升，特别是在科技时代，人的作用将成为企业制胜中毋庸置疑的决定因素。"人力资本"在与"货币资本"的对话中必然会发生质的变化，因此，

货币资本的所有者将不再成为最终的决策者，人也不再只是纯粹接受命令的劳动者。人的这种效用的转化最终促使了企业管理方式从监控型转向授权型，并最终发展成为以"人力资本"为主体，以追求"人力资本"的价值增值为企业的最终目标。

4. 管理中激励方式的变革：从短期激励转向长期激励，从物质推动型激励转变为情感满足型激励，并最终形成精神归属激励

人力资本作为企业未来的最重要的资本形式，如何最有效地发挥人力资本的价值，最有效地集结人力资本，成为企业"可持续"发展战略中最主要的问题。传统的激励方式大部分集中在对人力资源的短期效应的激发上，这一方面与企业中人的地位和作用相关，另一方面也与社会的经济发展水平有关。在人们还没有充分满足自己的物质需求的时候，经济的刺激将远远大于情感的满足，因此，在以货币资本为主导的企业中，短期的物质激励将成为最主要的，也是最为有效的激励方式。但随着社会经济的发展，人们的需求水平也不断提高，由物质的需求逐渐转向于对精神情感满足的追求，并最终寻求一种人生自我价值的实现。激励有效性的根源就在于对人最主要需求的满足。人的这种需求的变化使得企业也必须不断地调整自我的管理激励方式，从传统的以短期的物质激励方式为主体逐渐转向于以情感的满足、人的自我价值的实现为主体。

5. 管理重点的变革：以强化软性管理来替代硬性管理

传统的管理重点是顺应落后的社会经济发展水平而产生的，落后的社会经济发展水平使得"劳动"成为人们谋生的必要选择，同时货币资本在企业中的绝对主导地位，都促使劳动中的消极、怠工行为成为一种普遍的现象，因此，严厉的甚至是有点不近人情的规章制度便成为领导者进行有效管理的必然选择，而传统的这种硬性管理模式也最终证明在当时的社会环境中是极其有效的，它极大地促进了生产力的发展以及员工运作效率的提高。

伴随着社会经济发展水平的提高，人力资本概念的提出，以及人的需求的发展，严格的管理规章制度反而成为人们潜力发挥的一大障碍，因此，一种强调人的自由化、授予人力资本更多自主决策权的现代软性管理模式被提了出来。领导的管理重心也从传统的过程控制与监督转向了现代的结果考核与管理。

6. 管理者角色的重新定位：从管理监督者到指导型的教练到帮助型的顾问直至合作中的伙伴

管理方式的变革以及管理重点的转变造就了现代管理者角色的重新定位。这种转变首先是体现在现代领导者将要从原来的领导监督岗位更多地转向于信息沟通角色。一方面将上级指令传达到下级，变为部署的行动；另一方面迅速将市场信息及部署情况反馈到上级，以供上级决策使用，同时，进行有效的横向部门之间的信息交流与沟通，从而提高企业的市场运作效率。其次领导者也不再是业务主管，是人力资源的管理者，而更多的是人际关系的协调者。

当然，现代领导者也还需要扮演部分决策者的角色，即将上级下达的任务转化为部门目标，并有效解决目标实施中的问题，同时善于发现将来的问题，并将问题转化为机会，作为制定规划的依据，但是管理者的这一职能目前正在逐渐减弱。

7. 管理考核系统的变革：从传统的单一考核奖酬系统转向奖酬系统和员工发展系统相结合

企业传统的单一考核奖酬系统是与其旧有的以短期经济激励为主的激励机制相配套的。传统的管理目标就是为了最大限度地发挥员工的工作积极性，尽可能地避免劳动中存在的消极怠工行为。因此，考核奖酬体系的直接目的就是通过对员工在一定时期内的劳动的评定和奖惩，强化规章制度的执行，来有效提高员工的工作积极性和工作效率，从而提高管理的效应。然而，随着现代激励机制的发展，企业作为"人力资本"的集合体，人的潜能的开发，人力资本的价值增值将成为企业最终的发展目标，管理的考核体系也将因此发生"质"的转变，从传统的以激发员工工作积极性为目的转向侧重于对员工的个人发展为目的。考核不再只是员工定期工作的总结和肯定，更多的是强调对员工后续工作的指导意义，考核是为了完善工作，是为了员工更好地发展，这才是现代企业考核奖酬体系的最根本目标。

8. 管理者素质的变革：职业经理人代替了传统的一般意义上的经理人

所谓职业经理人，是指既熟练掌握现代管理的基本技能，又熟悉市场的发展变化规律；既能进行全局的掌控，又具备良好的人际沟通和协作能力，还能积极开发或掌握新型管理手段和方法的现代企业经营管理者。与传统一般经理人相比，职业经理人更适应日趋激烈的市场竞争、日益复杂的市场环境以及现代化的管理技术和手段的发展。

首先，一般经理人常常要求必须具有专业能力，具有解决问题、实现最终结果的能力，而职业经理人则要求有更为广阔的知识面，更多的市场历练，对市场有更强的运作能力，更多的应该是个通才，相对的专业能力要求有所下降。

其次，从依靠个人努力，转向依靠团队建立工作网络，利用他人的手去实现组织目标，团队成为现代职业经理人进行有效管理的一种必要工具。

再次，从善做具体业务工作开始转向做管理、领导工作，管理者更多的角色定位就是决策与进程的掌控以及对各部门、团队的协调，职业经理人的发展赋予了现代管理者角色定位的回归。

最后，市场的发展要求强化经理人对职业的认同感，而弱化管理层的专业技术性，这也进一步促使一般经理人向职业经理人的转变。

9. 企业竞争力的变革：由传统的物力、财力资本竞争转向企业对市场反应能力的竞争

由于受社会经济技术水平的影响，传统市场对企业的要求更多的是集中在后者是否能够为前者提供"物美价廉"的产品，谁的产品更能符合消费者的物理使用要求，谁的产品具有更高的质量，或更低的价格，谁就更能获得市场的认同，谁就具有更强的市场竞争优势。雄厚的物力、财力资本就可能意味着更好的产品生产工艺，更优的"规模经济"效应，也就意味着上述目标的实现，因此，物力、财力资本的竞争是传统企业竞争的根源。然而，伴随着市场经济的发展，全球经济一体化的深入，一方面企业间的技术发展水平开始趋于一致，技术的差异化、价格的竞争优势都开始退减；另一方面企业的主导资本由货币资本转向人力资本，而人力资本的最大特点就是对市场的反应能力，因此，此消彼长的结果就是企业竞争力的转变。而与此同时，消费者对产品满意度的转变，从传统的以追求产品的物理使用价值为主转向追求以产品消费中的精神享受，即追求"顾客让渡价值"的最大化为主，而提升后者的最有效、最实际的做法就是企业能够准确、快速地把握消费者需求的变动，市场的发展态势，这也就进一步促成了企业竞争力的转变。

10. 企业组织的变革：金字塔式的权力型组织结构转向扁平化组织结构、团队式的管理运作模式

管理重点的变革，管理方式的转变，使得企业的组织结构必然要进行相应的改革。传统的金字塔式的权力型组织结构是适应硬性管理以及监控型管理方式而形成的。制度型、监控型的管理方式要求领导阶层必须具有一种绝对的权力，一种可以有效发挥其监督功能的组织体系，因此，传统的金字塔式的军事化管理组织结构便顺应了时代的发展，充分发挥了其独特的管理功效。随着软性管理、授权型管理模式的发展，员工积极性的发挥将更多地取决于其被授予的权力的大小，或者说是其自由决策权力的大小，以及接受多少人的监督等。被授予的权力越大，决策的自由度越高，接受的监督越少，员工的积极性就越高。管理的效率也就越好。因此，具有更少的管理梯度，更大的管理幅度的扁平化的、团队式的组织结构便应运而生。

11. 企业合作模式的变革：由一般合作模式转向国际战略联盟

传统的企业合作模式更多的是建立在传统的企业稀缺资源——货币资本的基础上的，合作主要是为了解决货币资本的短缺问题，因此，传统的、一般的企业合作，模式更多的是企业间的产供销一体化。而伴随着社会经济的发展，企业稀缺资源的根本性转移——人力资本的稀缺性将占据未来企业竞争的核心位置，未来企业的合作将更大范围内取决于人力资本的合作与竞争。

而对人力资本的稀缺性来说，短期的一般性的合作并不能使其得到根本性的解决。现代发达国家跨国公司正在积极研究并实践的国际战略联盟形式就是建立在企业的长期发展战略的基础上，以解决企业未来的稀缺资源为根本目的，通过彼此在竞争中的优劣势互补，来实现在合作竞争中的长远发展目标。与传统的一般竞争合作模式相比，国际战略联盟更能有效地解决企业的战略性发展问题，因此，它必将成为未来企业的选择。

12. 企业稳定机制的变革：由严格、完备的规章制度转向以共同的愿景来集聚企业的向心力

在前面的论述中，我们已经知道，传统的企业是建立在以货币资本为主导，人力资源为辅助的基础上的，因此，企业的运作是完全以货币资本为主体的，人只是货币资本实现其价值增值的一种凭借，而企业也成为人获取经济利益，从而满足其物质追求的一种工具，因此企业与人之间更多的是一种纯粹的物质经济利益关系。在这种传统的社会生产力条件下，严格的规章制度成为企业获取稳定发展的一种必要性选择。传统让位于现代，因而企业的稳定机制必须进行一次"质"的变革，以适应人力资本作为企业主导资本这一新的现实要求。以一种共同的愿景来获取其他人力资本的加盟，成为未来企业作为人的集合体的唯一选择。

13. 网络信息技术应用模式的转变：由现代企业单一的信息处理功能转向组织的信息分享、共同合作、工作流程改造、虚拟性活动的现代化作业工具

现代网络信息技术的发展使得企业纷纷创建或加入互联网、局域网和内部网等中来，企业与外部的信息交流和内部的信息处理水平得到了极大的改进和提高，但现代企业的信息处理功能更多的是趋向于对外部信息的收集和处理，网络所带来的信息技术革命效应在企业运作中远远没有被发挥出来。因此，利用信息技术进行组织信息共享，共同合作，并通过信息分享引发工作流程的改造，进行网络虚拟性活动等现代化高效企业运作模式将成为未来企业利用网络信息技术的模范。

14. 员工队伍管理方式的改革：由被动接受型转向参与管理型，最终转向自我管理型

当企业中的人由"劳动力"转变为"人力资源"，并最终成为"人力资本"，人在企业中的地位也随之得到了提升：从最初的绝对的执行者开始转向参与管理和决策，并最终成为在企业的战略目标指引下的自我管理者。员工的这种队伍管理方式的变革也是与企业管理重心的转移、管理模式的变革，以及扁平化、团队式组织结构的发展紧密相关的。市场经济的发展以及现代管理技术的延伸，对现代企业的管理模式提出了新的要求。企业必须适时而变，采取有效的管理对策才能在未来全球化市场竞争中占据一定的市场地位。

| 第二章 |

人际关系在管理中的素质作用与要求

人力资源管理的"三转一重"指的是：

以事为中心的管理转为以人为中心的管理，更加重视人的个体需要和发展需要，尊重人的隐私权。

从以管理为主转化以开发为主，尽量注意培训员工的技能和自觉性，培养员工的职业道德和促进员工职业发展。

管理从刚性转向柔性，个性化管理的特征逐步明显，对人的关心和爱护超过对人的约束和控制，人性化管理被广为提倡。

开始重视团队建设，重视协作与沟诵。让员工参与管理成为组织追求的目标。

以人为本的人际关系

"管心"就是"以人为本",体现人际关系的很高位置。

当前,在推行市场经济竞争机制的大潮中企业管理问题由过去的"要我管理"向现在的"我要管理"方向转变。现代管理科学在竞争中迈开了新的步伐。无疑,企业领导者正面临着管理科学创新发展的挑战和考验。企业领导者是通过人们一定的相互关系来实现自己的管理活动的。这个社会心理接触的特点不仅关系到人们的情绪变化而且决定着他们的工作积极性和劳动成果的变化。这个接触对于企业经营管理范围内的正式关系和非正式关系都是必要的,也是不可缺少的。

企业管理的"根"是实践,它包含勇于探索、勇于创新、勇于实施。实践的主体是人,所以企业管理是以人为"本"。这就向企业领导者提出如何提高做人工作的水准,提高自身人际关系素质,以调动全体职工人人参与管理,创造性地完成各项工作,产生管理聚集效应的问题。

美国著名成人教育家戴尔·卡耐基曾说过:"一个人事业的成功,只有百分之十五是由于他的专业技术,另外的百分之八十五是靠人际关系和处世技巧。"美国著名企业家李·雅可卡也认为,一个企业家最主要的就是沟通能力,如果沟通不了,协调不了,再大本事也不能体现。可见,人际关系问题被提到很高位置。

对话与对抗的启示。

我有一位年轻的朋友,是个"90后"。他给我讲过他和他弟弟的故事。一次,他和弟弟为一件事情，两人的意见不一致，弟弟不听他的。他拿出哥哥的姿态要训斥弟弟。可这只有 6 岁的弟弟，就一句话"我只和你对话，不和你对抗"使他哑语。哥哥笑了，为弟弟这个语言而自省。毕竟，我的这位年轻的朋友已经获得了 MBA 的学位，他知道，人际沟通的重要这使我们很欣慰，新一代人的人格意识、自由意识、平等意识已经提高到一定的水平。我们的管理意识、管理方法、沟通能力、人际关系都应该有个新的意境。

美国前总统里根曾说过这样一句话："对下属给予适时的表扬和激励，会帮助他们成为一个特殊的人。"一个聪明的领导者要善于经常适时、适度地表扬下属。这种"零成本"激励，往往会"夸"出很多为你效劳的好下属。激励注意因人而异。领导者在激励下属时，一定要区别对待。最好在激励下属之前，要搞清被激励者最喜欢什么、最讨厌什么、最忌讳什么，尽可能"投其所好"，否则就有可能好心办坏事。激励注意多管齐下。激励的方式方法很多，有目标激励、榜样激励、责任激励、竞赛激励、关怀激励、许诺激励、金钱激励等，但从大的方面来划分主要可分为精神激励和物质激励两大类。领导者在进行激励时，要以精神激励为主，以物质激励为辅，只有形成这样的激励机制，既是一种有效的激励机制，也是一种长效的激励机制。

人际关系的素质作用

首先，是企业管理由"硬性"管理向"软性"管理转变的需要。20 世纪 90 年代现代企业管理的重点是开发"软件资源"和搞好"软管理"，如增强企业形象、企业家精神、人才开发力、信息开发力等，其核心是调动和培养人的积极性、创造性。通过发挥人的因素来提高生产率，相信每个人的潜力，尊重每个人的人格，承认每个人的贡献。让职工控制自己的命运，表现和发挥自己的才干，了解企业情况，感到工作有意义有保障，靠共同的信念激励大家，不靠行政命令搞管卡压，把企业当作大家庭。试想，没有一个和谐的人际关系是无法开发"软件资源"和搞好"软管理"的。

其次，是企业领导者由管理者型向企业家型转变的需要。进入 20 世纪 90 年代，企业面临"复关"的挑战，并要做好"四个接轨"，即在财务制度、产品成本、质量标准、竞争机制四个方面与国际市场接轨。企业领导者必须由过去眼睛盯着国内扩展到国际，所以他们不仅要具有管理能力，而且要具有管理者的应变力、洞察力和承担风险的能力，成为企业家型的领导者要在良好的人际关系基础上使企业和职工之间建立更多更牢固的共同点，实现双方信任、坦诚相待，激励员工的创新精神，使创新精神成为支配个人和企业生命及灵魂的强大精神支柱。

再次，是企业的价值观念由单纯追求利润向多元机制转变的需要。企业管理的目标由过去注重产值、产量发展到重视企业利润率，以利润率来衡量一个企业经营水平。20 世纪 90 年代管理科学除了追求利润外，重要的是树立企业信誉。我们经常可以看到这样的广告用语"信誉第一，用户至上"，企业经营的标准不再是看眼前获利多少，最重要的是看企业是否充满活力，具有良好的内部和外部人际关系，从而能够最大限度地使客户满意，保持企业内部和外部的和谐，经常不懈地追求企业的长远目标。

最后，是企业的经营战略由着重满足人们的物质需求向满足人们精神追求转变的需要。为了拥有高度的生产力，企业必须保留和吸收人才，这就需要人事管理的凝聚性。人际关系的科学性使职工产生成就感、被承认感、责任感、成长感，满足人类的自我追求，自我理想。现代科技成果之一就是改变生产劳动的心理结构，人的劳动和赎回积极性的变化，实质上是反映了人的心理状态的变化。人的活动效率不仅取决于他们的专业素养，还取决于他们当时的心理状态。因此，满足人的精神追求对提高人的工作效率，对企业的经营战略具有重大意义。

明确人际关系方面的素质要求

前文就现代管理科学发展趋势的四个转变说明人际关系在管理中直接和潜在的作用。这里所说的人际关系是一种管理科学，而不是庸俗的关系学。因此，对企业领导者人际关系方面的素质要求也应当有个基本认识，明确人际关系的基础、准则、桥梁、原则和人际关系的魅力。

• 人际关系的基础——和蔼可亲、平易近人

没有领导者和下属之间的接触管理过程就无法实现，这种接触可以分为两类，即工作（或正式）接触和非工作接触，都对职工的积极性产生积极的影响。领导者为了调动集体的目标，要把被领导者协调起来，拧成一股绳。如果说在进行接触方面的生动性既在领导者方面，也在被领导者方面的话，那么在创造条件下进行非正式接触方面，则首先由领导者表现出主动性。领导者主动找职工谈话，对于建立心理上良好的接触有着非常重要的意义。领导者应当自己找到克服他与下属之间心理隔阂的途径，领导者除了从正式渠道获得各类信息外，还可以从非正式渠道，即通过个人的接触和自由交谈来获得，促使双方更坦率地发表意见。如果领导不是和蔼可亲的人，不会在自己与交谈者的谈话中"搭桥"，那就不可能进行坦率对话。对领导者来说，重要的是要善于与人们谈话，选择话题，理解话题，善于听取交谈者的意见，运用语调、手势和脸部表情，根据交谈者的文化程度、心理状态、选择用语等。这一切在相当程度上决定接触的成效。

• 人际关系的准则——尊重人、关心人

为了保持与人们最佳关系，领导者必须尊重交谈者的人格，珍视他有关领域的知识和处世经验。每一个人都会产生与人谈自己的问题、自己的成功和挫折，向人征求意见的需要，接触成功与否，关键在碰头之初。领导者如何看人，脸部表情如何，如何向对方问候寒暄——所有这一切决定了他对对

方的看法和态度，坦率交谈的气氛形成在很大程度上取决于这一步。有的领导在谈公事之前先谈谈来访者个人关心的问题和社会问题，这样就造成一种好的气氛，而来访者也产生这样的信心：领导者是了解我的。对人的尊重还表现在考虑他们的意见上，当然，领导者不一定按照他们的意见行事。但是，他有义务听取每个来访者的意见，领导者还要善于评价他们接触人的工作（领导者应当用热情的语言评价）应当给他们提供表现自己成绩、叙说自己成绩的机会，应当关心他们，在道义上支持他们，领导者善于鼓励改革的思想和研究，善于加强交谈者对力量的信心——这些都是他对他们感激和尊重的表现。

尊重人关心人的问题不仅表现在领导者与工作人员的相互关系中，还表现在领导者之间的关系中。领导者在会议上，争议中应当把握自己。也就是说，要表现得冷静和自持，不要急于发表自己的看法，不要打断别人的发言，即使有人发表不正确意见，也不能发火，必须保持克制，然后据理力争、阐述不同意见。

被领导者之间以及不同管理层次的领导者之间的有礼貌的态度，是高度文明的管理行为的明确表现。更重要的是，这种态势将创造一种良好的社会气氛，使每一个职工都知道他的工作将受到尊重，他的努力得到支持，成果得到承认和鼓励。

• 人际关系的桥梁——是富有同情心、乐于帮助人

对领导者来说，为了保持与人们的最佳关系，很重要的一点是要表现出同情心，随时随地准备给人以帮助。社会主义发展生产力的动力就是不断满足人们日益增长的物质和精神需求。关心群众生活，注意工作方式；密切联系群众是我们党的优良传统，相互帮助是社会主义人与人之间的典型特征。一曲《让人间充满爱》唱响祖国大江南北。在一个企业里职工会有各种困难问题需要领导者帮助解决，如个人问题或公益问题。如果领导者无法肯定能满足他的要求，就不应把问题交给自己的工作人员处理，而应把问题提交集体研究、解决。富有同情心，乐于帮助人是架起领导者与被领导者之间的桥梁，有了这个桥梁就会消除心理隔阂的河沟凝聚成统一意志。

• 人际关系的原则——坚贞不渝、一视同仁

待人接物的原则性作为人的统一的道德品质，是每一个领导者最重要的素质之一，因为领导者丧失原则，那他的威信就会显著下降，这是人们对领导者敬重的道德心理基础。

领导者原则性这一素质要求不仅包括对信念的坚贞不渝和勇敢捍卫自己的观点，更重要的是一视同仁地评价工作人员的行为举止，在这里还表现出由此派生出来的素质的公正。无原则的领导者可能把较轻松而又有利可图的工作分派给自己喜欢的人，而把最繁重或报酬较低的工作分派给别人。对某些人，他可能每一次连他们微不足道的成绩都郑重提出，而对另一些人，则只讲缺点不讲成绩。企业职工可能原谅领导者专业素质不足，组织能力不强和主动性不够。但是，如果他缺乏原则性，缺乏符合企业和社会利益的行为路线，反复无常，如果领导者不讲原则，那是任何人都不会原谅他的。在于被领导者的关系中出现的冲突局面，其根源一般都在于领导者不讲原则。

领导者的原则性不仅表现在客观评价人，待人一视同仁，而且还表现在他对自己的社会行为能否也提出同样要求。如果一个领导者要求他的下级把公共利益放在个人利益之上，而他自己却反其道而行之，那么这样的领导者是不可能被称为有原则性的领导。

可以这样表述：那些具有坚贞不渝的争取实现集体目标的行为路线的领导者是具有原则性的领导者。不利于集体的团结，不利于为实现集体目标而积极努力工作的行为，就是无原则的表现。

• 人际关系的魅力——内在力量体现，外部风范感染

在领导者保持与人们的最佳关系方面的素质中，个人独特的魅力和威信也占有重要地位。领导者的形象是在他的行为和待人的委婉、外部表情、丰富的知识、过去的功绩和对未来有意义的贡献，随时准备为他人做出牺牲表现出坚强的意志和共产主义道德以及其他一系列特征的基础上形成的。上述种种素质中可能有一种对领导者个人魅力起着决定性作用。企业职工是高度重视魅力和威信的，在这种情况下，他们相信自己的领导者，爱戴他、尊重他，

准备排除万难去执行他的指示。从日常的管理实践中我们确信,许多领导者的个人魅力在凝聚集体的力量与智慧,使职工和专业人员安心在本企业工作方面起着巨大作用。

对领导者的个人魅力和威信具有意义(虽然不是决定意义)的因素,还有外表、衣着、办公室的陈设等,这些都会对执行者产生作用。人际关系的魅力在于内外有机统一。

人力资源的"三转一重"

为了说明人力资源管理的演变,有必要先熟悉一下人力资源的基本任务。总体来说有以下几方面:①编制人力资源管理计划;②员工招聘;③员工培训;④员工使用;⑤员工关怀;⑥员工发展;⑦员工绩效评估;⑧员工薪酬管理;⑨劳动关系协调;⑩人力资源测评;⑪人力资源经济分析;⑫跨国高尚人力资源管理。

人力资源管理的"三转一重"是指人力资源管理不是以事为中心,不因事管人,而是以人为中心,以开发人的内在潜能,发挥人内在的积极性为原则。

人力资源管理的"三转一重"指的是:

以事为中心的管理转为以人为中心的管理,更加重视人的个体需要和发展需要,尊重人的隐私权。

从以管理为主转化以开发为主,尽量注意培训员工的技能和自觉性,培养员工的职业道德和促进员工职业发展。

管理从刚性转向柔性,个性化管理的特征逐步明显,对人的关心和爱护超过对人的约束和控制,人性化管理被广为提倡。

开始重视团队建设,重视协作与沟通,让员工参与管理成为组织追求的目标。

·人力资源管理功能的演变

美国人力资源管理专家加里·德斯勒根据政府职能在美国企业的人力资源管理中作用的发挥，将人力资源管理在美国的发展历程划分为三个阶段：档案管理阶段、政府职责阶段和组织职责阶段。由发展的三个阶段看人力资源管理功能的演变。

所谓的"档案管理阶段"指的是 20 世纪 60 年代中期以前的人力资源管理发展阶段。当时，人力资源管理典型的职责包括新工人的录用、职前教育、人事档案管理(记载工人的出生日期、参加工作时间、教育背景和工作经历等)，以及制订公司教育计划等。而"政府职责阶段"指的是从 1964 年美国颁布《民权法》开始到 20 世纪 70 年代。在这一阶段，美国先后颁布了《种族歧视法》《退休法》《保健和安全法》等法规，对就业的各个方面产生了很大的影响。执行这些规定使组织的非生产性消耗增加。1973 年，美国电话电报公司在与联邦政府达成的一项协议中同意在管理职位上执行男女雇员的起点工资相同的政策，仅此一项就使该公司增加 3 亿美元。从这一时期开始，不进法院成为美国企业与组织的第一原则。

现在到了"组织职责阶段"，组织的职责阶段指的是 20 世纪 80 年代初以来的人力资源管理发展的阶段。这一阶段，在直线经理人与人事经理人之间出现了明确分工。所谓的直线经理人员是指直接负责企业运营的人，他们是组织管理的决策系统中从最高层到最低层的一条决策线上的主管人员。这些人参与决策、负责上下传达，是组织中的核心人物。从这一阶段开始，企业把对人力资源管理的重视程度提高到与物力和财力资源一样的程度。人事经理的地位上升，全面承担档案管理和政府职责，同时以所提供的工作生活质量对其员工负责。从根本上讲，这一阶段的人力资源管理履行的是一种联合职责。

人力资源管理与人事管理的区别。人力资源管理是人事管理的继承和发展，具有与人事管理大体相似的职能，但由于指导思想的转变，造成了二者从形式、内容到效果上质的区别。从人事管理到人力资源管理是一次思想上的创新，它们的差别并非仅仅是形式的，而是有本质的区别。另外，人力资源管理是对组织内人力资源的管理，但近年来由于组织形式的发展，特别是虚拟组织的出现，使组织边界变得模糊，以往被认为是组织外的人力资源也被纳入组织内部进行管理，使人力资源管理的对象扩大。例如，摩托罗拉对其供应商实施培训，进行管理。

（1）对人性的解释不同：人事管理是基于"社会人"的假设，假设人在不同的情境下有不同的需求，依据这些需求对其激励。人力资源管理是基于一种全新的"价值人"的假设，他突破了传统的马斯洛需求层次论，认为人人都有自我发展、自我实现，求上进、求发展的欲望与追求，即使其生理、安全、社交和尊重的需要还没有得到完全的满足，这在知识经济时代，高等教育日益普及、人口素质普遍提高、特别是在那些高级人才云集的跨国公司是非常普遍的。当然这种实现自我价值的需要在外界物资条件相同的情况下也存在着较大的个体差异，但那些自我实现欲望强烈的人在公司的生存与发展中起决定性作用。这种假设使企业将人力资源管理的目标放在提高员工工作质量、满足他们成长的自我实现的需要上。

（2）企业付出的理解不同：在人事管理中，企业对人的看法局限于人力是一种成本；而人力资源管理将人视为可开发并带来收益的资源进行开发和控制。成本是实现目标而不得不做出的付出，而"资本是能带来剩余价值的价值"。这样，人力资源管理将工作重点放在以个人与组织的共同实现与发展为目标的人力资源开发上面。在人事管理中虽然有培训，这些培训也会给员工带来发展，但从企业的角度来看，这些培训只是为满足工作需要不得不做出的成本付出。而人力资源开发中的培训是以提高员工素质与能力，提高工作绩效为目标的主动培训。因为人事管理中企业所有者将人视为成本，在他们看来，雇员的所得正是他们的所失，在他们眼里这仅仅是一个简单的零和游戏，所以劳资关系比较紧张，人事部门经常陷入劳资纠纷的陷阱之中，他们被迫通过服务、保障、员工参与等手段缓和劳资关系。在人力资源管理中视人为可开发并能带来收益的资源，企业将主动建立互相信任、充分参与、合作的关系，是一种双赢的游戏。

（3）在组织中的作用不同：在组织中，以前的人事部门仅仅是组织众多部门中的一个，其功能仅仅是整个人员管理的一部分，其他部门如行政、生产等部门都承担了相应的工作。在人力资源管理中，人力资源管理作为一种思想贯穿于企业的各个层面，在组织内部建立整合式的功能。人力资源部在企业中的作用日益重要。人事管理的主要对象是管理层，而企业中的操作层仍然被视为劳动力进行管理，这不仅伤害了他们的积极性，也很难融洽双方关系。在视员工为资源的人力资源管理中，对这种资源的开发就不仅限于管理层，以个人与企业的共同发展的人力资源管理，将拓展到劳资关系的各个方面。人事管理中的绩效评价目的在于发现员工绩效的现状，并以此作为报酬、奖惩、提升的有力依据，因而员工有抵触心理，惧怕绩效评价。人力资源管理中的绩效评价在于获得员工绩效现状的信息，找到目前及未来要求的差距，绩效优秀的员工将得到物质奖励、提升等鼓励，而差距较差的员工将得到培训机会，为未来的职业生涯打下基础。人力资源部门必须从其传统的行政管理角色转换为企业战略发展的顾问和伙伴角色，更多倾向于人力资源的发展和规划。所有员工将从中收益，绩效考评成为员工与企业之间主动交流的有力手段。

（4）工作的内容不同：以往的人事部门是被动的、例行的，如考勤、工资发放等，遇到问题平息了事，而人力资源管理从资源开发、员工职业发展角度，前瞻性地注意组织内外环境的变化，如技术更新、员工心态等，根据组织发展的需要进行挑战性的开拓。

人力资源管理出现新准则

沟通、共识；信任、承诺；尊重、自主；服务、支持；创新、学习；合作、支援；授权、赋能将成为人力资源管理的新准则。

在 21 世纪，企业与员工之间、管理者与被管理者之间、同事之间将按新的游戏规则来处理各种关系，即如何在沟通中达成共识。如何在信任基础上彼此之间达成承诺，尊重员工的个性，如何在信任基础上达到有效的管理，尤其是如何对创新型团队提供一种支持和服务，企业如何注重一种创新机制，如何变成一种学习型组织，如何进行团队合作和授权赋能。

职业化是人力资源管理的核心任务。21 世纪，企业的核心优势取决于智力资本的独特性及其优势。智力资本包括三个方面：人力资本、客户资本和组织结构资本。人力资本的核心任务是通过人力资源的有效开发与管理，提升客户关系价值。要将经营客户与经营人才结合在一起，要致力于深化两种关系，提升人力资本价值。

（1）企业人力资源管理者要成为专家。这就要求人力资源管理者具有很强的沟通能力，必须对整个企业有一个很好的把握，通过沟通达成共识。中国企业的人力资源管理者要尽快实现从业余选手到职业选手的转化。职业选手主要包括三个方面：要有专业的知识和技能，要有职业的精神，以及必须懂得职业的游戏规则。

（2）企业人力资源的政策与决策越来越需要外脑。要借助于社会上的各种力量。没有外力的推动，企业很多新的人力资源政策、组织变革方案是很难提出并被高层管理人员及员工认同的。

人力资源管理的发展趋势

21 世纪人类进入了一个以知识为主宰的全新经济时代。在这样一个倍数变化的时代，人力资源与知识资本优势的独特性成为企业重要的核心技能，人力资源的价值成为衡量企业整体竞争力的标志。同时人力资源管理经历着前所未有的来自全球一体化的力量如信息网络化的力量、知识与抄写的力量、顾客的力量、投资者的力量、组织的速度与变更的力量、知识与创新的力量等各种力量的挑战与冲击。从而呈现出新的特点。知识经济是一个人才主权时代。

人才主权时代就是人才具有更多的就业选择权与工作的自主权，人才不是被动地适应企业或工作的要求。企业要尊重人才的选择权和工作的自主权，并站在人才内在需求的角度，为人才提供人力资源产品和服务，并因此赢得人才的满意与忠诚。人才不是通过简单的劳动获得工资性收入，而是要与资本所有者共享价值创造成果。

人才主权包括两个方面的含义：一方面是越是素质高、越稀缺、越热门的人才，越容易获得选择工作的机会，其报酬也越高；另一方面是人才资源优势越大的企业越具有市场竞争力，也就越容易吸纳和留住一流人才。人才主权时代使那些能够吸纳、留住、开发、激励一流人才的企业成为市场竞争的真正赢家。同时，也可能给企业带来短时间的负面效应，一是会产生人才泡沫，企业一味通过高薪留住、吸纳人才，会造成热门人才的价值与价格背离；二是人才流动作为人才价值增值与价值实现的一种途径，会致使人才跳槽频繁，人才流动风险增大。

企业必须向员工提供客户化的人力资源产品和服务。在21世纪，企业要以新的思维来对待员工，要以营销的视角来开发组织中的人力资源。从某种意义来说，人力资源管理也是营销工作，即企业要站在员工需求的角度，通过提供令顾客满意的人力资源产品与服务来吸纳、留住、激励、开发企业所需的人才。从21世纪企业经营价值链的角度看，企业要赢得顾客的满意与忠诚，必须赢得员工的满意与忠诚。企业要把客户资源与人力资源结合起来，要致力于提升客户资本价值与人力资本价值。

21世纪人力资源管理者要扮演"工程师＋销售员＋客户经理"的角色。一方面人力资源管理者要具有专业的知识与技能，另一方面要具有向管理者及员工推销人力资源管理方案的技能。人力资源经理也是客户经理，所谓客户经理，就是要为企业各个阶层提供"一揽子"人力资源系统解决方案，企业向原员工所提供的产品与服务主要包括：共同愿景、价值分享、人力资本增值服务、授权赋能、支持与援助。

知识型员工成为人力资源管理的重心。国家的核心是企业，企业的核心是人才，人才的核心是知识创新者与企业家。知识型员工成为人力资源管理的重心。

由于知识型员工拥有知识资本，因而在组织中有很强的独立性和自主性；知识型员工具有较高的流动意愿，不希望终身在一个企业组织中工作，由追求终身就业饭碗，转向追求终身就业能力；知识型员工的工作过程难以直接监控，工作成果难以衡量，使得价值评价体系的建立变得复杂而不确定；知识型员工的能力与贡献差异大，出现混合交替式的需求模式，需求要素与需求结构也有了新的变化。此外，领导界限模糊化，一个人对企业的价值不再仅仅取决于拥有的知识和信息量。所有这些给人力资源带来了新的管理问题。

人力资源管理要关注知识型员工的特点，其重点是如何开发与管理知识型员工，对知识型员工采用不同的管理策略。

人力资源价值链管理是人力资源管理的核心

21世纪，人力资源管理的核心是如何通过价值链的管理，来实现人力资本价值的实现以及其价值的增值。价值链本身就是对人才激励和抄写的过程。价值评价问题是人力资源管理的核心问题，其内容是指要通过价值评价体系及评价机制的确定，使人才的贡献得到承认，使真正优秀的，为企业所需的人才脱颖而出，使企业形成凭能力和业绩吃饭的人力资源管理机制。因此，企业就是要通过价值分配体系的建立，满足员工的需求，从而有效地激励员工，这就需要提供多元化的价值分配形式，包括职权、机会、工资、奖金、福利、股权的分配等。

此外，企业还应注意对员工的潜能评价，向员工提供面向未来的人力资源开发内容与手段，提高其终身就业能力。

企业与员工之间建立以劳动契约和心理契约为双重纽带的战略合作伙伴关系。以劳动契约和心理契约作为调节员工与企业之间关系的纽带。一方面要依据市场法则确定员工与企业双方的权利、义务、利益关系；另一方面要求企业与员工一起建立共同愿景，在共同愿景基础上就核心价值观达成共识，培养员工的职业道德，实现员工的自我发展与管理。

企业要关注员工对组织的心理期望与组织对员工的心理期望之间达成的"默契"，在企业和员工之间建立信任与承诺关系。要使员工实现自主管理。

企业与员工双赢的战略合作伙伴关系，个人与组织共同成长与发展。人力资源真正成为企业的战略性资源，人力资源管理要为企业战略目标的实现承担责任。人力资源管理在组织中的战略地位上升，并在组织上得到保证，如很多企业成立人力资源委员会，使得高层管理者关注并参与企业人力资源管理活动。

建立面向未来的人力资源投资管理机制。在人力资源战略的设计中，应首先强调与肯定知识型员工的战略价值，确认知识型员工与企业承包的战略伙伴地位，从而在战略上指引对知识型员工的具体管理策略。惠悦公司通过对北美 400 家上市公司的跟踪调查，发现企业的人力资本投入指数与股东收益成正比，通过对人力资本的加大投入，最终促成一个"企业人力资本投入加大——员工素质提高，对企业的忠诚度和贡献率提高——企业人力资本投入继续加大"的良性循环。在这种投资机制中，知识型员工将获得"终身就业的能力"，成为组织新的凝聚力所在。

人力资源管理由行政转向服务支持型，人力资源职能部门的权力淡化，直线的人力资源管理责任增加，员工自主管理的责任增加。

通过授权，建立创新机制。由于现在的组织是速度型组织、学习型组织、创新型组织，人力资源管理要配合组织不断地创新与变革，就需要创新授权，通过授权，建立创新机制；在企业中引入新的团队合作，形成知识型工作团队，将一个个战略单位经过自由组合，挑选自己的成员领导，确定其操作系统和工具，并利用信息技术来制定他们认为最好的工作方法。这种被称之为

SMT(自我管理式团队)的组织结构已经成为企业中的基本组织单位。

重视 SMT(自我管理式团队)建设

　　围绕知识型员工对工作自主性的要求,现代企业更加重视发挥员工在工作中自主和创新方面的授权。以 SMT(自我管理式团队)为代表的创新授权机制,通过一个个战略单位的自由组合,来挑选自己的成员、领导,确定其操作系统和工具,并利用信息技术来制定他们认为最好的工作方法。SMT 的基本特征是:工作团队做出大部分决策,选拔团队领导人,团队领导人是"负责人"而非"老板";信息沟通是通过人与人之间直接进行的,没有中间环节;团队将自主确定并承担相应的责任;由团队来确定并贯彻其工作计划的大部分内容。SMT 使组织内部的相互依赖性降到了最低程度,知识型员工既可充分发挥自身潜能和创造性,又要与团队成员相互合作,发挥知识的协同效应。由于该激励形式对知识型员工本人知识能力与协作能力具有极大挑战性,迎合了员工的高层次需要,故能起到很好的激励作用。

　　企业之间的竞争,知识的创造、利用与增值,资源的合理配置,最终都要靠知识的载体——知识型的员工来实现。美国学者彼得·德鲁克发明这个术语时,指的是"那些掌握和运用符号和概念,利用知识或信息工作的人"。

　　知识型员工的特点用一句话来概括就是:作为追求自主性、个体化、多样化和创新精神的员工群体,激励他们的动力更多地来自工作的内在报酬本身。知识管理专家玛汉·坦姆仆经过大量研究后认为,激励知识型员工的前四个因素分别是:个体成长(约占总量的34%)、工作自主(约占31%)、业务成就(约占28%)、金钱财富(约占7%)。因此可以说,与其他类型的员工相比,知识型员工更重视能够促进他们发展的、有挑战性的工作,他们对知识、对个体和事业的成长有着持续不断的追求;他们要求给予自主权,使之能够以自己认为有效的方式进行工作,并完成企业交给他们的任务;获得一份与自己贡献相称的报酬并使自己能够分享自己创造的财富。因此，对知识型员工的激励，不能以金钱刺激为主，而应以其发展、成就和成长为主。在激励方式上，现代企业强调的是个人激励、团队激励和组织激励的有机结合。在激励的时间效应上，把对知识型员工的短期激励和长期激励结合起来，强调激励手段对员工的长期正效应。在激励报酬设计上，当今企业已经突破了传统的事后奖酬模式，转变为从价值创造、价值评价、价值分配的事前、事中、事后三个环节出发设计奖酬机制。

以 SMT 为代表的创新授权机制通过授权，将一个个员工经过自由组合，挑选自己的成员、领导，确定其工作的程序和目标，并利用信息技术来制定他们认为最好的工作方法。这种 SMT 组织结构，已经日益成为企业中的基本组织单位。这种组织结构，使企业经营管理者把对人的关注、人的个性发挥和自己需求的满足作为授权目标。

知识型员工对自身的职业生涯发展始终给予较高的关注，而职业生涯规划与管理的过程，实际上也是组织和个人的目标和利益相协调的动态发展过程，组织需要多方面地了解员工的个人志向、兴趣特长、知识结构、能力素质以及性格特点等，在对员工进行职业生涯辅导时，给予中肯的建议。当员工从领导者那里得到有价值的职业发展建议时，他所感受到的将不仅仅是被尊重、受重视，而是一种遇到知己的感动。美国惠普公司为了帮助每位员工制订令他们满意的具有针对性的职业发展计划，开设了一门职业发展自我管理的课程：让每位员工制订出自己的发展计划。如果预测结果与某员工所定的职业发展目标相符时，部门经理可据此帮助该员工绘制出发展路径图，标明应接受的培训或应增加的经历；在实施过程中，部门经理负责观察员工在职业发展方面的进展，并对其提供尽可能多的帮助与支持。企业为知识型员工制订一套切实可行的职业生涯发展规划，就是对知识型员工自我发展欲望的外部激励。企业要引导知识型员工把个人发展与组织发展联系起来，使其感觉到个人发展方向与组织发展方向越趋一致，个人的潜能就发挥得好，个人的发展机会就越大，SMT 就越发显示出非凡的生命力。

| 第三章 |

佛学思想在团队学习中的伦理作用

佛学的唯识学八识思想：即眼识、耳识、鼻识、舌识、身识、意识、末那识、阿赖耶识。前六识即佛教中常说的"六根"。

佛学"八识思想"对我们改善心智模式，对我们自我超越，对团队学习的真诚沟通，对我们每个人人格的提高乃至对社会的经济发展，都有一定的积极意义。

"最好的动力"源泉

美国麻省理工学院彼得·圣吉教授创造的《第五项修炼》掀起了全球的学习革命。学习型组织、团队学习蔚然成风。彼得·圣吉在研究中发现，1970 年名列美国《财富》杂志"500 强"排行榜的大公司，到 20 世纪 80 年代已有 1/3 销声匿迹。这些不寻常的现象引起了彼得·圣吉的思考。通过深入研究，他发现，是组织的智障妨碍了组织的学习和成长，并最终导致组织的衰败。组织智障，顾名思义，指的是组织或团体在学习及思维方面存在的障碍。彼得·圣吉认为，要使企业茁壮成长，必须建立学习型组织，即将企业变成一种学习型的组织，以此来克服组织智障。彼得·圣吉《第五项修炼》提出的：系统思考、自我超越、改善心智模式、建立共同愿景、团队学习这五个方面，笔者认为最重要的是先要改善心智模式，达到自我超越，在这个基础上用系统思考的方法建立共同愿景，团队学习是组织方法规则。

学习型组织首要前提是学会反思。后现代精神强调内在联系的实在性，提倡有机主义，主张建立起人与人、人与自然、人与社会、现代与传统、现代与未来之间的有机联系，追求道德价值和宗教价值。精神能量的首要性和有机性可以视为后现代精神的两个最基本的特征。对精神能量的重视，是后现代精神对于现代精神中关于人的自然本能的驱动力的重大转变。它意味着社会在寻找"最强的动力"的同时，寻找和建立"最好的动力"。而佛学思想的道德价值和宗教价值就是对精神能量的重视，就是团队组织学习促进社会发展"最好的动力"源泉。

当代经济伦理学的回归

伦理学是研究道德的学问，而道德关乎人们的价值选择、行为选择和人格培养。美国经济学家弗兰西斯·福山，通过"信任"的道德准则对社会道德和社会繁荣的创造之间的关系进行了深入地研究，做出了一个突破性的发现："最高的经济效率不一定能由理性的利己主义行为来达成，反而由个体所组成的群体共同努力才容易达成。原因是这些成员之间存在着共同的道德观，使他们合作起来更见效率。"他认为，不是经济利益和法律，而是伦理道德对经济效率产生最重大的影响。"虽然契约和自我利益对群体成员的联署相当重要，可是效能最高的组织却是那些享有共同伦理价值观念的社团，这些社团并不需要严谨的契约和法律条文来规范成员之间的关系，原因是先天的道德共识已经赋予成员之间互相信任的基础。信任不仅提高了组织效率，而且降低了企业的经营成本。一个社会能够开创什么样的工商经济和他们的社会资本息息相关，假如同一个企业里的员工都因为遵循共同的伦理规范，而对彼此发展出高度信任，那么企业在此社会中经营的成本就比较低廉，这类社会比较能够井然有序地创新开发，因为高度的信任感容许多样化的社会关系产生。"

诺贝尔经济学奖得主布坎南认为，伦理学有助于解决"大困难"，特别是能够有效地解决经济活动中的投机取巧、自私自利的行为。威廉姆森将机会主义行为区分为事前的机会主义行为和事后的机会主义行为。事前的机会主义行为的典型表现是逆向选择，事后的机会主义行为是"道德风险"。前者依赖市场的规范建设，后者则依赖于道德建设。这一理论的另一代表人物，同样是诺贝尔经济学奖得主的诺思明确提出一种命题：财富的创造是一个道德过程。信息经济学的代表人物诺贝尔经济学奖得主阿罗提出："在社会行为，包括伦理学行为的准则中，看到社会为了平衡市场失灵所做出的反应，因为伦理学准则的有效性降低了经济协约额外交易成本，因此，使所有人的处境都得到改善。"

诺贝尔经济学奖得主阿玛蒂亚·森研究经济学的特点，就是从道德伦理上关注重大经济问题，其贡献被概括为：呼唤学术良知，关注人类困境。他在经济学的研究中努力寻找经世济民之道，使经济学重新回到伦理轨道。

综观西方经济学新进展可以发现：经济学与伦理学的一体化，是现代市场经济理论发展的大趋势。这一趋势在理论上提出的课题就是：伦理—经济关系的生态复归。

团队学习之轮

如果你有机会观察荒野中的肉食动物，你会注意到它们的行动一直重复同样的循环。大多数时候，它们几乎悄然不动，静观其变，仿佛正在等待某个特殊的时刻。时候到了，它们的肌肉紧绷，潜行贴近猎物，然后猛然出击，当一切结束后，它们又回归静止，猎食的循环回到最初的原点。人类的学习也是依照类似的循环，都会经历行动和反思、活动和休息。

如果主管想要有效地改革组织，就必须找到敲打这种节拍的方法，不只创造出思考的时间，而且还要有不同形态的思考和集体的讨论。团队学习不仅仅是传统的类似上大课的讲座培训。在这里笔者要向大家介绍的就是团队学习的"学习之轮"。要如何运用学习之轮呢？或者说学习之轮是怎样的呢？无论你们是个人还是团队，也不管你的计划是什么，从一个阶段进入下一个阶段时都需要密切注意四个环节：反思、连接、决定、行动。将这四个环节等距离分布在一个圆环上，就形成学习之轮。为了共同的目标，团队画成了一个"爱"的圆圈。

首先讲反思。就是观察你自己的思维和行为。开始的时候，你可以回想并且检讨先前的行动。事情进展得如何？在过程中，我们在想些什么？感觉

如何？有什么潜在的信念影响了我们处理事情的方式？我们现在对目标的看法改变了吗？（这个阶段与改善心智模式有关）

其次是连接。将你所构想的可能行动重新组合成新的形式。在这个阶段，你要找出可能的行动和周围体系中其他行为形态之间的连接。在科学家眼中，这个阶段就是要假设世界运行的方式。在我们上次的行动中，有哪些是值得继续遵循的有效方式？我们对世界有什么新的了解？下一步该着眼于什么？（系统思考和这个阶段密切相关。）

再次是决定。就是决定一种行动的方式。从前面的连接阶段中产生的各种选择方案中，选择并改善你的做法。（决定）融合了选择的基本要素：这是我们采行的方案以及背后的原因。

最后是行动。尽可能以实验的心态来执行工作。或许你仓促行事，但是前面的三个反思阶段都将支持你的作为。当你完成工作以后，你立刻回到反思的阶段，或许有个更正式的检讨（检查讨论）：事情到底做得如何？遵循学习之轮能减轻人们经常性的轻度狂乱，因为你拨出了反思和创造的时间。定期练习以后，这就会变成一种生活方式，就好像科学方法已经变成实验室人员的生活方式一样。呼应学习之轮的节奏而完成的工作，一定会周而复始地循环。正因为你留下了反思的时间，无论情势是多么疯狂，你都对自己的行动有充分的自觉。因此，当行动时刻来临，你可以快速行动。

当你急于想完成一个行动，但是却不知怎样去做而质疑难行时，这个循环会在除了境况紧迫之外，向你提供另外一种选择。你多半需要花更多时间在其他几个阶段上。运用学习之轮的人可以体会到，当他们放慢动作时他们的考虑更周详，不只靠临场反应，而是花一些时间试图深入了解当时究竟发生了什么事情时，他们反而学习得比较快。假如你只花几分钟反思，你可能要花几天的时间来完成工作，时间不见得都花在改正错误上，而是不断要在行动中重新设计新的做法。有人会问"我到底遗漏了什么？"其他人则要求改变。尽管你想尽快赶上进度，但是这场比赛实力悬殊，因为当你将身体悬在空中扑向猎物的时候，事先没经过深思熟虑，便很难达到目标。

　　刚才讲的是学习之轮的基本模式，团队学习之轮是在这个基础上的伸展。个人学习之轮的每一点都应对团队的学习：反思阶段是公开的，因为是发生在会议桌上，这一阶段可称为公开反思。人们会谈到他的心智模式和信念，温和但毫不放松地挑战彼此的看法。当大家建立了共同的立足点后，团队就开始了相互了解，于是展开了意义共享的阶段：我们知道什么？然后就是共同规划的阶段，或是在比较不那么正式的场合，是共同设计行动步骤的阶段。我们要开始做做看了，可能会像这个样子。这个阶段可能也包括规划结构上的改变，而这是系统思考的关键步骤。最后，就是协调后的行动，这不一定是联合行动，也可以由在不同地方和部门工作的团队成员独立执行。所有花在反思，建立共同意义及共同规划的时间，都会使行动顺利不少。

　　很多人以为他们可以跳过公开反思及共享意义的阶段，但这是最重要的两个阶段。假如你们花足够的时间共同反省、共享意义，你们通常不需要规划，就能产生协调的行动。领导人最重要的角色就是让"轮"保持转动。最厉害的团队在团队学习之轮上四个阶段分别有四个不同角色的高手。在公开反思阶段 B 点有脑力激荡、多角思维的人；在意义共享阶段 C 点有假设推论、系统思考的人；在共同规划阶段 D 点有符合思考、洞察情势的人；在协调后行动阶段 A 点有调和执行、实验判断的人。要学会珍惜这种多样性，帮助大家在学习之轮中前进。团队领导人必须知道什么时候要让意见多的 B 型人畅所欲言，什么时候让他们闭上嘴巴，让 C 型人串联起不同观点之间的意义。当大家渐渐对解决方案建立共识后，又要转向 A 点的调和者或工程师问他："好了，第一该怎么做？什么人该去做什么准备。"

　　要使团队学习之轮真正科学转动起来，还要掌握推论的规则，了解推论的阶梯，掌握推论的方法。推论的阶梯有七个程序：可以观察到的原始数据和经验——从观察中我选择了想要的数据——采取行动并赋予这些资料以意义——根据我们的诠释我作了一番假设——我下了结论——对于这个世界我们采纳了某些信念——我们根据自己的信念。

　　在本质上每个组织都是成员思考及运动之下的产物，强调思考与行动使许多主流企业的员工感到十分茫然，因为这意味着他们要把重心从外部转向内部。

向内看的第一步，就是要了解并研究我们一直视为当然，彼此心照不宣的"真理"，以及主导我们人生中各种选择的期望。自我超越，心智模式以及系统思考帮助我们建设性的检视及改变自己的思考方式。

| 第四章 |

心灵磁性的角色需求

　　最近，在《意林》中读到这样一则寓言：面对一把坚实的大锁，铁杆费了九牛二虎之力也无可奈何，最后却被瘦小的钥匙轻松打开。当铁杆发出"为什么我费了那么大力气打不开"的疑问时，钥匙说："因为我最了解它的心（芯）"。故事虽短，却寓意深刻。由此，我联想到了部队的管理。当前，很多人认为管理就是"把人看住"。看住了人，管理工作就高枕无忧了。其实不然，这些人看到的只是管理的表象，"管心"才是根本。它就好比是打开铁锁的钥匙，往往用力不大，却常常起到"四两拨千斤"的作用。

吸引力法则

"吸引力法则"是指我们的思想具有磁性效应与某种频率，任何你所想的都会传送到宇宙中，而宇宙也将以相同的频率反馈给你。换言之，心想，事就成。你当下的想法会创造出实相，而它将左右你的未来。

"吸引力法则"作为一个正式的术语诞生不过一百多年的历史，但是它背后的精神却存在于古老的印度人的信仰之中。随着印度教对通神学的影响，吸引力法则的概念逐渐出现在一些早期的有关通神学的文献中。1877年，"吸引力法则"作为一个专业术语，出现在赫莲娜·布拉瓦茨基 (Helena Blavatsky)的关于神秘密教的《揭开伊西斯的面纱》 (*Isis Unveiled: Secrets of the Ancient Wisdom Tradition*)一书中，而在1879年4月6日的《纽约时报》上，一篇关于在科罗拉多州淘金热中吸引财富的文章里提到了"吸引力法则"，这便是"吸引力法则"的概念第一次出现在大型的报刊媒体之上。

1906年，"新思维"的杂志编辑威廉姆·沃尔特·阿特金森 (William Walker Atkinson)在他的"新思维"书籍《思维波动或思维世界的吸引力法则》 (*Thought Vibrationor the Law of Attraction in the Thought World*) 一书中介绍了"吸引力法则"。1907年，布鲁斯·麦克莱兰 (Bruce MacLelland) 出版了他的《想象力带来富有》(*Prosperity Through Thought Force*) 一书，在书中，他对吸引力法则做了总结，并提出"你是你所想，而非你想你所是"(You are what you think, not what you think you are) 的概念之后，有关吸引力法则的研究层出不穷，并被贴上了诸如"思维科学""精神科学""新思维"等各色各样的标签，而这其中比较具有代表性的研究著作包括有 1926 年出版的欧内斯特·赫尔姆斯 (Ernest Holmes) 所著的《心灵科学的基本思想》 (*The Science of Mind*)，1949 年雷蒙德·霍利维尔博士（Dr. Raymond Holliwell) 所著的《让吸引力法则伴随工作》(*Working with, The Law*) 等。

在此之后的半世纪中，有关"吸引力法则"的研究似乎乏善可陈。20 世纪 90 年代，杰瑞·希克斯 (Jerry Hicks) 和埃丝特·希克斯 (Esther Hicks) 出版了包括《亚伯拉罕的教义》(*The Teachings of Abraham*)、《情绪的惊人力量》(*The Astonishing Power of Emotions: Let Your Feelings Be Your Guide*) 在内的一系列著作，因为这些书籍的畅销，关于吸引力法则的信息和资料再次广泛被人接受。而直到 2006 年，一部叫作《秘密》(*The Secret*) 的电影才真正让"吸引力法则"的概念风靡了全球。

电影《秘密》在全球的广泛关注，这部电影取材于同名著作《秘密》,《秘密》一书一经出版，便横扫美国、澳大利亚、加拿大、英国等多个国家的各大网站图书排行榜，创下美国赛门·舒斯特出版史单月再版破 200 万本、四个月销量破 500 万本纪录，并荣获"诺提勒斯书奖" (Nautilus Book Award)。之后，有关于"吸引力法则"的书籍如"井喷"一般地出现在全球各大实体连锁书店以及网上连锁书店之中，掀起了一股全球性的关注"吸引力法则"的热潮……在中国、中国台湾、中国香港、日本、韩国等亚洲一些国家和地区，这股"秘密"风潮也是风起云涌，掀起了新时代新的心灵励志风潮。甚至有专业人士称这本书为"心灵励志圣经"。在国内，该书已经由中国城市出版社正式出版发行。

日本首富孙正义的故事，他的成长经历说明：如果我们带着信念和梦想上路，吸引力就会发生作用，成功就可能更容易到来。

孙正义两三岁的时候，他的父亲一再告诉孙正义："你是天才，你长大以后会成为日本首屈一指的企业家。"

在孙正义六岁的时候，他就这样跟别人做自我介绍："你好，我是孙正义，我长大以后会成为日本排名第一的企业家。"孙正义每一次自我介绍都加上这一句话，直到他后来成为日本首富。

孙正义给自己制定的个人蓝图：

19 岁规划人生 50 年蓝图。

30 岁以前，要成就自己的事业，光宗耀祖！

40 岁以前，要拥有至少 1000 亿日元的资产！

50 岁之前，要作出一番惊天动地的伟业！

60 岁之前，事业成功！

70 岁之前，把事业交给下一任接班人！

他是这么规划的，也是这样实施的，并且最终这位后来的日本首富成功做到了。

"吸引力法则"并不是"魔法"，你肯定不能仅仅通过幻想就得到物质财富、实现个人理想，你还需要实际的行动。但在付出努力的情况下，如果你善于运用"吸引力法则"，那么实现你理想的未来的可能性就会增大。

在生活当中，人人都希望自己健康、快乐、富有，可是有时候虽然我们的愿望很虔诚，吸引力也没有办法让你把所有的愿望都实现。但这并不意味"吸引力法则"失效了。吸引力法则的作用在于它会增加让愿望变成现实的概率，如果不懂得方法，概率就会下降。

精神磁性定律

精神磁性定律同样适用于思维的传播。将石子扔进池塘，可以看到波纹一圈圈扩散，最后到达岸边。如果将两个不同大小、不同重量的石子，以几英尺的间隔同时扔进水里，它们激起的波纹最终会会聚在一起，在接下来的霸权争夺中，大石子的波纹会将小石子的波纹淹没。你的思维亦是这样。思维越广，思想就越有力，就更容易战胜弱的思想。积极的思想会产生更强大、更有力的振动，并最终到达它们的目的地，就像扔进池塘里的大石子，可以激起更大更有力的波浪。现如今，科学可以对这些"波浪"进行测量。试验中，当试验对象的意识聚焦在某个物体上时会投射出思维波，摄影器械会捕捉和测量到这些思维波。例如，试验对象的大脑想着某个物体，例如三角形，摄像器械就会生成一个完整的三角形图像。其他试验也成功证明了这一点，如以普通饮用水为试验对象的研究。

行为路径管理

有人做过一个实验：将五只猴子关在一个笼子里，并在笼子中间吊上一串香蕉，只要有猴子伸手去拿香蕉，就用高压水教训所有的猴子，直到没有一只猴子再敢动手。然后用一只新猴子替换出笼子里的一只猴子，新来的猴子不知这里的"规矩"，竟又伸手去拿香蕉，结果触怒了原来笼子里的四只猴子，于是它们代替人执行惩罚任务，把新来的猴子暴打一顿，直到它服从"规矩"为止。试验人员如此不断地将最初经历过高压水惩戒的猴子换出来，最后笼子里的猴子全是新的，但没有一只猴子再敢去碰香蕉。起初，猴子怕受到"株连"，不允许其他猴子去碰香蕉，这是合理的。但后来人和高压水都不再介入，而新来的猴子却固守着"不许拿香蕉"的制度不变，即沿袭了前面猴子的习惯。

从人的意识形态的角度看，习惯远比知识来得重要。简单地说，知识是指人们对事物有知有识，即人们知道某一事物是什么并且能够把它从众多事物当中识别出来，其方法是给万物命名，或者使事物概念化。至于习惯则是人们所形成的某种相对固定且持久的语言、思维、思想、观念、情感、行为等模式，或者指人在社会活动方面表现出一种近乎本能化的自然性。人的行为与习惯的关联度比能力及知识的关联度更大。举例来说，一个人可能具备很多道德的知识而且也具备将之转化为相应行为的能力，然而他却不这么做，其原因就在于他不具有这么做的习惯；反之亦然。由此看来，在人们的主观意识中，习惯的确是最为重要的。人绝大部分都生活在社会群体之中，个人的行为必然对他人造成一定的影响。人的行为包括语言和动作两部分，一旦一种行为被固化下来并成为习惯之后，语言和动作就具有了相对固定的程序和程度，即行为路径——人在进行某种行为时客观形成的无形轨迹或痕迹，包括语言、动作以及这些语言、动作的程序和程度。因此人的行为习惯是可以管理的：一是自我管理，二是他人管理。

为了从根本上解决习惯养成的问题，首先设定一个清晰的行为路径，通过学习或培训并进行反复实践以及过程纠偏的一系列管理活动，最终达到习惯养成的目的。为什么是这样，我们要了解的习惯养成理论和行为路径管理理论。

行为习惯的形成根源有两个因素：内在的生理或心理需求和外在的环境影响（或压力）。在习惯形成之初，二者是没有关联的；一旦习惯形成，外在的环境影响（或压力）则转变为内在的生理或心理需求。要想改变一个人的行为习惯，有的只需改变其中一个因素即可，有的则必须内外两个因素同时改变。

一种行为之所以成为习惯，是由于这种行为重复进行并固化下来。而重复这种行为的原动力在于这种行为的重复进行所带来的心理体验收益大于心理体验损失。这种收益与损失有的是有形的，如物质财富；有的是无形的，如健康、名誉、尊严、痛苦等。对于不同的人看待同一行为的心理体验收益与心理体验损失其心理评价是不一样的。例如同样对待抽烟这种习惯，有的人其心理体验收益——快感大于心理体验损失——健康，如果没有外在的施压打破这种平衡，他就继续沿袭这种习惯；反之，则会逐渐终止这种习惯。

人的本性是趋利避害的，一种行为是否重复进行下去，在经过一番心理评价之后，很自然就有了明确的结果。要想阻断这种固化的行为，唯一的办法就是使重复进行这种行为所带来的心理体验收益小于心理体验损失。

代价原则是行为路径管理体系中定义的一个概念，它是指如果要想改变一个人的行为习惯，必须使重复进行这种行为所产生的心理体验损失大于心里体验收益，即继续沿袭原有的行为习惯，将付出更大的代价。还是举上面说到的抽烟的例子：在快感收益大于健康损失这种状态不变的情况下，如果通过外在的施压，如加大有形的或无形的损失，使上述平衡被打破并倒置，原有抽烟的习惯将会逐渐终止。

习惯养成分为两种：主动（或自我）习惯养成和被动习惯养成。这两种习惯养成在行为路径管理模式上是有区别的：

第一，"明晰的行为路径"的设定方式不同：主动习惯养成的设定方式是自我设定；被动习惯养成的设定方式是他人设定。

第二，"明晰的行为路径"的获取方式不同：主动习惯养成的获取方式是主动（或自我）学习；被动习惯养成的获取方式是教育、培训、引导。

第三，"过程纠偏"的对象不同：主动习惯养成的纠偏对象是自我纠偏；被动习惯养成的纠偏对象是他人纠偏。

第四，"管理活动"的主体不同：主动习惯养成的管理主体是自我管理；被动习惯养成的管理主体是他人管理。

行为路径的设定，有的是有意识的并且是清晰的，如社会组织出于社会或组织的需要，对人的行为路径的设定；而社会生活中，大部分的行为路径设定是自然形成或传统形成的，是无意识的并且是不太清晰的。两种设定方式互为补充，相互依存。

习惯的养成并非一朝一夕之事，而要想改变某种不良习惯，常常需要一段时间。根据专家的研究发现，21 天以上的重复会形成习惯，90 天的重复会形成稳定的习惯。所以，一个观念如果被别人或者是自己验证了 21 次以上，它一定会变成你的信念。习惯的形成大致分成以下三个阶段：

第一个阶段是第 1~7 天，这个阶段的特征是"刻意，不自然"。你需要十分刻意地提醒自己去改变，而你也会觉得有些不自然，不舒服。

第二个阶段是第 7~21 天，这一阶段的特征是"刻意，自然"，你已经觉得比较自然，比较舒服了，但是一不留意，你还会回复到从前，因此，你还需要刻意地提醒自己改变。

第三个阶段是第 21~90 天，这个阶段的特征是"不经意，自然"，其实这就是习惯，这一阶段被称为"习惯性的稳定期"。一旦跨入这个阶段，你就已经完成了自我改造，这个习惯已成为你生命中的一个有机组成部分，它会自然而然地不停为你"效劳"。

情境领导

情境领导理论也叫情境理论、权变理论等。这种理论认为，领导的有效行为应随着被领导者的特点和环境的变化而变化，不能是一成不变的。因为任何领导总是在一定的环境条件下，领导者通过与被领导者的交互作用，去完成某个特定目标的行为。情境理论认为领导的有效性是领导者、被领导者、环境相互作用的函数，它可用下列公式来表达：

领导的有效性 f(x)(x= 领导者·被领导者·环境)

这个公式告诉我们，有效的领导，取决于情境、被领导者的状态和领导者的行为三者的相互作用。

（1）领导者方面的条件。包括领导者的职位类别、年龄和经验；他自己的价值观念体系；他对下属的信任程度；他的领导个性 (是倾向于专制的，还是倾向于民主的)；对于不确定情况的安全感等。

（2）被领导者的情况。包括被领导者的文化期望和独立性需要程度；他们的责任感；他们对有关问题的关心程度；他们对不确定情况的安全感；他们对组织目标是否理解；他们在参与决策方面的知识、经验、能力等。

（3）组织环境方面的条件。包括组织的历史、规模；组织的价值标准和传统；工作要求，作业集体的协作经验；决策所需的时间及可利用的时间；社会环境及社会压力等。

情境理论有两方面的应用：一方面，领导者要分析情境要素的不同状况，采取不同的领导行为，才能激励下属，实现有效管理。比如，在军队中，领导者有较高的权力，有严格的组织纪律约束和高涨的士气，有效的领导方式就是层层发布命令使下属明确任务目标。而在一个合作式的组织团体中，以命令下达工作任务的方式就不一定奏效，领导者应注重与下属的沟通与协商一致，以保持良好的合作气氛。另一方面，组织绩效提高，不仅有赖于领导者一方的努力，还要力争培育一个使领导能顺利工作的环境，比如，给领导者以相应的职权，进行必要的信息沟通，对决策时间的保证等。

管理学者肯·布兰佳 (Ken Blanchard) 博士说："没有最好的领导形态，只有最适当的领导形态"。情境领导 (Situational Ieadership) 被誉为 21 世纪重大领导理论之一。有别于传统领导的特质理论，不仅只重视领导者行为能力的修炼，情境领导特别强调领导要因人而异，因材施教。情境领导的三大技巧是：诊断、弹性与约定领导形态。诊断是评估下属在发展阶段的需求；弹性是能轻松自在地使用不同的领导形态；约定领导形态是与部属建立伙伴关系，与部属协议他所需要的领导形态。情境领导能改善主管与下属间的沟通，增加默契的培养，并使主管能够了解下属的发展需求，给予必要的协助。就个人角度而言，影响人员绩效的因素有能力问题与意愿问题，一种是不会做，另一种是不愿做，也有交错变化的不同发展状况。情境领导提出了主管除了要正确诊断掌握部属的发展阶段外，也要学习采用正确的领导行为，包括处理能力问题的命令行为及处理意愿问题的支持行为，这是主管最重要的两项领导行为，运用得适宜谓之弹性。一位好的情境领导者必须扮演良师及教练的角色，随着下属的成长与发展调整不同的领导行为。下属接任新任务或新目标的初期多一点结构式的指导、清楚明确的指示，当下属意愿低落或意愿变化时，给予多一些的关怀与支持，下属能力渐长能独立自主时，主管可以减少命令行为和支持行为，充分授权给下属，适当的领导行为可以有高绩效的任务达成，同时也有满意的员工。

它要求，第一步是识别对员工的任务和要求；第二步是判断和评估员工的准备度；第三步是选择适宜的领导风格。

识别对员工的任务和要求，这是评估被领导者准备度的前提。因为准备度与具体任务有关，由于被要求完成的工作任务不同，员工的准备度往往也会处于不同的水平。为了更准确地评估被领导者的准备度，一个有效的方法就是对工作进行细分。比如一位实验室的研究人员，对实验控制方面可能非常有经验，但在撰写实验报告方面却力不从心，显然在这两个工作上，该研究人员的准备度是不一样的，领导者应予以不同的工作支持。

诊断被领导者的准备度。准备度是指被领导者完成某项特定工作所表现出来的能力和意愿水平。其中能力是指表现出来的知识、经验与技能，意愿是指表现出来的信心、承诺与动机。根据员工能力与意愿的高低程度不同组合，可以形成以下四种不同的准备度水平。

准备度一（R1）：没能力，没意愿或不安。

准备度二（R2）：没能力，有意愿或自信。

准备度三（R3）：有能力，没意愿或不安。

准备度四（R4）：有能力，有意愿并自信。

关于这四种准备度，可以根据实际情况来判断。比如，一个对工作并无兴趣的新员工，他的工作动机只是为了换取生存条件。作为新手，缺乏必要的训练和技能，从心理上也没有去做好工作的兴趣与动机，他就处在准备度一的水平上。而一个对工作有兴趣的新员工，在技能和训练上虽然不足，但却有做好工作的意愿和信心，他则处在准备度二的水平上。一个升职无望的老油条，由于多年磨炼，工作知识和技能无可挑剔，但没有做好工作的动力和愿望，漫不经心，他就处在准备度三的水平上。而一个经验丰富、技术精湛，而且渴望着大显身手的工作骨干，则能力、意愿和信心齐备，他则处在准备度四的水平上。对于这四种不同的员工，领导行为显然是不能一样的。情境领导理论的重点，在于与员工状况相吻合，所以，进行员工准备度的判断，是这一模式的关键。

必须注意，判断员工的准备度，依据是"表现"而不是"潜质"。表现来自行为，不是言论和思想。赫塞特别强调对"表现"一词的理解，即根据被领导者的行为来判定其准备度，是"表现"出来的能力和意愿，而不是潜力或是口头上的"雄心壮志"。如此看来，诸葛亮用马谡就是吃了这个亏。两千年前孔老夫子也强调看人要"听其言观其行"，道理是一样的，这些看似老生常谈的东西，一旦忽视就会在实践中铸成大错。

选择合适的领导风格。人们心里通常会预设一个最佳的领导风格，但是事实上不可能找到一种万能式的最好的领导风格。在这一点上，情境领导理论与管理方格理论有着重大差别。赫塞博士认为，不同的情境对应不同的领导风格。领导风格只能在某种情境下最有效，而不可能在任何情境下都最有效。他们把四种不同的准备度水平与四种领导风格联系起来，以帮助领导者选择高效的行为模式。

风格一（S1）：告知式领导风格。由于 R1 水平的员工对工作完全没有准备，所以，领导者需要明确地告诉他们做什么，哪里做，什么时候做怎么做。这一阶段不应给予过多的支持行为与双向沟通。过多的支持行为会使被领导者产生误解，认为领导者容忍或接受不佳表现，甚至会鼓励不佳表现。而被领导者由于对工作不熟悉，技能不足，既不掌握窍门，又提不出创见，过多地让其参与决策，反而会造成他们的惶恐不安，甚至增加思想负担。比较合适的做法是进行少量的沟通，这种沟通以促进被领导者对工作指令的理解为目的。这一阶段最佳的领导风格就是高工作低关系行为。因为领导者需要做出详细的指示，所以又称为"告知式"，接近于通常所说的命令式。

风格二（S2）：推销式领导风格。对于处于 R2 水平的员工，他们虽然缺乏必要的知识与技能，但具有工作的意愿和学习的动机，由于能力不足，领导者要进行较多的工作指导。而且该阶段的被领导者自我状态很好，有积极参与决策的愿望或对工作充满信心，具有这种信念的员工一般都比较反感直接的命令，领导者必须要给他们以支持或鼓励，否则会让他们产生挫折感，认为得不到信任。这一阶段要采用高工作高关系行为的领导风格，领导者要通过向被领导者解释决策的原因，试图让被领导者感觉得到重视，从心理上完全接受，因此可称作"推销式"。由于领导者要有全面的指令或指导，又称为"教练式"。

风格三（S3）：参与式领导风格。处于 R3 水平的员工具备足够的能力，但缺乏信心，或承诺度低。他们不需要大量的有关提升能力的指导具体指示，但需要领导者在心理和氛围上予以支持和鼓励。这一阶段的领导风格是低工作行为与高关系行为，领导者对具体任务可以放手，但要强化沟通和激励，通过鼓励员工参与决策激发其工作意愿，建立信心。这种方式强调部下的参与，所以称之为"参与式领导风格"。

风格四（S4）：授权式领导风格。达到 R4 水平的员工有足够的能力、意愿和信心。对于这样的被领导者，领导者基本上可以放手、充分授权。在工作实践中，这样的员工具有知识和技能，他们不需要指导或指令，不需要频繁的监督，他们有信心并主动地完成工作，也不需要过多的鼓励与沟通。领导者对他们要做的，主要是对其工作结果进行合适的评价。这种领导风格是低工作行为与低关系行为。由于领导者对这类员工要给予充分的信任，决策权与执行权都会下移，所以称为"授权式领导风格"。

你也能成为一个情境领导者！

假设你是一位职业经理人或部门经理，最近常常为这些问题感到疑惑：不知道下属们都在想什么，如何进行有效管理呢？刚刚接管一个新部门，打算实施人性化的领导方式，但已经习惯于严格风格的下属能否适应这种变化进而继续保持高效呢？更令人沮丧的是，在继任后一段时间内，整个团队业绩在显著下降，下属也越来越缺乏主动性。这些难题，都让你挠头不止。可是别着急，现在有"情境领导"来帮你。

目前，"情境领导"已经培训了全球 1000 多家顶尖企业的 1000 万名职业经理人，全球 500 强中有 400 多家企业接受过该中心的培训。"情境领导"课程更成为 GE、爱立信、摩托罗拉、IBM、苹果电脑、微软等公司高级经理人的常年必选课程。在微软，必须工作满 5 年以上才有资格享受该培训，而且，该课程是微软高级经理人升迁的四大必选课程之一，言外之意，没有体验过"情境领导"的人，是无法进入微软高层的。

通常，按照任务行为和关系行为的不同侧重，可以将领导模式分为四种。S1，教练方式：高任务、低关系，进行具体指示和严格监督；S2，引导方式：高任务、高关系，解决决策缘由并允许讨论；S3，参与方式：高关系、低任务，共同讨论并协助其自行决策；S4，授权方式：低任务、低关系，下放决策和实施权力。

将跟随者状态和领导者行为两相对照，就是一个完整的情境领导模式了。

这样，在执行某一具体任务时，就可以做到一目了然。每个员工都能从四种状态中找到自己的角色。而每个领导者也可以看到自己平时惯于擅长的领导模式。只是二者是否有效地结合起来，如果努力方向一致，则呈正相关，那么提高绩效必无疑；反之，如果恰恰相反呈现负相关，那么后果可想而知。

下面我们可以依此模式探讨常令领导者们困惑的问题。在执行某一具体任务时，如果员工正处于 R1 状态，那么采取 S4 风格来管理必败无疑。

当一位员工是刚出校门的学生时，无论是对完成该其任务的能力或认识都还很不足的情况下，即处于 R1 状态，那么任务领导者应该进行充分的诱导并给予细节建设性的指示，即采取多任务行为而少关系行为的 S1 模式，而不应该采取其他的领导模式。那些都不适用于他。

相反，对一个在知识、经验以及责任感方面都很强的员工即处于 R4 状态，如果领导者仍沿用自己习惯了的思维模式，过分干预，往往也起不到有效激励的目的，因为大凡处于此阶段的员工，其自我实现的意识都很强，正确的做法应该是充分授权。当然必须保持阶段性接触沟通，以确保在正确的轨道上不走偏。这类员工最需要的往往是足够的反馈意见，对贡献得到认可和赏识。这时，领导者最佳的领导模式很自然，因为是少量任务行为和关系行为的 S4 模式。

总的来说，S1 风格更适用于员工状态水平低的状况；S2 风格适用于员工状态水平偏低的状况；S3 适用于员工状态偏高的状况；S4 风格适用于员工状态水平高的状况。

这里仍要特别指出，状态只是针对某个阶段的员工在完成某一项具体任务时所表现出的能力和意愿，状态并无好坏之分。而经常的情况是，同一个员工在面对不同任务时所处的状态有很大的差异。这对于领导者也有很大的启示意义，如何探索员工的各自优势，用人所长避人所短，必须看到并善用员工的优势，这样才能使整体的业绩提高。否则，只看员工短处，那么你永远都无法提高组织的整体业绩。

我们这里所强调的个人影响力通常是指个人魅力，或者说个人权力。那么实践中，作为领导者，可能更多地要将组织赋予的职位权力与个人权力恰当地结合在一起，因为，在与状态水平一般的员工一起工作时，职位权力会起主要的影响，而对于处于较高状态水平的员工来说，如果领导者的行为中没有充分体现出你的个人魅力，他们会认为是对工作的惩罚。所以，情境领导者总是在不断地同时发展和使用自己的职位权力和个人权力。

另一点值得注意的是，当员工的状态发生很大改观时，作为情境领导应该敢于冒风险改变自己原有的领导模式，去适应员工状态的变化，而不能沿袭老一套。

一直做"管理技能"方面研究的王昌国讲师认为，"情境领导课程"到中国，应该超过十年了，他是在 2001 年通过麦肯特接触到了这门课程的，当时和华为董事长孙亚芳女士一起，有幸成为国内比较早的接受创始人保罗·赫塞亲自指导的"授权讲师"。他发现做好"情境领导"有三个问题需要引起重视：

一是对员工意愿的判断。

情境领导理论起源于美国，相对于中国人，美国人比较直率，经常 "坦诚沟通"。美国企业相对来说比较市场化，企业和员工间是雇用关系，上司和下属都是职业人，在这种背景下，员工能真实表达自己的意愿，所以领导者容易判断下属在某个具体工作上的意愿程度。但在中国很多企业做不到这一点。一是中国人本身就比较含蓄，不一定能表达自己的真实意愿。二是中国企业有些复杂，员工也未必敢表达出自己的真实想法。

我们从跨文化的角度来看，差别是什么？

G. 霍夫斯坦德教授，是社会人文学博士，曾主管过 IBM 欧洲分公司的人事调查工作，荷兰马城 (Maastricht) 大学国际管理系名誉教授，在欧洲多所大学任教，并担任香港大学荣誉教授，从事组织机构人类学和国际管理 (Organizational Anthropology and Intemataional Management)。我们来看他关于跨文化的一些观点。如表 4-1 所示。

表 4-1　中国、日本、印度、美国文化维度对照表

文化维度	国家			
	中国	日本	印度	美国
个体主义	21	46	48	91
权力距离	63	54	77	40
不确定性规避	49	92	40	46
事业成功	51	95	56	62
长期导向	118	80	61	29

当员工不会、不愿、不敢表达自己的真实想法时，领导者如何准确判断员工的意愿程度？这是情境领导理论的第一个中国难题。

二是领导行为的实施。

情境领导理论认为，针对员工的不同状况，要采取不同的领导风格：在这件需要员工完成的工作上，员工能力和意愿都不足时，要采取"告知"的领导行为；员工有意愿、无能力时，要采取"推销"的领导行为；员工有能力、无意愿时，要采取"参与"的领导行为；员工既有能力又有意愿时，采取"授权"的领导行为。理论很清晰，也很简单，但也到此为止了！重点是告诉学员"要"去实施这些行为，并没有"教会"学员如何去实施这四种行为。比如说，当员工有能力、无意愿时，领导者要如何实施"参与"这种领导方式中的"关系行为"呢？有哪些措施能提升员工的"意愿"？有没有一些规律性的东西给领导者做参考？

三是以员工为中心的理念认同度。

虽然孔老夫子早就确立了"因材施教"的理念，并且自己也做到了。但以"下"为中心，还仅仅局限在教育领域。在主流社会，还是以"上"为中心的。"官本位"的思想并未随着清王朝的谢幕而飘散，"官大一级压死人"的现象不仅在政府里存在，在很多企业都存在。只要组织存在层级，"命令链"原则就存在，不管这个组织是政府还是企业。从跨文化的角度来看（参见 Hofsteade 的研究），中国是大权力距离 (63) 而美国是小权力距离 (40)。也就是说，中国人更加具有"服从性"，美国人更讲究"平等"。故，以员工为中心，

美国的企业管理者容易做到，而中国的管理者就很难做到。这使得很多管理者接受了"情境领导"培训后，在工作中未必会实施情境领导。

管人管事与管心

管理可分为三层次：第一个层次是管人。把人用各种方法圈定在固定的时间、地点工作，不能迟到、不能早退，不能中途离开，活动范围也给予限定，没有许可，不能随意出围。甚至使用先进的科学设备，打卡机、指纹机、监控仪等来保证人员的绝对到位。这种画地为牢的管理的确是管住了人，但并不代表能管出效益。特别是对于学校的教育来说，教师的工作就是一个"良心活"，你圈住了他的人，却不一定圈住他的心。一个人，一举一动都在受到监督，上个洗手间都担心是不是要被扣分？整日提心吊胆，哪还有什么工作的热情，哪还有什么工作的积极性，如何能"坐"出什么成绩来？管理的第二个层次是管事。就是责任明确，分工负责，包"产"到户。这种管理，明确了人们的责任，使人们有事可做，管理起来轻松多了，工作效益也明显提高。但这种管理容易使人安于现状，把完成任务作为己任，任务之外，事不关己，高高挂起。在学校教育中，这种管理的弊端更是暴露无遗：任课教师只管授课不管学生纪律，学生打架是班主任的事，因此造成了学生只怕班主任不怕老师的怪现象，造成了智育和德育的脱节；教师为完成学校分配的升学指标，只对"指标内"的学生下功夫，对其他学生则视若无物，造成了本来不是差生的"差生"。管理的第三个层次是管心。一个好的管理者，不是去看他的下属上班了没有，工作了没有，而是关心他的下属的心被凝聚了没有。如果一个人的心和单位凝聚在了一起，那么这个人就成了单位上的人，他就会时刻为单位着想，没有上班、下班的概念，没有了分内、分外的分工，单位所有的事都成为他该做的事。作为教师这个职业更是如此。如果一名教师，把教育当成自己事业，把自己当成学校的主人，把学生当成自己的孩子，他就会无时无刻地都在想着教学，想着学生，无论是在学校，还是在家里，还是走在街上，他会用心收罗一切可能对教育教学有用的东西——优美的景物，有益的案例，一闪而过的教育灵感……这样的教师，你还用检查他的备课吗？你还担心他不给学生批改作业吗？可见，真正的管理，不是管住人，而是管住心。只要聚住了人心，不用管理者"管理"，照样出效益。

"管心"的六度空间

在 Web 2.0 时代，究竟什么能够真正激励人？员工关注物质管理，但不仅仅如此。赫尔伯格的双因素理论与马斯洛需求理论都告诉我们，探求与发现基于人内在的需求是激励员工的核心手段。能量金字塔就是通过系列的问题，协助管理者通过撬动员工的内在信念，让员工迸发出更大的能量，并且也是协助管理者从多个维度深入探求"人心"本质、坚定生命能量的深层次信念系统。

能量金字塔的缘起来自罗伯特·迪尔茨在 1991 年提出的理解层次从六个层面剖析探求人心，帮助使用者明白如何从困惑中突破的关系，并且与自己潜意识的深层力量联系，真正寻求影响个体持续的内在激励因素。

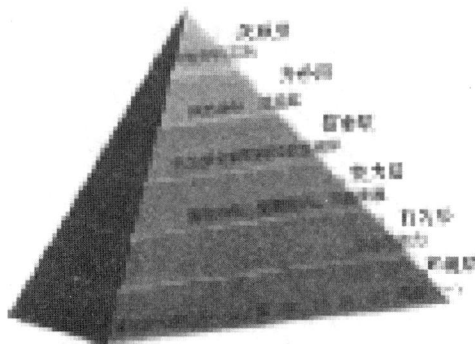

图 4-1　心理能量金字塔模型

能量金字塔的六个层面：其中环境层面强调的是外部条件，包括人、事、物、财、资源等。外界环境对我们的影响，往往容易被外界环境所奴役，这就是所谓的外激励，将个人的幸福、成长归结于外界环境的变化。

行为层从外在激励转移到内在的行为，这是内在能量的起点。正向行为的累加能够让人聚焦于自身行为的改善；强调做什么，是实际动作的过程；通过做正确的事情，进而改善自身内在能量场。

能力层从"怎么做"的角度认识与判断自我的选择。每一种选择都是一份能力，故选择越多能力越大。在能力层通过个体发现优势、察觉盲点，协助个体能量的改善。

信念层则协助个体坚定做事的规条。这也是进行个体内在探寻的好时机。协助每个人追求个体行动的动机，探求真正能够激励到个体的因素。例如坚信什么是对的；什么是错误的；在两难的情况下选择坚持什么、放弃什么；做事的态度是什么；为什么做或不做；有什么重要的意义……这些思考往往在潜意识层面，是容易被个体忽略的，却真实地决定了个人内在的坚持。

身份层和关系层则从更高的层面，协助大家探求个体的内在定位、个体与组织和世界的真实关系，寻找每个个体内部的真正驱动力。其中精神指的是：自己与世界的关系，从心灵层面谈及人生的意义；身份解决"我是谁"的问题——"我将如何实现生命的最终意义？我需要有一个怎么样的人生，从使命的角度探求要如何实现人生的意义……"

于此不难看出，对任何事情我们都可以通过六个层次去理解，同时高层次的意义控制着低层次的行动。这就像一个生命的能量金字塔：层级越高越具有决定权，越能起到主导作用；层级越低越容易变化，也易被影响。塔尖是系统，系统的使命决定了不同人的身份，完成这个使命的身份有许多种；每个人选择的身份又决定了其拥有怎样的信念和价值，成千上万的信念和价值支持着不同人的身份；对这些信念或价值的实现决定了人们如何去做——而具体落实到做法层面又会有很多种，这就是灵活与选择，是能力；当人们决定了他们的行为时，也会利用不同的环境资源去施展各自的能力，而最终这一切都是为了实现每个人最高的使命。

如何逐层渗透达到，醍醐灌顶？如何借助能量金字塔深化个人的思维能力，不断激发每个人持续的工作动力？

首先，能量金字塔需要被辅导者理解"使能"文化，区分内激励与外激励之间的关系，尤其需要清楚能量金字塔的层级关系，激发被辅导者进行自我探求的愿望。

其次，通过一对一的辅导进行能量金字塔的激励实施，通过一系列的提问，导师协助被辅导者从六个层面探求进行内观，探求个体能量的核心源泉，发现被辅导者的"信念"。在实际操作过程中，导师会根据被辅导者对能量金字塔的理解与接受状态，采取自下而上逐层渗透或者自上而下醍醐灌顶的方式，进行员工能量状态调整。

例如，在环境层，可以协助员工关注他们的影响圈，聚焦能够获取的资源，讨论如何围绕个人的目标或梦想、周围资源更好地推进工作；在行为层，可以侧重员工的个体行为，协助他们判断行为的效果，选择能够带来正向能量的良性行为。又如，围绕今年的目标，核心关注的事情会有哪些？期望提升个人的正向能量，需要持之以恒的"微循环"会有哪些等；在能力层，帮助员工更好地发现个人优势所在，协助在优势领域找到价值点。例如，你具备哪些与众不同的能力？为了更好地接近梦想，还需要你掌握哪些特别能力要求？在信念层，侧重让员工进行自我价值观的探索尤其是在对于影响能量的两难境地，协助他们真正发现个人的信念选择。可以这样询问：在你生命中，你认为最重要的是什么？与某某相比，你认为哪个更重要？你坚信不疑的是什么，是什么让你这么坚定？在身份层与关系层，则协助他们进行自我定位探知，回答个人的社会角色定位以及实现认识意义关键点所在。例如，你在不同人眼中的社会角色是什么？你是个什么样的员工或管理者？朋友普遍如何看待你？分享个人的愿景、使命、梦想与追求的异同……

通过上述六个层面的梳理，能量金字塔侧重协助个人从信念、身份到关系层找到个人的清晰定位，有效地协助个人找到内驱力的源泉，进而改变能力、行为与环境层面，推进个体的动能提升。

小C的故事：撬动"上三层"

小C低着头从客户的办公室走出来。疲惫不堪的他与客户发生了小小的摩擦，觉得很委屈。工作压力大，连轴转地加班，导致他晚上失眠，工作效率低。这样的生活状况，哪能不出错？小C心想，这份工作干了也有两年了，长期出差、与家人难以团聚，究竟持续工作的动力与源泉在哪里？为此小C找到了个人导师大D进行深入交流。在花了一些时间探讨与家人的关系之后，大D问小C："你为什么选择咨询行业？通过这份工作你最希望收获什么？在你描述的众多困惑中，你最看重什么……"

面对一连串的提问，小C一脸茫然，不知如何回答。看着无助的小C，大D随即解释说："当我们把关注焦点放在外界环境变化的时候，往往因为客户需求的变化、工作地点的变化、周边人员态度的变化，影响内在的情绪与能量状态，最终牵连工作表现与个体持续的动作；但如果我们真正思考要成为一个什么样的人、认可什么或否定什么，就会发现其实真正决定我们能量水平的不是其他，而是内心的追求。"

针对小C对个体的职业成长所遭遇的困惑，大D结合能量金字塔与他展开了深入的交流与探讨。

首先，在交流的过程中，大D带入了更大、更广泛的事物或意义，找出对方做事情的动机。例如从关注"环境"引导小C关注能量金字塔的更高层面。大D不断地追问小C："除了关注工作与生活的平衡，还跟希望得到什么？""你认为你在这个阶段应该收获什么？""在这个职位上，是怎样的一种角色，希望达到什么高度，需要具备什么条件？"

其次，大D讨论了小C在能量金字塔同一个层面更多的其他可能性，更多地关注小C的思维开拓，从多角度引导他的思考："谈到这里，我想请你想一想这个目标应该是怎样的？有些什么意义？其中什么是最重要的？""这个目标可以带给你什么？除此之外还有什么其他目标？""其他目标对公司、对你而言，都分别可能具有什么样的价值？要做到什么程度，才能实现这些价值？"

最后，通过细化，了解小C谈话中的深层结构。技巧之一就是了解某种说法的具体事实，通过具体事实判断小C的分析判断是否都是内在的真实感受。例如，小C经常会觉得很累很疲劳，他总是列举很多工作，"要写方案，要写建议书，要维系客户，要做项目……"大D则不断询问："做这些工作困难在哪里？你都怎样计划？相互之间有什么联系？"从小C的每一个安排深入了解其工作动机，以掌握其想法。从大D的角度来看，其实小C的工作量并不是太重，觉得疲劳是因为小C的心累。小C觉得这个没意义，那个没价值，都是在应付工作，并没有认清这些工作的逻辑顺序以及价值点，工作起来有抵触心理，也没有办法提早安排工作导致效率不高。于是，大D和小C沟通了这部分的内容，并帮助他了解工作安排的一致性和连贯性，做出了更有效率的工作计划。此后小C的工作面貌焕然一新。

经过大D两天的辅导，小C逐步认识到原来关注的重点更多的是在能量金字塔的底三层，尤其是重点关注外界环境对个人的影响，关注个体能力是否足够具备应对客户的能力。而通过能量金字塔侧重在信念层、身份层与关系层的分析，大D协助小C判断个人的追求、个人价值观的深层次判断。他开始明确个人在职业发展与工作中的定位，思考自己发展的必要路径和资源需求，寻找自己与工作平台共同发展的对接点，并在此定位基础上找到与家庭、朋友协调的关系，开始出现主动的思维方式。

利用能量金字塔最困难的，是如何协助员工通过能量金字塔确定成长规划。能量金字塔高层面会影响低层面的所有内容，只有撬动每个人找到其在信仰、身份与精神层面的确认定位，才能够在真正意义上确定个人的信心。但在平时，大家的关注重心都在底三层而非上三层。有效上三层的撬动不仅仅需要大家对于"使能"管理的共同理解，更重要的是辅导导师能够理解能量金字塔，愿意投入时间与精力与被辅导者不断探索能量金子塔的上三层对于被辅导者的意义。此外，辅导者需要与被辅导者进行场域选择，关注员工的能量状态。多次的探索也是必要的，这样的辅导不能简单地期望一次实现目标，通过与员工多次的碰撞交流，能够更好地帮助他找到真正内在的能量所在，激励就自然而然地发生了。

此外，能量金字塔是通过系统的逻辑协助每个人进行内在探求，进而寻找或调整个体的心智模式。心智模式会随着每个人的工作经验与阅历的丰富逐步发展，但也会在个体较为不成熟的阶段，因为外界干扰而影响恰当的心智模式形成。因此需要辅导人对能量金字塔有深入的理解与认识，也需要被辅导人理性看待多种的可能性——通过能量金字塔构建识别自我，形成一个更为系统的思考能力，从而培育与增强个体能量状态。

管理重在"管心"

最近在《意林》中读到这样一则寓言：面对一把坚实的大锁，铁杵费了九牛二虎之力也无可奈何，最后却被瘦小的钥匙轻松打开。当铁杵发出"为什么我费了那么大力气打不开"的疑问时，钥匙说："因为我最了解它的心（芯）。"故事虽短，却寓意深刻。由此，我联想到了部队的管理。当前，很多人认为管理就是"把人看住"。看住了人，管理工作就高枕无忧了。其实不然，这些人看到的只是管理的表象，"管心"才是根本。它就好比是打开铁锁的钥匙，往往用力不大，却常常起到"四两拨千斤"的作用。

我国古代早有"管理之道，攻心为上"的说法。三国时期，蜀国南中叛乱。诸葛亮亲率大军南征讨伐孟获。孟获是南中一带的部落酋长，有万夫不当之勇，并且为人豪侠仗义，在少数民族中有很高威望。诸葛亮听从了参军马谡的建议，决定攻心为上。为了使孟获心服口服，诸葛亮对他屡擒屡纵，直到第七次，诸葛亮还要放走他。孟获跪地哭道："丞相天威，获不复反矣！"后来，孟获一直忠于蜀汉，南中一带彻底安定了。可见，虽然管理的主要对象是人，但从"管心"入手，善于"攻心"的管理者才能让人主动服从，正所谓"士为知己者死"。

管理工作是一门充满智慧和技巧的科学，绝不是吹胡子瞪眼的代名词。命令、执纪、惩戒固然是部队管理中不可或缺的手段，但更重要的是通过教化理喻来管心，因为只有这样才抓住了管理的"魂"。两千多年前的大秦帝国，建国之初制定了相当完备的法规制度，并且执行起来也是雷厉风行。但短短15年，一个看似无比强大的国家片刻间就土崩瓦解。究其原因，其中很重要的一条，就是统治者太迷信强制手段的力量，忽略了"管心"的重要性，从而失去了民心。所以说，任何科学有效的管理，都不能简单生硬地"管、卡、压"，更不能以"罚"代管，否则就会出现"对着干、拧着来"的现象。

当前，日常管理中出现的新情况，归根结底都是人的新变化。因此，管理者既要重视以制度"管人"，更要注重以与员工情感沟通的方式来"管心"。针对越来越多的"90后"员工思想活跃的特点，要进一步拓宽人性化管理视野，及时准确地把握员工的思想脉络，努力培养他们的主人翁意识，充分发挥他们的主观能动性。要坚持以人为本，多关注员工的感受和需求，把解决思想问题和解决实际问题结合起来。管理者应以深厚的感情、满腔的热情，循循善诱，促其思想转化，变"无情管理"为"有情领导"。同时，依靠激励、感召、启发和沟通等方法，让他们变"被动服从"为"主动配合"。只有真正把"管心"作为管理工作的重要抓手，下大力气去营造健康向上、和谐稳定的环境氛围，才能真正显示出管理的聚集效应。

最佳雇主的"三大变革六大特点"

美国翰威特公司亚太总裁麦伯说："自进行首届亚洲最佳雇主调研以来，世界经历了很多变化。我们依然面对很多的不确定性，因此营造出来这一主题在我们的调研结果中极为突出。"亚洲最佳雇主与众不同，因为它们意识到为了保持经营成功，一家公司必须保持客户关系、领导力、知识的创新及保留，员工关系的竞争优势。亚洲最佳雇主6大特点：

（1）重点明晰，并与员工坦率有效地沟通；

（2）不遗余力地开发最优秀人才并努力使他们处于领先地位；

（3）集中精力处理好最重要的事，避免分散精力；

（4）让员工对工作结果负责，积极认可他们的成就，以显示对员工的尊重；

（5）鼓舞并保持一种追求卓越成果的激情；

（6）利用公司文化的力量并营造一种家庭式氛围。

亚洲最佳雇主确信，最终建立企业可持续经营关键在于企业的员工。既然关键在员工，所以现在不仅提知识经济，而且提情感经济时代。要注重情境领导。如果用一句话来解释"情境领导"就是：我们在领导和管理公司或团队时，不能用一成不变的方法，要随着情况和环境的改变及员工的不同，而改变我们的领导和管理方式。参加调研的8个市场中305家公司的首席执行官共同面对的3个挑战是：

（1）在不断变化的环境中可持续性；

（2）用较少的资源创造并实现了绩效；

（3）留用和发展高素质人才的能力。

一个企业的存在，不仅仅在于其商业价值，还包括广泛的社会价值。社会价值体现在许多方面，代表一家企业对全社会的贡献度。

从企业的成长史来看，企业的商业价值和社会价值始终存在，好的商业企业必定是伴随和推动社会的进步，有意识地去把握企业的社会价值和不断产生新的追求。优秀企业要主动追求企业的社会价值最大化，努力担负起社会责任，包括提供就业机会、开发创业平台、拥抱科技革命、推动节能环保、促进环境友好、拓展绿色金融、大力扶贫济困、实现各类人群的平等发展与社会共同进步。

进入新时代，企业家要主动适应生产力发展和社会进步的新要求，不断丰富和升华企业家精神。新时代的企业家不应仅仅在追求商业价值、创造社会财富中体现自身价值，还应在承担社会责任中更好地体现自身价值。这是由新时代的发展形势和任务决定的。

社会企业家的概念也是在近几年才被少部分人所了解，无论从理论、法律还是实践上来看，我国都处于起步阶段。

社会企业家不仅仅局限于公益企业家，应当具备以下几方面的特征：

一是以承担社会责任为宗旨，包括实现人类的共同利益和平等发展；

二是在企业发展的进程中，主动追求企业社会价值的最大化，而非短期商业利润的最大化；

三是富有不断开拓创新的时代精神和推动社会进步的历史使命感；

四是在完成各类社会目标的过程中，实现企业的长期可持续发展。

社会企业家是一个共生共荣的社会群体，他们拥有共同的价值理念、信仰与追求，共同借助商业的力量去实现企业的社会价值。

在海外，有一类投资被称为社会影响力投资，它是以社会责任为宗旨，同时也是基于长远价值的投资。影响力投资确定各种公益目标，但采取商业手段达成。注重影响力投资的企业，往往是那些具有远见卓识的企业。在中国，社会影响力投资尚处于萌芽和刚刚兴起的阶段，绿色产业、绿色金融（包括绿色保险、绿色证券、赤道银行）等都可以算作影响力投资。影响力投资不仅具有社会价值，并且具有深厚的商业价值，它通过企业的远期利润和品牌效益，使企业被更多的人民大众所信赖，从而走向更大的成功。

中层的"三大精神八项能力"

中层经理人无论是作为一名执行者还是一名领导者，都必须是善于理解上层精神，通过别人来完成任务。要做个"服众"的经理人，必须有意识地提高中层经理人应该具有的三大精神、八项能力。

三大精神是：反思自我的精神、团队合作的精神、挑战极限的精神。

反思自我的精神。认清自己的角色，认识自己的差距，明确提高的方向，找到提高的方法。不愿反思的人，是以自我为中心，看不到全局，也看不到同人的优良品质和优秀技能。要么是超度的自信，要么是超度的自卑，或者是用第三只眼看环境，不把自己视作环境中的当事人。都是别人的问题，自己没有责任感。反思要谦虚谨慎，反思要承担责任，反思要创新发展。

团队合作的精神。要学会系统思考，要学会双向思维，要学会共同规划，要学会沟通技巧。系统思考胸怀全局，双向思维理解对方，共同规划群策群力，沟通技巧成功基石。

挑战极限的精神。极限是彻底与极致。要知道自然界发展无极限，要知道市场经济发展无极限，要知道学习无极限，要知道人的潜在能力无极限。挑战极限靠意志，意志坚定在理念，理念持久靠创新，创新实践靠过程。过程管理靠细节，得过且过都不行。关键是创新，关键是过程。

八项能力是：领悟能力、计划能力、指挥能力、控制能力、协调能力、授权能力、判断能力、创新能力。

领悟能力：做任何一件事以前，一定要先弄清楚上司希望你怎么做，然后以此为目标来把握做事的方向，这一点很重要，千万不要一知半解就开始埋头苦干，到头来力没少出、活没少干，但结果是事倍功半，甚至前功尽弃。要清楚悟透一件事，胜过草率做十件事，并且会事半功倍。

计划能力：执行任何任务都要制订计划，把各项任务按照轻、重、缓、急列出计划表，一一分配部属来承担，自己看头看尾即可。把眼光放在部门未来的发展上，不断厘清明天、后天、下周、下月，甚至明年的计划。在计划的实施及检讨时，要预先掌握关键性问题，不能因琐碎的工作，而影响了应该做的重要工作。要清楚做好 20% 的重要工作，等于创造 80% 的业绩。

指挥能力：无论计划如何周到，如果不能有效地加以执行，仍然无法产生预期的效果，为了使部属有共同的方向可以执行制订的计划，适当的指挥是有必要的。好的指挥可以激发部属的意愿，而且能够提升其责任感与使命感。

要清楚指挥的最高艺术，是部属能够自我指挥。

控制能力：控制就是追踪考核，确保目标达到、计划落实。虽然谈到控制会令人产生不舒服的感觉，然而企业的经营有其十分现实的一面，某些事情不及时加以控制，就会给企业造成直接与间接的损失。但是，控制若是操之过急或是控制力度不足，同样会产生反作用。

协调能力：任何工作，如能照上述所说的要求，制订完善的计划、再下达适当的命令、采取必要的控制，工作理应顺利完成，但事实上，主管的大部分时间都必须花在协调工作上。协调不仅包括内部上下级、部门与部门之间的共识协调，也包括与外部客户、关系单位、竞争对手之间的利益协调。

授权能力：任何人的能力都是有限的，作为高级经理人不能像业务员那样事事亲力亲为，而要明确自己的职责就是培养下属共同成长，给自己机会，更要为下属的成长创造机会。孤家寡人是成就不了事业的。

判断能力：判断对于一个经理人来说非常重要，企业经营错综复杂，常常需要主管去了解事情的来龙去脉因果关系，从而找到问题的真正症结所在，并提出解决方案。这就要求洞察先机，未雨绸缪。要清楚这样才能化危机为转机，最后变成良机。

创新能力：创新是衡量一个人、一个企业是否有核心竞争能力的重要标志，要提高执行力，除了要具备以上这些能力外，更重要的还要时时、事事都有强烈的创新意识，这就需要不断地学习，而这种学习与大学里那种单纯以掌握知识为主的学习是很不一样的，它要求大家把工作的过程本身当作一个系统的学习过程，不断地从工作中发现问题、研究问题、解决问题。解决问题的过程，也就是向创新迈进的过程。因此，我们做任何一件事都可以认真想一想，有没有创新的方法使执行的力度更大、速度更快、效果更好。要清楚创新无极限，唯有创新，才能生存。

三阳开泰

"三阳开泰"开启人生大运。

"苍天之气清净，则志意治，顺之则阳气固，虽有贼邪，弗能害也，此因时之序。"

——《黄帝内经·素问·生气通天论》

"三阳开泰"出自《易经》六十四卦中的泰卦。古人发现冬至那天白昼最短，往后白昼渐长，古认为冬至是"一阳生"，十二月是"二阳生"，正月则是"三阳开泰"。"三阳"表示阴气渐去阳气始生，冬去春来，万物复苏。"开泰"则表示吉祥亨通，有好运即将降临之意。人体的阳气升发也有类似的渐变过程，有人称其为人体健康的"三阳开泰"，即动则升阳、善能升阳、喜能升阳。看看对企业的变革是否有相通道理。

动则升阳——三国时期的名医华佗创编的《五禽戏》里面有一句至理名言："动摇则谷气消，血脉流通，病不得生"，人只要动一动，摇一摇，那么久气血流通，百病不生了。学五禽戏的人都知道这句话，却不知道这句话的真正含义。动摇正是对动则升阳最好的诠释，现代社会是以脑力劳动为主体的，人们大多动摇的是精神，不动的是身体。上班时坐在办公室里，出门就坐车，回家又坐在沙发上看半宿电视，一天绝大多数时间都是坐着的，不动则阳气不得升发，气血都瘀滞了，长此以往身体怎能不病呢？动摇精神损耗的是我们的阳气，动摇身体则能升发阳气，所以要想身体健康，就一定得先让身体动起来。

中医有一句话："阳光普照，阴霾自散。"如果你体内阳气严重不足，阴气过盛，可以选择一些柔和舒缓的功法，如养生桩、五禽戏、八段锦、太极拳等。运动有一个标准，就是以心脏不剧烈跳动，身体微微出汗发热为宜，运动过度反而会伤害身体。

动则升阳在企业管理问题上，同样适用。动，就是变革，不变革，企业的阳气就不能上升，就没有生气，没有生机，也就没有前景。到最后，就是应验了管理学上的经典故事"水煮青蛙"，一直到举步维艰，方才幡然醒悟。

善能升阳——道家名著《太上感应篇》中对"善"做了几个定义：第一是语善；第二是视善；第三是行善。"语善"就是要去我们说一些鼓励人、激励人、柔和的话，比如说这个孩子今年考试成绩不理想，没考好孩子也不高兴，如果是会教育孩子的家长，他一定不会去埋怨孩子，而是用激励、鼓励的方式，让孩子的信心建立起来，聪明的小孩都是夸大的，这样孩子才会越来越聪明。

事实上，现实中很多有成就的人，大多是在父母和亲朋好友的夸奖中长大的，在这种肯定的阳性语言激励下，人的阳气就会持续得到升发，身心都会得到平衡的发展。古人讲，"良言一句三冬暖"，讲的就是语善升阳的道理。

视善，就是要让眼睛经常去看美好的事物。风景秀丽的名山大川，是天地间的大美，所以久居尘世的人要经常去看看，以此养目调心。亲近大自然的过程，也是与天地交换能量，升发阳气的过程。说到视善，德国有一位科学家做了一个实验，结果证明男人看漂亮女人，如果每天看上五分钟，可以延长十年的寿命，女人看帅哥也可以延长寿命。所以，逛街时看看过往的美女、帅哥，养养眼，我想这也是一种视善吧。眼睛是心灵的窗户，眼睛所见之物反过来也会影响心灵，生活中不要总看到社会中人生的阴暗面，凡事要多看阳光的、积极的一面。如此，不用刻意追求，也能做到随处视善。

那什么是行善呢？在日常生活当中，也能看到很多这方面的例子。像汶川大地震，无数人伸出了关爱之手，捐出善款，还有的人做义工，亲自去一线支援灾区，这都是行善的表现。比如一个人用车拉着一车煤或者其他货物，爬高坡时上不去了，这时你帮他推一把，过了这个坡以后，拉车的人会回头道一声谢谢。这个时候你心里是什么感觉呢？一定会感觉心暖暖的，这种暖就是阳气升发的表现。日常生活中帮助他人的行为确实都是行善。

《礼记·礼运篇》曰："大道之行也，天下为公"，不管是语善，视善还是行善，都是在讲做人做事要去掉私欲，内心光明磊落，多为他人着想，那种累在身暖在心的感受，也是能延年祛病的。

善能升阳，在企业管理中就是要有社会责任感。全部可以交易的是市场，不能全部交易的是社会。

履行社会责任，不只是投身社会公益事业或者是扩大公司影响，更应该是企业作为社会公民应尽的一种义务，是以付出为目的，而不是以获取为目的，是企业经营发展中必须关注、构筑和不断提升的一个系统工程。

一个美国学者说过，全世界受尊重的企业中两个指标是必要的：第一，就是企业的社会责任。第二，社会责任只有纳入企业的内核里，成为企业文化的一部分，才能更好地在各方面落实，更自觉地变为企业的行动。

喜则升阳——古人说，喜则阳气生。生活当中应该很好做到的，多想一些高兴的事情，看一些欢快的娱乐节目，听自己喜欢的歌曲，读自己喜欢的书，业余时间多做自己喜欢的事，都可以使人的阳气升发。

只生欢喜不生愁的人，在古代就被称为神仙。喜事是人生的一种大境界，能够保持一颗欢喜心，对身体的滋养是比吃什么灵丹妙药都管用的。

喜能升阳，启发我们企业管理者要有积极向上的心态。做企业，首先是制定愿景，没有愿景，就没有理想，没有目标，只知道赚钱。其次要有明晰的战略，没有战略，要么迷茫，要么坐井观天，视野不开阔。最后是战术措施。有了愿景，有了战略，当前的战术是必经过程，你就会满怀信心，意气风发，自然是喜能升阳。企业领导者最重要的素质是信念，是意志，对梦想的追求。

命运是每个人穷其一生都想去把握和改变的事，从医学的角度来看，命运赋予了每个人更加切实和把握的意义。阳气旺盛不仅不会受到病邪侵害，还能使人的精神平和愉悦，心想事成。所以，升发阳气就是企业变革改变命运的最好方法。

| 第五章 |

道德智慧与创新发展

• 关于幸福的话题

大哲学家康德说"德"和"得"的真谛到底是什么？"德"的核心是德性，而"得"则有"得道"（"内德于己外施于人"）与"得到"（"得于人""得天下"或"获得"）两个基本内涵，只有二者的统一，才是"得"的真谛。二者的统一是什么？就是"幸福"。幸福，才是"德""得"的真正内涵。（"德—得相通"）

著名经济学家布莱恩·阿瑟曾经说："一个经济，当然是由技术、行为、市场、金融机构和工厂构成的——它们都是实在的和有形的。但是，在这些事物的背后，在亚微粒子层面上既引导它们又被它们所引导的是信念——它们合起来形成一个经济的繁荣——它们是经济的 DNA。"

我们从"唤醒理论"的方法入题。这个理论代表人物是德国的斯普朗格，他认为教育的目的不是传授或接纳某种具体的知识、技能，而是从生命深处唤起他沉睡的自我意识。这也是人作为个体的创造力、生命感、价值观的觉醒。

中国传统的道德观念与行为方式就是中庸之道。讲一个故事，中国近代史上军阀割据，段祺瑞与张之洞时称南雄北霸。张之洞在湖北武汉称雄，段祺瑞在北京称霸。

梁启超作为段祺瑞的使者应邀前往武汉，张之洞的谋士出了一个上联：

四水（江、河、湖、海）江第一、四季（春、夏、秋、冬）夏第二，老夫雄居江夏（武汉），还是第一还是第二；

梁启超应下联：

三教（儒、佛、道）儒为先、三才（天、地、人）人为后，小生本是儒人（学者），不敢在前不敢在后。

这个对联是个政治的表现特殊形式，梁启超的下联的确是精彩之笔。但儒人的不敢在前不敢在后的价值观，也的确是代表了一个时代的价值观和行为方式。以致对今天我们的道德观、行为方式还有很大影响。

道德哲学就是伦理学，伦理所设计的是社会生活的秩序，道德所调节的是个体内在的生命秩序。

• 道德伦理的本意

道身代表人的自然性，德身代表人的社会性。道身和德身的出现，说明了人既作为自然的人，又作为社会的人。中国传统文化在塑造德身方面十分丰富，而在发掘道身潜能方面严重不足。中国注重德身的塑造（个人目标是修身养性），而西方注重道身的发掘（个人目标是创造发明）。本义上的道德之心，乃是道身与德身的完整统一，既是生命的成熟境界，也是生命的智慧。和谐是道德的基本特征。效能优化则是道德的基本原则。德，是一种和谐，一种"善"的表现方式，即对他人无损或有益。道，是事物内在规律的表现，是一种"真"的表现方式，是德的尺度。"美"的本质是自然，事物一旦接近美，也就接近自然的本质了，当然也就接近"道"了。

认识自我，提高生命质量，需要从根性方面开始，即从元道元德开始。道是原动力，犹如汽车发动机；德是行为规范，犹如汽车方向盘。道德教育的偏差就在中国只重视其德而忽略其道，使人们失去了创造的原动力。道德以关爱人为基础，艺术以关爱心灵为基础，科学以关爱物为基础，宗教以关爱天为基础。道德学的目的就是以人为本，以人为中心，以人为目的，建立一套真正的人学。繁华的大都市和熙熙攘攘的人群，并没有缩短我们的心理距离，相反却产生了孤独和疏远的感觉，世界经济文化一体化，使人目不暇接，心理压力很大，产生困惑、彷徨，甚至无所适从。用当今青年学生的一句流行词语就是"郁闷"。我们处于一个特别需要关怀和被关怀的社会。

我国台湾文史学家南怀瑾先生说，儒家像粮食店，它提供给中国人精神食粮；佛家像百货店，它提供给中国人各式各样的用具，既可以去买东西，也可以去逛逛观光；道家则像药店，一旦人们生病，非自动找上门去不可，每到人们失去精神寄托的时候，每到社会衰乱的时候道家就会受到欢迎。

• 伦理经济的回归

伦理学是研究道德的学问，而道德关乎人们的价值选择、行为选择和人格培养。

美国经济学家弗朗西斯·福山，通过"信任"的道德准则对社会道德和社会繁荣的创造之间的关系进行了深入的研究，做出了一个突破性的发现：
"最高的经济效率不一定能由理性的利己主义行为来达成，反而由个体所组
成的群体共同能力才容易达成。原因是这些成员之间存在着共同的道德观，
使他们合作起来更见效率。"诺贝尔经济学奖得主布坎南认为，伦理学有助
于解决"大困难"，特别是能够有效地解决经济活动中的投机取巧、自私自
利的行为。威廉姆森将机会主义行为区分为事前的机会主义行为和事后的机
会主义行为。事前的机会主义行为的典型表现是逆向选择，事后的机会主义
行为是"道德风险"（如国美电器的黄光裕案例）。前者依赖市场的规范建设，
后者则依赖于道德建设。同样是诺贝尔经济学奖得主的诺思明确提出一种命
题：财富的创造是一个道德过程。

诺贝尔经济学奖得主阿玛蒂亚·森研究经济学的特点，就是从道德伦理
上关注重大经济问题，其贡献被概括为：呼唤学术良知，关注人类困境。他
在经济学的研究中努力寻找经世济民之道，使经济学重新回到伦理轨道。

• 德者，得也的相通

在文化价值体系中，"德"是一个含义十分宽泛的概念。德性显现为个
体的行为品质，即所谓的"品德"；个体与社会的行为，构成"德行"；在"德"
的概念体系中，"德性"是"德"的潜在状态，即人性本性的主态；"品德"
是"德"的自我状态；"德行"是"德"的自我状态，"德""得"矛盾的
扬弃与复归状态。

第一个点明"德"的实质的是老子。在《道德经》中，老子从哲学本体
论的高度，明确揭示："德者，得也。"这里"得"有两层含义：一是"得道"，
它是就"道"与"德"的关系而言的。个体分享，获得了"道"，内德于己，
便凝结为自己的德性。二是"得天下""得于人"之意。它是"德"在世俗
功用层面上的内涵，也是"德"的最现实的本质，这就是后来的"德化""德
治"的本意。两个方面的结合，便形成中国"道德"理念的完整内涵。前者
是德性主义，后者是道德实用主义。由此，"'德'—'得'相通"的伦理
精神取向与道德生活原理便被自觉地表述出来。

先秦以后，"'德'—'得'相通"的理论模式被经典儒家表述为"内圣外王"之道。"内圣外王"被称为中国文化、中国伦理的精髓，"内圣"是"德"，"外王"是"得"。"内圣外王"的具体展开，就是"三纲八目"的"大学之道"。在格物、致和、正心、诚意、修身、齐家、治国、平天下的"八条目"中，"修身"以前是内圣的功夫，修身以后是外王的功效；前者是德性的修养，后者是自我完善与实现。

善恶报应的文化基因，在中国最初的文化作品《周易》中第一次得到理论的表述。坤·象说："地势坤，君子以厚德载物。"表面上是说君子的德性，实际上揭示了一个十分重要的文化原理。这里，"厚德载物"有两层意思：一说"厚德"必须以"厚德"为前提；二说"厚德"是为了"载物"。前者是德性主义，后者是道德实用主义或道德实效主义。而"厚德载物"主要靠自己的努力，所以要"自强不息"。"天行健，君子以自强不息。"

智慧——现代的需要

• 大爆炸奇点

包尔生（德国著名哲学家、伦理学家、教育家）认为，"伦理学的智慧是双重的：一是决定人生的目的或至善；二是指出实现这一目的的方式或手段。"目的与手段在实践理性中的内在统一，就是所谓的"道德智慧"。

虚怀若谷的人可以"站在知识的边界上"去体悟无限的未为人知奥秘的存在。现代宇宙学中的"大爆炸"学说是大多数科学家认同的理论，根据这个学说，宇宙就产生于150亿或200亿年前的一次大爆炸，在大爆炸前的时刻，宇宙中的一切重叠于一点，这一点便被称作"大爆炸奇点"，在宇宙大爆炸的这一时刻，"所有的已知的科学定律……都失效了"。科学无法回答在这一时刻以及这一时刻之前宇宙的存在状况，即科学已达到自己的极限，这便是知识的边界。不能认为只有科学所描述的宇宙才存在，科学规律在大爆炸那一时刻的实效恰恰表明了宇宙隐匿着无限的超越现有科学知识的奥秘。

当然，知识的边界不是一成不变的，它是不断扩展的。科学界关于宇宙演化最近非常热，美国报纸上隔两三天就会出来一篇关于"两暗"——暗物质、暗能量的报道。最近发表的微波各项异性检测结果，发现95％以上的宇宙物质是看不见的暗物质和暗能量，其中25％是暗物质，70％是暗能量。(这里的"暗能量"和我们通常所说的挖掘潜力意思相近，我们不妨发挥一下联想。)

• 大地金字塔

利奥波德（奥尔多·利奥波德，美国著名生态学家和环境保护主义的先驱，被称为"美国新环境理论的创始者"）。用生态学中的"生命金字塔"去阐释其生命共同体，他也称生命共同体为"大地金字塔"。大地金字塔是一种具有高度组织结构的、由生物要素和非生物要素构成的整体，太阳能就通过这种结构而得以流动。这种结构是金字塔式的，土壤在最底层，接着是植物层、昆虫层、鸟和啮齿动物层等，经过各种动物层直至由食肉类动物构成的顶层。物种根据其所食而定位于不同层级，因为被捕食者必须比捕食者多（否则捕食者会饿死），所以每一层次的物种在数量上逐层减少，从而形成系统的金字塔形状。这种食物和其他服务的依存链上便被称作食物链。

根据这种整体主义观点，所有生物，包括人类都是生态共同体的成员。利奥波德认为，生态学应使我们把道德思考的焦点由个体转移到整体，将整个生物共同体即大地当作道德主体。

这一思想无疑是革命性的。

• 生态危机

经济主义完全没有重视现代生态学的洞见，它忽视了大自然的无限性和有机整体性，不明白人类经济系统必须服从生态系统的动态平衡。大自然已通过自然科学告诉人类：地球生态系统已十分脆弱，每年都有大量的生物物种在灭绝；淡水资源已难以保证日益增多的世界人口的饮用；海洋已受到严重污染；冰川则因地球的"温室效应"而开始融化；臭氧层出现空洞；土地则日益沙化……这些都是自然科学所揭示的事实，也是大自然对人类的警示。由这些事实，我们应该得出这样的价值判断：人类必须改变现在的生活方式，必须改变追求无限的方向，不应只一味追求力量（科技进步），应该追求德性和智慧，应该努力走向精神上的成熟，走德性培养和精神成熟之路，才是追求无限的正确道路。科技进步所带来的巨大力量有了道德和智慧砝码的平衡，才不致使人类文明毁灭于核战争与生态灾难。现阶段的人类对道德进步的重视应更甚于对科技进步的重视，这样做与其说追求完美，不如说是为了生存和安全。

• "知识就是力量"的反思

知识就是力量，科学的最终目的不是理解自然而是征服自然。在这样的思想指导下，科技是扩张性、征服性的科技。

今天几乎全球都在向西方学习。那么"我们的地球养活多少像今天西方居民那样消费的人群呢？答案当然只是个大概的数据。美国学者和法国学者分别对此进行了估算，得出的结论是相同的：怎么算也不足 7 亿"。这是法国学者阿尔贝·雅卡尔在《我控诉霸道的经济》书中说的。

将知识与美德等同，是西方文化的逻辑，也体现着西方文化的片面，由此向前延伸，就会得出了培根的"知识就是力量"的结论。这种逻辑大意人与自然关系是有效的，但如果移植到人文的领域，就会产生极大的片面性。把知识就是力量，知识就是美德简单同一，这是西方社会弱肉强食流弊赖以形成的深层文化原因之一。现代西方哲学在反思近代以来科学精神时惊呼："我们吞下了培根所给的苦果，我们相信'知识就是力量'！"因此，关于人性的把握，本质上不是"认识"，而是"认同"。我们今天需要重新认识，而不仅仅是"认同"。

• "中德智慧"三位一体

伦理、道德、宗教都追求善的价值，都进行行为的规范与调节，但关系模式与作用机制迥异。宗教建立的是人与神的关系，人格化的"神"是行为规范的制定者与行为规范的调节者；道德建立的是人与"理"的关系，人对于"理"即社会规范的信念及其自觉遵从，是道德发挥作用的主要机制；伦理处理的是人与人的关系，是主体与他人的价值互动。伦理是社会的；道德是个体的；宗教是超越的。三者在对人的行为调节，在调节社会关系方面异曲同工，殊途同归。

"中德"，"中"是最能体现中国伦理的智慧本性的概念之一。在儒家那里，"中"是"中庸"，是极高明的"中庸之道"；在道家那里，"中"是"无为无不为"的"中虚之道"；而在佛家那里，"中"则是大彻大悟的"中道"。然而恰恰就是这些型同实异的"中"的精神，形成中国伦理的"中德"智慧。

创新——民族的灵魂

· 道德就是知识

"道德就是知识"，这句话是笔者提的。因为道德学，就是伦理学，是一切文化的核心源头。

从苏格拉底"知识就是道德"延伸出培根的"知识就是力量"到今天的反思。我们今天正处在"弯道超越"时期，我们的价值观要有新的认识，而不仅仅是对原有的认同。从这个意义上说"道德就是知识"。而我们对"知识"的理解，不能是认同，也要有新的认识。

我们不仅是"知"更重要的是"识"。孔子说："知之为知之，不知为不知，是知也"。这句话就是说知"不知"才是真正的"真知"。一切属人的活动，本质上都具有积极的否定性和扬弃性。知识的本质是否定自己超越自己。我们对任何知识是不仅要知其然，还要知其所以然，更重要的是知其不所以然。这样我们才能感受时代的脉搏，适应时代的发展。

要知道：知识不代表信息，信息不代表智慧，智慧不代表思想。思想就体现着人的道德认识。

要记住：知识帮助你生存，智慧帮助你生活，而思想，即道德认识是根本。

道德是一个综合体，它应该包括如孔子所说的"智""仁""勇"三个方面："智"是"仁""勇"所必需的知识；"仁"是"智""勇"所必需的爱心；"勇"是"智""仁"所必需的力量；它们是相互依赖，不可分割的。在现实性上，道德是"智""仁""勇"相互联系、相互渗透、相互协同的统一体。

只有真正深入人性的知识，只有真正能提升人和增强人生命质量的知识才是力量，更是道德。

· 市场经济的道德维度

当代中国文化表现在具体的物质层面是——日益发展的工业体系和人们日常生活不可缺少的琳琅满目的工业商品，"数字化革命"也改变不了工业主义的实质。

当代中国文化在制度层面表现为——与国际接轨的明确趋势，我们既已认同了市场经济制度，就必须进而认同法制与法治，法制与民主不可分割，必须对权力进行程序化监督，必须扩大公众的参与程度。

当代中国文化在技术层面——正竭尽全力追赶西方，即大力发展高、精、尖技术。政府和民众对科技的极端重视，使我国社会表现出较强的唯智主义倾向。

当代中国文化在艺术层面正表现出明显的迎合大众趣味的审美倾向，即通俗艺术繁荣（因为有市场），这一层面已失去应有的稳定性，已变得易受商业操纵。

当代中国文化的信仰和理念层面——当然仍由马克思主义占据主导地位，但其他层面的变化必引起这一层面的改变，特别是市场经济导向以及对经济增长的绝对优先追求，势必诱导人生观、价值观上物质主义、享乐主义、拜金主义和消费主义。

当代中国的文化特征可简单概括为：以经济增长为绝对优先的追求目标，以社会商业化为基本趋势，以利益驱动为推动一切事业的巨大杠杆。中国人在这种文化氛围中创造了举世瞩目的经济增长速度，但也导致了令人担忧的诚信危机。

• 市场经济亟须道德平衡
市场经济不可没有道德。

市场经济要求人们守法。如果很多人不守法，市场经济便没有秩序；我们的道德宣传和道德教育，应根据社会主义市场经济的现实要求，注意培养人们的社会公德和起码的职业道德，呼吁人们守住道德底线。

为能消弭道德教育、道德宣传与人们道德实践之间的分裂状态，必须推行社会主义的民主与法制建设，使权力真正受到法治化、程序化的监督，由法制（度）的完善而实现法治（理），只有这样才能有效地遏制腐败。遏制了腐败，我们的道德教育和宣传才有较多人相信。

今天已有相当多的人过上了小康生活，引导人们建立精神家园，追求人生意义已具备必要的物质条件。对自觉追求生命意义的人来说，信仰就不再是虚无缥缈的事情，而是最贴近生命的事情；信仰不仅事关奉献社会，也事关自我的生活质量。

中国的改革已到了关键阶段，能否让我国的市场经济生长出健康的道德，能否培养出人们的正义观念，既关系到能否让国民经济进一步健康增长，又关系社会的稳定。全国每年9月开展的家庭道德教育宣传实践月，就是中国将要重塑我们的道德信仰大国的重要举措。

为了进一步发展经济，必须彻底规范市场，培养诚信和正义，获得一定自由的人们必须合理地组织起来，才能以更高的效率创造财富，企业必须根据市场形势不断合理重组，才能提高竞争力。为实现这样的目标，人与人之间的信任度必须得到提高，到了这样的历史关头，部分有远见的经济学家开始研究伦理问题，已经认识到道德在经济发展中的重要性。

• 生命的意义是创造

尼采认为，生命的意义靠创造，生命力衰竭就失去了创造力。

人生经济学告诉我们，人生经济的经营有两种东西不可透支，一个是体能，另一个是美德。生命的过程和生命的创造都是可以度量的，生命因此具有了经济性。生命的本意在于过程，"生动"，意即生而则动，就在于曲直交替，和谐发展。

道德学告诉我们要"思方行圆"，方是坚定，圆是圆通。指思想的坚定和行为的圆通，这是一个了不起的生命智慧。人的思想求真，但人的行为则要求善。人类社会正在迎来下一个发展阶段，有社会学家预言是生命科学时代，持续不断的金融危机可能要产生探索新能源科学的热潮。这方面是金融危机的客观要求，更重要的是人类已经认识到善待地球，保护自然。

"创新"这个词天天念叨，要与时俱进就要创新。要创新首先做人要"平淡"（一杯茶的故事）。"平"就是要遵循"道"的规律，这样才能稳，做到"平"。"淡"是淡而无味，虚怀若谷，海纳百川，这样才有新思路，找到新方法，开辟新领域。平淡就是道德，就是胸怀，就是智慧。

· 创新的动因

创新，是令人着迷的字眼。但是关于工作场所发生的日常创新，人们还存在很多困惑和问题——突破性想法来自哪里？什么类型的工作环境可以激发创新想法？领导者做什么才能维持对创造力的刺激以及打破创新的障碍？哈佛商学院企业家管理系特里萨·阿玛贝尔是对这个问题研究了30年的教授，也是美国商业创新领域中最早的探索者。

他对创新的动因研究大概有以下几个方面：

（1）创造力来自创造部分。作为一位领导者，你不应该让创造成为少数人的权利和责任，而是应该期望你的每一位员工都产生可以有用的想法和新创意，包括你的财务人员。最近十几年以来，在财务领域已经发生了一系列会计制度的变革和管理创新。

（2）金钱是对创造力的激励。对于领导者来说，在为项目匹配人员时候，不仅要考虑他们的经验，还要考虑他们个人的兴趣，人们在关心自己的工作以及展现他们技艺的时候是最具有创造力的。

（3）时间压力激励创造力。人们经常认为，在急迫的最终完成期限下工作的时候最具创造力。时间压力迫使人们无法深入地透视问题，从而扼制了自己的创造力。创造力要求人们有一个深思熟虑的过程，人们需要时间来吸收问题，并让创意慢慢冒出来。

（4）害怕能够促进突破。不仅没有，还有负效应，甚至原有的工作效率还会下降。

当人们提出具有创造性设想的时候是感到最快乐的。同时如果他们前一天是高兴、快乐的，那么他们第二天就更有可能产生突破，这是一种良性循环。某一天的快乐预示着第二天的创造力。

（5）竞争击败协作。人们普遍认为，组织内部的竞争孕育着创新。根据阿玛贝尔的调查，创造力在竞争型的工作团队中会受到打击，而在协作型的工作团队中则层出不穷。最具创造力的团队是那些有信心分享和辩论想法的团队。因为在组织内没有人拥有全部信息。

（6）精简型组织是具有创造力的组织。创造力在裁员时会遭受极大的重创。对裁员的预期甚至比本身具有破坏力，人们对未来不确定性的害怕导致他们基本上脱离自己的工作。

总的来说，阿玛贝尔教授的研究以及那 12000 份工作日志给我们最重要的启示就是，当人们从事他们喜爱的以及允许他们深入参与工作的时候，创造力就会活跃起来。

中国人常常对美国小学不重视基础知识的背诵提出质疑，美国老师的回答是："对人的创造能力来说，有两个东西比死记硬背更重要：一是他要懂得到哪里去寻找所需的比他能够记忆的多得多的知识，二是他要懂得用这些知识进行创新的能力。死记硬背，既不会让一个人知识丰富，也不会让一个人变得聪明。"这样的教育思想，与中国传统的"授之以鱼，不如授之以渔"有异曲同工之妙。

- 创新的方法

首先要确认创新的基本要素，然后在工作生活中将其创造出来。

以下我们探讨创新的关键要素成分：给养、休闲、杂交、交叉授粉、孵化和成熟。

- 给养——环境基础

正如种子不在贫瘠的土地上生长一样，没有某些条件的存在也不能产生思想。在社会上一些单位里有很多恐惧的源泉，还有一些企业经理赞成 "一点恐惧心理是有益的。"恐惧令人们产生"各顾各"的态度，这种人文环境不利于创新。

- 休闲——幡然醒悟

"Create"（创造）一词来自"Recreation(休闲)"，玩乐与休闲对创新非常重要。玩乐可以有多种形式：灵感、白日梦、与你喜欢的人一起工作，致力于一件具有挑战性的工作或者度假。当我们玩乐的时候，我们暂时延后了对我们所做事情的判断。我们会放松，我们的头脑会产生新的洞察力。宾馆与足球的故事，就典型地说明了休闲与业绩的辩证关系。

• 杂交——融合变异

通常，这似乎不是我们人类真正表现出来的特征。我们更善于培育杂交植物和金鱼，却不善于建立观念和思想多元化。

日本著名物理学家汤川秀树，以提出介子说获得诺贝尔奖，他写了一本书。书中说，他在科学研究中的突破，和李白、庄子很有关系。他特别提到李白一篇文章的开头："夫天地者万物之逆旅，光阴者百代之过客"，他从这两句话中得到了启发。他又从《庄子》的"为混沌开七窍"悟出了基本粒子从一个最原始、没有特性的东西分化出来成为各种各样的粒子。这就是东方哲学思想、东方的文化、东方的文学对一个科学家的启发。

说到电脑二进制原理，人们会想到德国著名大科学家莱布尼茨，他曾在1679年发明了"二元算术"之后，由于无法实际运用而苦恼，迟迟不敢公之于世。1698年，他从在华康熙皇帝身边的传教士白晋的来信中，知悉中国的《易经》是一部具有公理性质的经典，并从伏羲八卦、伏羲六十四卦（皆出自北宋邵雍之手）图中的易学逻辑体系，惊异地发现六十四卦与发明的"二元算术"完全一致。于是，他借用卦爻阴阳符号，即以阴爻——代表0，阳爻——代表1，结果发现伏羲六十四卦图像竟然井然有序地以0～63的一个二进位制的连续排列。这样，六十四卦完全可以按二进位制法则排列成"0"和"1"这两种符号，成为计算机语言。

在社会活动中，杂交就是要善于将两个不相干的事物结合起来产生新的能量，就是创新。

• 交叉授粉——学舌鹦鹉

"交叉授粉"一词定义为"花粉从一株植物的花朵到另一株具有不同基因结构的花朵的转移。"比喻企业中采纳了一个好主意，并将其用在适当地方，从而产生创新。这也可以说是"拿来主义"。

傲慢和自我中心意识可能是对创新的最大障碍。

只要一家企业或一个国家觉得自己没什么可向其他人学习的，这种态度往往导致创新上的衰竭。晚清时代中国的衰败就是典型的说明。比如安徽研发的我国第一台 VCD，安徽的手机干扰器，安徽是我国实行农村联产承包责任制，进行农村改革的发祥地。人也一样，千万不可傲慢，故步自封，难以创新，难以进取。

- 孵化——系统验证

纵观历史，许多思想都是超前的。遗传学理论在 50 多年后才得到主流学的承认。许多其他重大创新的出现是由于某些人躺在问题上"睡大觉"。有机化学之父法拉第发现苯环的经典故事就说明了这一点。他连续数月致力于这一问题，偶然间他竟在梦中画出了其分子结构。他立即醒来画出梦中所见的分子式结构。他的解释是正确的。许多人睡觉时产生这类幻觉并解决了问题。但大多数人翻个身又睡着了。

- 成熟——协调努力

让我们假设土地是肥沃的，我们在地里播下了一颗生机勃勃的杂交种子。我们应当期待丰收时节的好收成了吧？不一定。植物还必须得到照料。它还需要适宜的水、阳光、养分和来自大自然败坏后产生的蛋白质。因此，对好的思想和创新来说也是这样。创新必须有基础设施能提供必要的发展条件，使好的想法充分发挥其潜力。

创新并不是孤立存在的，科学发展观启示我们，观念、制度、经济、科技、社会、人文都要和谐，只有和谐才是生态的，才有生命力。

发展——人类的使命

• 文明的难题

道德建立的是神圣的世界，然而，神圣世界的建立是为解决世俗世界的难题。宗教如此，伦理也是如此。

"得"与"德"，是内在于人类文明的文化矛盾。要生存就必须具备物质资料。每个人都要获得生活的物质资料，这就是所谓的"得"。不过，一旦人类由"文"而"明"，就发现了根植于本能的"得"的局限，于是便产生对于"德"的追求，也就开始建筑"德"的大厦的历程。由此在个体精神、文化体系以及社会生活中，人的世界就一分为二，分解为世俗世界与意义世界，即"德"的世界与"得"的世界。也正是从这里开始，如何建立"德"的大厦，如何处理"德"与"得"的关系，就成为人类文明永恒的文化难题。

"德"是人类文明在处理"得"的矛盾中的一种努力，因而从根本上说，"德"内在于"得"，"得"构成"德"存在的根据。因此，在"德"的价值结构中，"德"的地位如何，"德"对待"得"的文化态度与文化信念如何，直接影响"德"的文化品性。所以，"德"本质与本性不在其抽象的存在中，而在于"德"与"得"的矛盾中。正是"德"与"得"的矛盾，使"德"成为一个开放的、富有活力与张力的文化价值系统。

• "善"的三种价值观

道德的基本问题，就是道德和利益的关系问题。道德的基本问题包括两个方面：①道德和利益何者放在首位，与此相联系个人利益和集体利益的关系问题；②个体至善与社会至善的关系。

现代道德自我的建构所面临的课题，一是如何安顿自己的生命秩序；二是如何把个体的生命秩序与社会的生活秩序相契合，达到个体道德与社会伦理的合理实现。前一个课题是道德和利益、个人利益和整体利益的关系，后一个问题是个体至善与社会至善的关系。

善的三种价值理念：人格的善、正义的善、美德的善。

人格的善——它把人格的善作为实现社会的善，从而最后达到至善的基础。善的本性不是压抑人的要求，相反，而是使他们获得最大、最合理的实现，在这个意义上，善的文化实质上就是自我发展的完成。

正义的善——可以看作以社会的善为着力点，以社会正义为突破口的善的价值生态。美国学者尼布尔提出一个严峻的问题：道德的人与不道德的社会。尼布尔对个体道德与群体道德作了严格区分，指出二者之间既有联系又有差异。他认为，如果不能正确认识二者间的差异，用个体道德去规范群体行为，或反过来仅用群体道德要求个体，都可能造成道德的沦丧，无助于解决社会问题和消除社会不公正。

美德的善——是以美德为着力点，包容人格的善和正义的善，又超越这两种善的价值生态。在人的整体性上把握美德。

修养的真谛是什么？通过具体的规范，修养的全部真谛都意味着战胜自我，超越自我，建立个体坚定的道德主体性。

• 人生的四个境界

历史雄辩地证明，没有普遍的思想解放就不可能有大的社会革命，也就是说，如果没有文化中信仰和理念层面的根本改变，就不可能有文明的根本改变。

西方中世纪社会是个宗教共同体，中国传统社会是个礼教共同体，现代社会只是经济共同体。在许多社会中人们只在经济层面有普遍交往，而在道德和信仰层面没有普遍交往和深刻交流。

从哲学角度看，培育健康的心态就是培养人生境界。不同的人因其对宇宙人生之"觉醒"的不同而具有不同的境界，可分为以下四种：自然境界、功利境界、道德境界、天地境界。

一个人若只顺着本能和社会风俗行事，所做的事便没有什么意义，这样的人便处于自然境界。一个人有了自我意识，并总出于利己动机而行事，他便处于功利境界。一个人自觉到社会的存在，意识到自己是社会一分子从而自觉地做有益于社会的事情，他便处于道德境界。最后，一个人若认识社会之上还有一个更大的整体——宇宙，自觉到自己不仅是社会一员，还是宇宙的一员，并为宇宙做有益的事情，他便达到了人生的最高境界——天地境界。

"心态"是日常语言中的词，"境界"是带有超越意味的词。境界比较低的人一般对哲学、人文学没有持久的兴趣，比如，处于功利境界的人，有较强的自我意识，他可以有建功立业的强烈愿望，从而在某个工作领域有一定的成就。他不缺乏某种专业知识，但这样的人一般都很务实，没有闲心去认真了解哲学人文学，所以很难树立正确的生死观。这样的人在平常不会暴露自己的不足，但在危难时刻就会暴露出自己的人格缺陷。为进入较高境界，光有知识还不行，须把知识化为信仰才行，因为人们对自己信以为真的信念才身体力行。

• 应当与必须

英国法学家哈特在《法律的概念》中指出，人类具有五个基本的共性：脆弱性、大体上平等、有限的利他主义、有限的资源、有限的理解力和意志力。这五个共同特性使人的社会生活秩序，以及社会生活中的行为的正当性的规则的形成既有必要，也有可能。基于这五大特性，人既可牺牲眼前的和暂时的利益，又具有自发地受它们支配的倾向。于是就需要调节人的行为的正当性规则。

在所有的规则中，法律和道德就是两种基本的和最重要的规则。

"应当"与"必须"是道德、法律的原理，但彼此间并不是简单的一一对应关系。虽然在人文意蕴的主要方面道德体现"应当"的逻辑，法律体现"必须"的要求，但从根本上说，道德和法律都同样内在"应当"与"必须"的双重逻辑。

原则高于规则，美德高于原则。

在市场经济条件下，更大的难题，是如何在经济制度和经济运行中贯彻伦理的原理。德国学者彼得·科斯洛夫斯基预言，未来的经济学，是伦理经济学。在经济运行中贯彻伦理的精神和原理，其意义不只在于降低经济成本，提高经济效率，更重要的是在财富创造中贯彻价值的原理，推动整个社会文明(不只是物质文明，也不只是精神文明而是一体化的社会文明)协调、合理、持续地发展。

- 道德革命的两大原则方向

美国人道主义伦理学家库尔茨发现，"人类历史上有过许多种革命；政治的、经济的、社会的和科学的。我们今天正在经历的革命是道德革命。"这种革命的主题是试图重新找回工业社会中丧失的人性，它以人的潜能的实现，以对幸福的追求为第一原则，以对平等权利的要求和对公共利益的追求为第二原则。

- 关于幸福的话题

美国某大学的一位教授作了题为"从 2002 年诺贝尔经济学奖看经济学的新方向——从经济学到幸福学"的演讲。吸引了很多听众。他介绍说，很多实验证明，经济学中的理性经济人的假设是不符合实际的，金钱并不总是实现幸福生活的最佳途径，人们也并不总是根据经济利益计算去进行选择。并非经济越增长，人们就生活得越幸福，例如，从 1945 年到 1990 年美国人均收入增长约 3 倍，而科学调查的结果是：人们平均幸福感不但没有成比例上升，反而略有下降。这位教授得出的结论是：人们幸福的程度也并不取决于财富的多少，而在很大程度上取决于生活的信念、生活的方式和生活环境之中的对比感受。

大哲学家康德说"德"和"得"的真谛到底是什么？"德"的核心是德性，而"得"则有"得道"（"内德于己外施于人"）与"得到"（"得于人""得天下"或"获得"）两个基本内涵，只有二者的统一，才是"得"的真谛。二者的统一是什么？就是"幸福"。幸福，才是"德""得"的真正内涵。（"德—得相通"）

- 巴黎宣言文明高峰

1988 年，75 位诺贝尔大奖获得者齐聚巴黎，发表了举世震惊的宣言：如果人类要在 21 世纪生存下来，必须回过头到 2500 年前汲取孔子的智慧。孔子的智慧到底是什么？那就是太极阴阳一分为二正反辩证思维观。就是天人合一的"内道外儒"中国文化的基本模式。"儒"其实就是"德"。道就是体，德就是用。道德相承则体用无间，它使人们既掌握自然规律，也掌握社会规律。而孔子的"内圣外王"就可能是世界道德伦理的源头活水。

有一种说法：人类的文明是一个高峰，有三条路上去，一条路是科学，另一条路是艺术，还有一条路是人文。在山脚时，这三条路离得很远，你可以说当中有阻隔，但当你爬到顶峰时，这三条路就会合了。有道是："会当凌绝顶，一览众山小。"到那时你会感到很自信、很自豪，因为"地大无边天作界，山有绝顶我为峰"。

古人说：仁者爱山，智者爱水。希望大家游山玩水，可以陶冶情操。做到既仁又智，那该多好！

如果用一句话概括道德的本性，（德性）那就是：不动心。道德的本性，就是在欲望的冲动、利益的诱惑面前，见利思义，以道德的标准和价值的要求决定取舍，选择行为。不动心的境界，就是道德的最高境界。不动心作为道德界的可贵之处，既不在于"心死"也不在于"无心"，而在于"有心"面前的"不动心"，在于"人世中的出世"。由此，道德才能履行自己的文化功能，德行（"德行"是"德"的自我状态，即"德""得"矛盾的扬弃与复归状态）才能显现自己的境界崇高。

有追求，才有进取；

有思想，才有意境；

有突破，才有成就；

有博大，方显情怀；

有胸襟，还能没有境界吗？

走向幸福

• 弯道超越

"弯道超越"本是赛车运动中的一个常见用语，意思是指车手利用弯道超越对手。相对直道而言，弯道困难大、变数多，过弯道时，原本领先的车手，可能因为弯道而落后，而本来落后的车手也可能利用弯道超越对手。现在已被广泛应用于政治、经济和社会生活的诸多方面。"弯道"一般被理解为社会进程中的某些变化期或人生道路上的关键点。我们今天的时代正如美国人道主义伦理学家库尔茨所说：我们今天正在经历的革命是道德革命。将会成为人类的一场思想解放与洗礼。能否跟上时代的步伐，超越自己，将决定着人生社会的幸福如何。

• 走向幸福

"道德学本来就不是教人'如何谋求幸福'的学说，而是教人'怎样才配享受幸福'的学说。"

"幸福是这样一种状态：在这尘世中的理性生命对他的一切际遇都称心如意。因此，幸福依赖于物质自然界和人的全部目标之间的相互和谐，也依赖于物质自然界和他的意志的必不可少的决定原理之间的相互和谐。"这两大和谐就是生态。

我们高兴地看到，关于对公共利益的追求问题在中国短期内需要优先解决的问题和长期的发展目标均围绕五大主题展开，即经济可持续发展，有竞争力的企业、和谐社会、能源有效利用以及环境保护。自我生长、健康互动、良性循环的有机关联，是生态关系中的最本质特征。在这些特征中，健康互动是关键。

人类必须彻底改变自己的发展方向，必须张扬另一种主体性。新的发展应谋求三个层次的和谐：①生态和谐——在地球生态系统中谋求与其他物种的和谐生存；②人态和谐——在人类共同体内部谋求和谐；③心态和谐——在个人的心灵中谋求理性、意志和情感的和谐。让我们美化两个世界（主观世界、客观世界），追求三大和谐（生态和谐、人态和谐、心态和谐），做好道德银行良性储蓄，成功实现"弯道超越"，走向理想幸福人生。

| 第六章 |

企业绿色组织的变革

一位伟人曾说过：第一个吃螃蟹的人是英雄。我们今天说向螃蟹学习"企业重组"。

螃蟹的外壳不能随着身体的长大而长大，因此解决难题的方法就是脱壳。在脱壳之前，螃蟹先将硬壳中的碳酸钙吸收到液体中，当壳里长出一层柔软的皱褶后，旧壳裂开脱落，身体再将皱褶撑开成新壳，注入碳酸钙以使其硬化。企业也是如此，当组织越来越大时，原来的组织结构无法适用，就必须像螃蟹一样除旧换新。组织再造，在破坏旧组织之前，一定要先将新组织的基础工程建立起来，并保留原来组织有用的资源，以建立一个更适合未来环境和发展的新组织。

经济生命周期

    让我们回顾经济生命周期来帮助我们对绿色经济、可持续经济发展的思考。经济有其生命周期，历史上我们度过了几个周期——狩猎时代、耕种时代、工业时代和今天的信息经济时代。管理大师斯丹·戴维斯认为经济有一个约为75年的周期。我们目前正在经历的这个周期大约也是75年，正负偏差5年。这一周期从20世纪50年代开始，将会在21世纪20年代结束，我们正处于这个周期第三个25年阶段。这个周期将被另一个所取代，虽然它还处于襁褓之中，还未具备起飞的条件。下一个经济时代会建立在生命科学基础上（而非今天的信息基础），会带来一场生命经济。以生物科学技术为例，同样的病、同样的药在不同人身上作用是不同的。因为病人身上存在一种"遗传扭曲"，它导致了病人对于药物的过敏。美国医生正通过一种特殊的基因芯片对病人的DNA进行检查，医生根据这种检查为病人开药方，选择对每一位病人DNA最安全、最有效的处方。一些企业正在准备为这种检查服务，消费者不必在看病时被动地接受医生的检查，他们只要平时把自己的DNA样品送到这类公司的实验室进行检查，看病时把检查的结果告诉医生就可以了。这样一来，历史上统一使用的处方将被根据每一个病人开出的处方所代替，对病人的治疗更为个性化了。在这里，愿读者朋友顺应新时代的到来。

    当前的经济已经度过了它的早期发展阶段，正处于后期阶段的开端。我们知道工业经济体系建立在以蒸汽机为基础技术的早期工业上。这一技术的应用一开始主要着眼于铁路和后来出现的汽车。

同样，信息经济也有一个前期和后期的基础设施。计算机取代了蒸汽机，知识经济前半期聚集于处理数据的工具的电脑，后半期将把电脑主要用作沟通的工具。主要的转变是从数据处理到相互联系。这是一个强有力的转变，从意义和结果上来看，这一转变不亚于工业基础设施从铁路到汽车的演变。对这一点的理解和重视很有必要，因为这应该是理解所有这些变化的准则。

在 21 世纪我们要学会新的游戏规则，并要求完全不同的获胜策略。无论过去你有多成功，如果你想在未来也获得成功，你就必须做一些完全不同的事。没有人可以预测未来，但你可以理解那些决定未来的力量，而顺应这些力量总会比对抗这些力量要更为明智。

从 20 世纪初美国 12 家最大的工业企业名单的演变，来理解经济生命周期重要性。

美国棉麻公司；

美国钢铁公司；

美国榨糖公司；

大陆烟草；

联邦钢铁；

通用电气；

国家铝业；

太平洋邮电；

人民煤气；

美国皮草；

田纳西煤铁；

美国橡胶。

有两件有趣的事与这个名单有关。

首先 12 个公司中有 10 个是基于自然资源的公司。那是一个自然资源的年代，而在这 100 年间一直如此。从 19 世纪到 20 世纪的百年间从洛克菲勒到文莱苏丹，世界上最富有的人都和石油有关。

第二件和名单有关的最令人感兴趣的事又是什么呢？也就是问这些公司中有多少家现在还存活。

答案只有一家：通用电气。这就是为什么人们写通用电气书的原因。当然，我们所讨论的并不仅仅是古老的历史。沃尔玛是美国当今最大的零售商，但此后 20 年它不再是美国最大的零售商。《纽约时报》报道，沃尔玛新开了个电子网络商店，但它们很仔细地给电子网络商店里的每一件商品标价，这个价格要高于在真实商店中同样商品的价格，它们在这 25000 个商店里雇用了 80 万名员工。它们在未来十年里所做的一切只是压缩规模并流失利润。很明显，自己很快退出比竞争对手赶出市场要好得多。

来看看第一次工业革命，它是由 18 世纪蒸汽机的发明引起的。拿破仑和恺撒相隔 2000 年左右在欧洲发动了战争，但恺撒实际上可以比拿破仑稍快一点把军队从 A 点转移到 B 点。他们都用马匹和四轮马车，但在罗马时期路况要略好于拿破仑时期。在这两千年间陆地运输没有一点进展，然而在拿破仑死后 50 年蒸汽火车就可以以 100 英里的时速行驶。工业革命出现了，8000 年的农业文明结束了。大不列颠这个国家的一半劳动力从农业退出进入工业，世界从此变了样。

如果你认真学习过经济史将会对第二次工业革命有所了解。第二次工业革命发生在 100 年前，在 19 世纪末期和 20 世纪初期，它有两个关键要素：其一，发明化学工业的德国人发明了系统性工业研究与发展的概念，这些概念可以使你周密地推动技术，而不必等待如瓦特和贝塞麦这样睿智的思想家突然降世。其二，这个发明标志着大不列颠帝国作为经济统治力量的终结。第二次工业革命的第二个组成要素是电气化，也不仅仅是创造了诸如电气这样的大工业。它为一系列电气化创新的产业的出现创造了机会，如电话、电影，并改变了我们做每件事的方式。严格地说，它把夜晚变成了白天，在电气时代之前最昂贵的房间是底楼的，而最便宜的房间是顶楼的。在发明电力和电梯之后，顶楼的房间最昂贵。20 世纪末 21 世纪初被称为第三次工业革命有六种技术不只是创造了巨大的产业，它们还将改变我们所有的行为方式。这六种技术是：

（1）微电子技术。

（2）生物技术。

（3）新材料科学。

（4）电子通信。

（5）机械工具和机器人。

（6）计算机——软件与硬件。

一百年后历史学家可能会说在 20 世纪末 21 世纪初，存在了 5000 年的本地零售方式结束了。5000 年来我们去当地的商店买东西，而埃及人早在公元前 3000 年便这么做了。有一份咨询报告称，到 2010 年，有一半的美国零售商店会关门。这可能有些夸张，太快了一些，但总的方向还是对的。经济有生命周期，它的周期有四个阶段，生命周期与不同时期的经济附加值有关。这一周期可以划分为以下四个部分：

（1）新科学或新技术的发展。

（2）新基础结构的远景。

（3）企业变革的起飞。

（4）组织创新的时期。

想象一下 19 世纪的情形，是这周期的第一阶段。那时新科学围绕电、化学和冶金来发展，但它并未创造多少附加值，因为其产出只具有理论上的价值。但在第二阶段，有远见的一些人，如卡耐基、洛克菲勒、梅隆就看到了经济的发展趋势，他们说："我能把握这个新经济的框架，我能利用它创造新的东西。"你看到的是钢铁工业、石油工业、电子工业的诞生。一旦新经济格局形成，所有的企业都可以改变其运作方式。在第三阶段，企业发生飞跃式的变革，每个企业都就如何使新的格局为我所用做出规划。举个例子，以前为了冷藏运输非常麻烦，而现在有了钢板，电动摩托，化学冷藏法，有了能用卡车运送和接上电路的冰箱。这样，你可以以全新的方式来满足相同的经济需要。第四阶段是组织创新阶段。大型全国性组织产生了，因为工业经济规模要求市场支持有效率的生产。

那么，我们现在处于哪个阶段？我们正处于第三阶段，在这个阶段里每个企业都在改变其运作方式。我们已经建立起操作系统，网络、芯片厂等基础设施，人人都试图寻求利用信息技术作为改变其运作方式的新基础设施。我们已经走出初始基础设施，好比工业时代的铁路和电报，第三阶段的基础设施是汽车、电话和广播，它们都与连接有关。最初的信息基础设施是与"嘎嘎声"有关的，无论是主干网还是单独的桌面，都有数据处理的声音。现在我们正朝"连接"进发，创造价值的方式正在改变。

当我们对那种经济进行思考时，我们意识到有三个因素相辅相成，就是速度、连接和无形物。在《完美未来》一书中斯丹写了一个非常简单的三段论：时间、空间和物质构成了宇宙。你的企业是宇宙的一部分，所以时间、空间和物质对你产生影响。这三者的关系在现实经济中如何变化需要你有意识地去把握。因而速度是时间的反映，连接是空间得以体现的方式，而物质和无形物是一对互补物。我们所说的无形物指的是什么呢？首先，是产品的服务部分，即所谓的"售后服务"。虽然更恰当的叫法是"使用过程中的服务"。它也指服务部门本身，信息企业，销售和分析信息，它们都是经济中价值增值的来源。知识管理的四个层次——隐性知识、显性知识、同化知识、创新知识。

企业组织理解

一个公司，你为之工作的实体既是一个企业又是一个组织，但它们不是一回事。简单地讲，企业是你做的内容，而组织是你做的方式。看上去像是在绕口令，但这个差异却相当重要。

一个企业要寻找市场的需要，并提供产品和服务来满足这些需要。产品和市场构成了企业运转的两大支柱。为了向市场提供产品，你必须消耗资源并与一群既定的竞争对手共舞。这提供了一个企业的四大基本要素：

（1）产品。

（2）市场。

（3）资源。

（4）竞争。

上述内容并未指明企业是如何构成、管理或经营的。这就是组织的事了，它涉及人、资源、架构和文化。（共同点是资源）如果说企业是做什么，组织是怎么做，这就有了一个因果关系：如果你不知道做的是什么，你就不可能如何去做。因此，从定义上讲是先有企业后有组织。任何关于组织的讨论必然会与影响企业的困难挂钩。所以没有一个知识型企业或学习型企业，哪来的学习型组织或知识管理呢？有内容才会有形式。

现实中存在着追求专业术语的误区。人们把它作为下一个热点，发展各式各样的概念，使对组织的关注发展过快而把企业的意义远远抛诸脑后。这是一阵跟风，追求时髦。这不是对待知识的正确态度，也不应该是。企业的"企"字，"人"字下面一个"止"字，企业无人则止，关键是对"人"字的理解。企业三人说，企业金三角、企业三层次、企业三使命。蒙牛集团牛根生主动将股份让给企业，对家人开导。当企业经历着其生命周期，成长—成熟—衰退，组织也必然会有同样的经历。那么，组织的周期距企业的周期多远呢？理想状态是一步不差。如果这种情况成立的话，必然是一个适时组织，但实际上这是自相矛盾的。这种情况不存在，对于任何比 1 大的单位都是如此。可能的情况是在企业生命周期的初始，组织尚不存在。当企业开始腾飞，疯狂地成长时，组织开始像魔鬼一样附身。企业招聘员工，设立系统，控制功能和相应的架构。在管理学上有一种说法：小企业讲情感管理，中型企业讲制度管理，大企业讲科学管理。很时髦，但科学管理需要制度管理和信息管理，缺少这两个过程就谈不上科学管理。

如果你从组织内部来看待如何改进组织，你将会得出错误的观点。那么你观察的角度不对。最好的角度是什么呢？不是从组织内部，答案在你未来的组织中。你的企业未来会是什么样子？如果你对此心中有数，你可以自问"什么样的组织可以运作这个企业？"到时你就会找出理想的组织模式，你会看得更清楚，更贴近企业的真实需要。

组织变革方向

毫无疑问，我们正见证着一场与行业结构和竞争相关的痛苦变革。像通用汽车，IBM 和柯达这些曾是行业"领头羊"的公司，正经历着难以置信的动乱与变革。同样，在美国以外的其他著名公司也锐气大挫。2010 年，松下的董事长坦言，"松下不再是一家优秀的公司"，并引咎辞职。

为什么有那么多曾经非常成功的大公司同时陷入困境呢？就是它们的组织方式及管理教条。

这一教条的起源可追溯至 20 世纪 20 年代，当时通用汽车、杜邦西尔斯及新泽西标准石油公司等国际大公司的头头们发动了一次组织革命。从本质上说，他们把当时一直主宰公司的职能型组织结构转变为一个全新的多部门的组织模型。

这种模型标志着管理理论的创新，这一新的理论已被吸收为一种信条："战略／结构／系统"模型。这种多部门结构也形成了至今仍然能够在许多公司中见到的高层、中层、基层管理者的典型职能。高层管理者扮演的是总设计师和稀缺资源控制者的角色（做正确的事），中层管理者的职能是管理对授权及控制至关重要的系统。他们的主要任务是向下传达管理目标及控制手段，向上传递对信息及资本需求（正确地做事）。同时一线的经营管理日常运营并报告结果（做事的正确）。

"战略／结构／系统"模型在战后获得了巨大的成功，这是因为它很理想地契合了那个时代的外部环境。那时经济高速发展，创造了许多超出公司集资能力的机会，而"战略／结构／系统"模型正是一种理想的管理模型，它能在大量的创意和提案中去粗取精并决定把资金投向何处。但这种模型的扩张也不可避免地导致了管理上不必要的层次。部门越多，要求管理的层次也越多。到20世纪70年代和80年代，另一个新点子出现了，越来越多的公司开始在多个市场同时出击。公司不得不从三个维度来进行组织和管理：功能、业务、产品以及市场。因而全球性组织结构采取一种复杂的矩阵模式。

如今，在不同时期形成的符合不同商业需要的组织结构仍然存在。复杂烦琐的结构在高层看来可能较合理，但在低层看来却十分荒唐。通用电气的杰克·韦尔奇就曾很形象地描述过这一问题：目前典型的组织结构"把脸朝向CEO，而把屁股对着顾客们"。

事实上，不仅这种日趋复杂与官僚的组织模型早已过时，而且基本的"战略／结构／系统"模型的教条也显得不合时宜了。下面就是三个主要问题：

高层所做的战略决策与组织中实际存在的知识与专业技能逐步脱节。一线运作的完全分散化使高层很难确切了解到基层的实际情况，而越来越多变化的外部环境更使他们的工作变得棘手。长此以往，本应该被高层掌握的来自实践的专业技能，却转入运营第一线从而形成了非常有能力的一线管理群体。

长期在结构上苦心经营导致组织的支离破碎与官僚主义。部门化组织的精髓就在于对部门的划分，组织被分割成很零散的部分，而且越分越细。对资产、资源及责任的分割阻碍了组织内在的联系和合作。

为管理组织繁杂的层次而变得越来越复杂的系统牺牲了组织的灵活性与成长性。

但是，尽管这一结构面临十分明显的困境，我们仍错误地认为这种组织在某种程度上比现实状况要好。"战略／结构／系统"这种管理模型已深深扎根于我们的社会、我们的价值观以及管理实践中。因而，高层管理者必须改革过去，将自己视为一个重新设计战略决策、重新构造组织、重新设计系统的领导者。

几乎所有的管理者对组织的认识都受制于传统的"战略／结构／系统"模型及组织章程的定义。这种思考方式应该得到改变。

内部组合——目标管理由"V"形向"M"形变革

目标管理是现代组织发展的重要内容，就是通过上下级共同制定经营目标。它不同于压制式和任务式的管理。职工参与制定目标，认识自己价值和责任；有利于上下交流与沟通减少完成目标阻力；使个人利益与整体目标得到统一；强化民主管理，充分调动各方面的积极性。使目标管理由"V"形向"M"形转变。要实现这个变革就必须建好团队。

软件大王微软公司在美国以特殊的团队精神著称，像 Windows2000 这样的产品的研发，有超过 3000 名开发工程师和测试人员参与，写出了 5000 万行代码。没有高度统一的团队精神，没有全部参与者的默契与分工合作，这项工程是根本不可能完成的。甚至美国前总统克林顿就职后的第一件事就是对他的主要行政人员进行团队建设训练。其目的就是让团队成员理解，自己应如何运用自己的个性特征为团队做出贡献。因为这些内阁成员以后需要靠密切合作的团队精神，才能解决他们面临的大量问题。

仔细地想一想，由一般管理到集团或公司管理再到团队管理，这是一个由宏观到微观逐步过渡的过程，这个过程的发生不能不说是管理学上的一大变革和进步。无论是一个家庭、一个公司或是一个社会，一个人的本事再大、能力再强，没有其他人的帮助协调是根本不可能成功的。中国有句俗话：一个篱笆三个桩，一个好汉三个帮，说的就是这个道理。这就是团队的重要性。团队建设要注重人文文化，要注重上下一致。

卡特森泊奇和斯密斯甚至认为：如果一位主管人员目的在于领导充满活力的组织，那么，他就必须放弃事必躬亲的方式，应该建立起允许进行自我管理、自我控制的经营结构和系统，即团队。

管理实践表明：有的团队，关系融洽，凝聚力强，意见一致，团结合作，能顺利完成组织任务；有的团体成员之间意见分歧，关系紧张，相互摩擦，凝聚力差，个人顾个人，一盘散沙，不利于任务完成。

团体凝聚力是衡量一个团体是否有战斗力，是否成功的重要标志。

表 6-1　传统组织与团队的一些主要区别

	传统组织	团队
决策方面	往往以领导决策为主，专断的情况多	集体决策机制，成员参与决策
组织方面	强调严格的分工，等级制度与强行的规章	职责划分非常灵活，成员彼此平等，行为准则很有弹性
领导方面	强调命令与服从，很少有民主	强调民主与自我管理
控制方面	重监督，惩罚与强制	强调共同目标下的自我督导
文化方面	重视各安其位，严格执行，绝对服从	重视互相帮助，互相协作，活力热忱

外部组合——引领本土企业国际化与海外上市

管理者必须将组织结构视为一种围绕组织的主要任务重新界定人员的职能及其相互关系的方式，而不是将组织结构视为任务与职责的集合体。其关键是转变，整个组织的思考方式，从"战略／结构／系统"的旧规范到——基于目标、过程和人员的规范。请大家注意，这个"目标"就是理念认识，就是世界经济文化一体化，就是整合资源与国际接轨，引领本土企业国际化，符合国际规范。

毫无疑问，我们正处在一个轰轰烈烈的全球化进程中。中国市场本身就是一个最大的正在国际化的市场，竞争环境早就不再是"全运会""亚运会"而是"奥运会"。企业从根本上是一种整合资源以供产出的经济组织。

在跨国公司穿梭行走利用全球资源时，我们的企业如果还是固守内外之樊篱，无疑是坐井观天。古人说："不谋全局者，不能谋一域。"这个全局，在今天，就是国际经济一体化。我们要学会在国际化的过程中，运用国际化的操作方法，学会利用海外资本市场帮助自己实现目标。调查显示，美国股市依然是中国海外上市公司最集中的市场。截至 2010 年 7 月底，在美国纳斯达克上市的 148 家中国公司，其中有 125 家来自中国内地公司的总市值已接近 300 亿美元。虽受到 2008 年金融危机的影响，但中国企业在美上市的热情不减。在等待上市的公司中有相当数量来自中国。"中国概念"在未来两三年内仍然是市场关注的焦点，预计未来 10 年内，将会有更多的中国企业在海外上市。一个国际化的企业重要标志不仅仅是内部整合资源，而是海外发展，适应国际规范。张瑞敏说，"我们不出去，他们就会进来"；而柳传志说，"让戴尔知道谁是联想，谁是杨元庆"。用蒙牛集团的牛根生的话说"企业家的心境有多大，企业就能做多大"。

在信息与知识爆炸的世界，企业的关键任务不是资本预算而是知识积累。为什么呢？因为大多数企业缺乏的并非资本，而是知识与专业技能。这种环境需要一个完全不同的组织结构。这种结构的驱动因素应该是一线的创造力、柔性及联结和应用产生于一线管理实践中的知识的能力。

由此我们得出三条新认识：

（1）组织概念。

（2）管理职能。

（3）管理理念。

对于组织的一种不同认识

管理者由于受"战略／结构／系统"这一旧教条的局限，倾向于将组织想象为类似于箱子与线条的结构，他们埋首于往来的文件和报告，却忘记了箱子代表人力资源，"线条"代表人际关系，他们着重于分配资产和任务，而不是他们需要提高的过程与职能。

· 管理者承担着彻底变革的职能

在传统的模型中，高层、中层和基层管理者的职能分别为资源分配者、管理控制者和实施者，而新的模型要求有组织构建者、管理与组织的培育者以及创新者。

• 一种新的管理职能

旧的"战略／结构／系统"教条必须让位于"目标、过程、人员"这一完全不同的结构。当企业是以知识为基础组织起来的时候，它的等级制度已经发生了改变，即形成了一种所谓的"扁平化"组织结构。

• [ABB] 公司"30—30—30—10"简单法则

ABB 是经历剧烈组织变革的公司之一。ABB 是由一些"榜上无名"的公司经历合理化改革而整合成的一家世界领先的电子技术公司。ABB 的成功并非源于偶然，它成功的基础是建立在 1300 家一线公司之上，高度公开的及对冲突进行有效管理的鲜为人知的理念。

在全球网络体系中的创新 ABB 的显著特征，便是它的管理结构，一个只有 4 级管理层的精干组织。不可思议的是，正是这种结构很好地监督了 1300 家运营公司属下的 6000 个利润中心，而这 1300 家公司分属 60 个行业，这些行业构成了这家销售收入为 300 亿美元公司的 4 个部门。

这些运营公司是该组织的真正的核心，它们采取独立的运营方式：财务自主并能在条件允许时合法地分拆，它们有自己的人事政策并自己控制相当于 ABB 的总值为 25 亿美元的研发预算的 90%，它们甚至可以保留各自收入的 1/3 作为内部项目开发用。它们的管理者各自向他们的 60 名行业管理者中的一名汇报工作。这个管理层的不凡特征是他的员工配置，一个销售收入为 25000 万美元的部门会有多少人？只有三个员工：一名财务会计、一名技术人员，以及一名开发人员，就这么多。而在这个管理层次之上只有 8 人执行委员会。在瑞士总部的员工，包括这些业务主管，他们的直属员工，法律及财务等人员，加起来还不到 150 人。

关键一点是，这是一个非常紧凑的组织，公司总裁帕西·巴尼威克对每个并购得来的企业实施所谓的"30—30—30—10"法则，他们要求总部所有的员工应有 30% 的人退休或离职，30% 的人下到一线单位，30% 的人转入类似于独立服务提供者的职位，只有 10% 的人能留在总部。

ABB 的如此精练的管理结构也许令人印象深刻，但其本质不是和传统的集团结构一样吗？事实上，因为它所采取的方式以及其中蕴含的管理理念，ABB 并非仅仅是将 1300 家企业简单归并，大量的时间及注意力被用于管理层职能及相互关系的再界定。ABB 并非像在旧模型中那样给公司管理者分派实施者的职能，而是让他们承担创业家的角色。这意味着给予他们资源，而且在很大程度上扩展了他们的决策权；这是从简单的委托授权合理地转为放权。这其中的差别非常关键。

除了改进组织结构外，ABB 还改进了管理过程。除了高层管理委员会，董事会还和每个运营公司联系。运营公司的管理者与地区经理、相关业务经理、技术专家等一起，在这个董事会的帮助下把管理范围扩得很大。正是这些董事会的出现改变了管理关系。在ABB中，CEO与董事会的关系与传统层级关系中的当权者和控制者的关系有很大的不同之处。公司认识到只有在一线运作良好的情况下，分权才有意义。

• 3M 公司制度的革新由下层演化而采

3M 公司因为创新产生了许多新的商业机会，组织结构允许从下层演化出来而非由上层分派。如果一个项目发展到一定规模便形成了一个产品部，如果这个产品部再发展到一定规模便可组成业务部。如果这一业务部因发展到一定规模便可形成行为分部。

还有一点，3M 很强调创意。3M 有一句老话："虽然产品属于相应的业务部，但创意及技术却属于整个公司。"因而，管理层花了很多时间来建立在组织中传递和实践创意的渠道与论坛。正由于 3M 能够应用知识，它从最初的一家生产砂纸和粘胶带的小企业发展成为拥有 150 亿美元市值，100 项核心技术和 60000 种产品的大企业。

3M 给予我们的启示与 ABB 以及其他企业的再创造给我们的启示一样。企业激发一线管理者的创新意识，使他们有兴趣创立一个高效的企业。中层管理者的工作便是将那些企业发展为成功的企业。而高层管理者起到机构建立的作用，推动组织的持续创新。

几乎所有的管理者对组织的认识都受制于传统的"战略／结构／系统"

模型及组织章程的定义。这种思考方式应该得到改变。

管理者必须将组织结构视为一种围绕组织的主要任务重新界定人员的职能及其相互关系的方式，而不是将组织结构视为任务与职责的集合体。其关键是转变，整个组织的思考方式，从"战略／结构／系统"的旧规范到基于目的、进程和人员的规范。企业必须重视开发一线人员的创新意识。若做不到这一点，便如杰克·韦尔奇所说的那样，永远将他们的脸朝向高层。同时，企业也必须注意以一个群体来支持和管理一线员工，这个群体的职能便是促进发展和构建制度。

· 智慧混杂理论

海尔创造的管理模式——中国的人文情感管理和西方的科学严格管理相结合。目标是创造中国式的世界品牌。这或许可以帮助我们理解什么是"智慧混杂理论"。

改造企业是一次创造力的实践，不动根本或照搬照抄达不到企业变革的目的。

创造力的某些方面有清楚界定的准则因而可自由发挥，而另一些方面则受限于某些禁忌。这就是经济伦理学者将中国文化定义为"二元文化"。

企业必须学会如何调整这两个极端，一端是混乱，另一端是呆板的官僚主义。"混杂理论"如今被看作企业中的解放性因素而受到鼓励，也许一点混乱正是许多官僚企业所需要的。然而，能在这两个极端中达到积极的平衡状态的企业，从长远来看是会更加成功的（例如：海尔SBU策略事业单位、3M试点部门）。

过去的管理者是实干家而不是思考者，然而在21世纪企业组织中管理者被添加的真实价值是创新者、企业家、概念模型家，他们将帮助发现新思想来为他们的顾客和组织增加新价值。管理者必须学会适应理论建筑和处理抽象概念。希望大家多看一点外国的书，多研究一点中国的事。

一位伟人曾说过：第一个吃螃蟹的人是英雄。我们今天说向螃蟹学习"企业重组"。

　　螃蟹的外壳不能随着身体的成长而成长,因此解决难题的方法就是脱壳。在脱壳之前,螃蟹先将硬壳中的碳酸钙吸收到液体中,当壳里长出一层柔软的皱折后,旧壳裂开脱落,身体再将皱褶撑开成新壳,注入碳酸钙以使其硬化。企业也是如此,当组织越来越大时,原来的组织结构无法适应,就必须像螃蟹一样除旧换新。组织再造,在破坏旧组织之前,一定要先将新组织的基础工程建立起来,并保留原来组织有用的资源,以建立一个更适合未来环境和发展的新组织。

　　笔者的一位年轻的朋友叫成刚,是一家信息化公司的总经理。他喜欢读书,喜欢交朋友,还很喜欢和书画界人士交朋友。或许是受书画人士美学的影响,他很富有想象力、创造力。他发起组建"自主可控信息技术协同创新中心"。自主可控信息技术协同创新中心是一个由龙头企业和开发园区政府共同组建及多家企业参与的具有独立法人资格,进行企业化运作的面向行业输出自主可控信息技术应用研究检测检验等产品服务的机构。中心核心功能是联合自主可控相关企业、服务机构协作进行应用创新和项目全流程管理以及配套的专业化公共服务,协助园区搭建产业环境树立品牌,共同建设管理运作产业支撑体系。一是持续的前瞻性及创新性应用技术研发,提供领导型技术;二是输出技术咨询、项目管理、检验检测认证等优质的产业服务;三是推动产业化,拓展研究领域、举办展览、争先创优。

　　这是智慧混杂创新的新模式。

　　"对人和环境的深刻了解及(处理问题时)超常的敏锐和判断力。"这是对"明智"一词的解释。而智慧似乎是来自知识和阅历的结合。因为知识不等于信息,信息不等于思想,思想不等于智慧。有人说:"知识帮助你谋生,但智慧帮助你生活。"管理是科学还是艺术?应当是两者的有机结合。

　　智慧经营企业,重在放权创新。"淡化权力,强化能力"不妨运用"混杂理论",这或许是"明智"的选择。

　　• 深化组织概念

　　从试图成为"最好"到希望"越来越好"需要态度、价值观及思想的根本转变。企业需要数年时间来理解并实现这一重大模式转换。能做出改变的企业则能增加数十年企业生命，而缺乏反应性和适应性的企业则无法在21世纪的市场中生存。

调查表明《财富》500榜上公司的平均寿命在50年左右。大多数企业短命有这样一个原因：许多企业太肤浅了。"肤浅"的企业以年而非百年来衡量企业寿命。深层企业将强壮的根深植于土壤中。它们像巨大的红杉树一样能存活数个世纪。深层企业不是仅靠出售产品或服务来获取成功的，它们还承担起了对"利害关系人"、顾客、员工及社会的道德伦理责任。

哈佛MBA课程没有教经理如何建立"深层"企业。经理因没有受到"高级管理课程"的挑战而并不在意如何使企业"深化"。MBA学员可能会上道德方面的课，但道德思想并不是"深度"。道德和伦理是深层企业的组成部分。

瑞士学者、博士罗士范曾说："经济伦理是企业家对人类社会进步的终极追求，这种追求不仅有利于企业生存环境的优化，更有利于企业自身发展，甚至是企业自身发展的基本保障，以上这些伦理修炼都是我们每个人成为终极赢家的制胜法宝。"

前国际货币基金执行董事和董事会主席麦克·卡德森在国际经济伦理和东方智慧的研讨会上发出了这样的呼吁：

"可持续发展是全球关注的问题，今天世界各国都应为可持续发展做出自己应有的贡献，这一共享理论呼唤中国商业应用和发展商业伦理，因为它是可持续发展的基础。新的世界经济灵活性和创新，关键是组织中的权力分散和下放。决定应该在尽可能低的层次做出，要实现这一点，没有很强的公司伦理价值是不可能的。"

但深层企业的成功需要许多方面的协调。我们不能因为经济的高速发展就忽视可持续发展。我们应当重视经济伦理（或者说伦理文化）在商业活动中的指导地位。

讲两个案例：美国著名生产牛仔裤的Levis'（李维斯）公司就是一个很好的案例，在20世纪90年代，Levis'将工厂从加利福利亚转移到了墨西哥，出于对海外劳工生活状况的关注，一贯喜爱 Levis'的美国学生发起了 Levis'抵制运动，为了维护自身的商业利益，Levis'不久便建立起社会责任审核体系，开始审核供应商。

和 Levis'一样，美国著名的耐克公司也一直深受"血汗工厂"指责的困扰。早在 2005 年这家跨国公司就发表了 4 年来首份《社会责任报告》，公布了曾被视为商业机密的 700 个供应商的具体情况。在这份长达 180 页的报告中，耐克公司承认，与其签有合同的供应商中的确存在着盘剥工人、强制工人超负荷劳动的情况，并表示将会建立一个特别小组，保证雇员的收入、工作时间和工作条件符合要求。Levis'和耐克的案例说明经济伦理学和企业利润目标不仅不对立，相反，若是想赚钱就必须讲经济伦理。

要知道，经济增长不代表经济发展，可持续发展不能完全代表和谐社会发展。深层企业对自己提出的，企业领导可以有 10 个关键方面帮助他们建立一个深层企业。

有的企业在某几个方面表现突出，但很少有企业在各方面都做得很好。通过改善企业在这几个方面的表现，已经在市场上取得成功的企业就能确保长期的成功、声望及繁荣。

这十个方面是：诚实、公开、思想性、一致性、灵活性、关心、容忍、道德、智慧、重点。这十个方面可用管理工具星图表示。星图，也叫雷达图、蜘蛛图，是七种日本管理策划工具之一。离中心越远说明你做得越好。

图 6-1　星图

"星表"是天文学家使用的图标，管理学家运用宇宙的时空观，形成下面的星表。

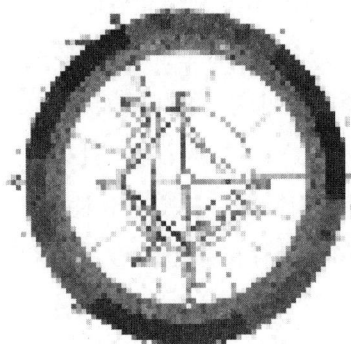

图 6-2　星表

根据星表分析，你企业所在的坐标如果离中心越远说明你的胸怀越宽，你的企业的生态环境和谐越好。

・第一方面：诚实

诚实这一特征几乎在每一个针对关键管理特性的调查中都名列榜首。表面上，诚实意味着给予人们付钱所应得到的东西。深入这一方面，我们发现有一系列我们在应对员工及顾客时经常忽略的问题。一个高度诚实的企业与一个表面上诚实的企业的行为及表现都很不相同。前面提到的耐克公司的《社会责任报告》中就有如下的提问，你探究这一方面要问的关键的问题是：

你的企业对员工、顾客和供货商诚实吗？

人们知道他们在企业中的位置吗？还是不得不靠猜测？

当企业犯错误时，它向顾客、供应商及员工承认吗？

你总是尽可能地诚实还是像你应该有的那么诚实？

・第二方面：公开

20年前，中国企业出现并购热。江西昌河飞机制造公司同时也生产民用产品——昌河汽车。安徽的淮海汽车制造公司也是生产微型汽车。昌河公司是中国航天集团直属企业，在技术、管理、资金上都优于"淮海"这个地方性企业。当昌河得知"淮海"有意向与另一大型企业加盟时，立即派出访问使节到"淮海"了解情况，随即做出决定，先帮助解决"淮海"公司的燃眉之急，再谈合作。时任昌河的高管带着200万元的汇票，给"淮海"公司先解决职工工资问题。此事给"淮海"公司的全体员工一个很大的温暖。同时，深入"淮海"职工的生产现场和家庭，公开宣称：如果和昌河合作，昌河承诺：三年三大步，员工三年增长三级工资。这使"淮海"高管非常为难，因为在这之前"淮海"已与另一大企业有了初步意向。当职工代表大会讨论审议决定时，"淮海"的职工围在会场楼下，还把会场用铁锁锁上。如果不答应和昌河合作，就不开门。最终昌河公司如愿以偿。成功地兼并了"淮海"公司，今天的"淮海"早已更名为合肥昌河汽车制造公司。

这种公开的做法，真正体现了职工当家做主。昌河公司在并购过程中的公开智慧在于赢得了原淮海员工的信赖。

下面是当你探究这一方面所要问的关键问题：

所有员工都能获得其工作所需的信息吗？

重大决定是关起门来秘密做出的还是公开做出的？

员工能看到企业整体状况还是一无所知？

我们的企业中有秘密吗？

• 第三方面：思想性

有思想的企业充满思想和见解。它重视为思考而思考，也重视超前思考。它所学的和正在学的知识衡量成功。(发挥研究室部门作用)以不断检验、修正和完善所试行的方案。

在有思想的企业中没有"错误"而只有吸取的教训。有思想的企业是善于沉思的。你探讨这一方面要问的关键问题是：

你的企业是提前计划还是总在危机发生后才做出反应？

你的企业在试图综观全局吗？

做决定时是否具有系统性并利用了各种可得数据？

企业重视学习吗？

• 第四方面：一致性

一致性涉及信赖度思想，一致性也涉及公正思想，一致性与差别思想密切相关。一致性概念涉及平等问题，一致性思想还与企业的目标有关。你在探讨这一方面时要问的关键问题是：

政策和程序同样作用于全体员工吗？

政策会为适应少数人的特殊要求或方便少数人而改变吗？

各部门的目标及部门与企业的目标同步吗？

• 第五方面：灵活性

灵活性包括在需要时能迅速适应的能力，以及调整并处理突发、混乱事件的能力，而不是保持僵硬姿态。灵活性与心灵和身体、程序和结构都有关系。灵活性也与训练和知识有关。灵活性与多元化有关。灵活性意味着协调一致性概念与对不一致的需要。这不是矛盾，而是现实。长期成功是由在生存所需的大量问题中达到动态的战略平衡所决定的。质必须与量协调，价值必须与成本协调，等等。同样，这十个方面必须创造性地、战略性地彼此协调。这包含的是一个进行中过程，而不是一个事件。在这一过程中有的只是不断深化。探讨这一方面时应注意下列关键问题：

你的企业如何适应变化的时代？

你的企业如何接受并支持多元化？

你的企业重视灵活性和新的做事方式吗？

冒险在你的企业中会受到奖励还是处罚？

在理解某事是独立问题还是体系问题上，你是如何区分特殊原因和一般原因的？

• 第六方面：关心

"关心"是我们常谈论的词，但很少将其与工作领域相联系。为什么我们不能把工作场所、学校和家庭的活动联系起来。你为我做事，我也为你做事。想想看，在雇员与老板间存在着相互责任，但当我们还关心彼此时怎能不负起责任来呢？探讨这方面时要问的关键问题是：

你的企业关心员工幸福吗？

企业关心其顾客吗？

你的员工认为自己的工作有意义、有用吗？

你的员工在工作的同时学习和消遣吗？

你的企业用行动证明它的确关心自己对社会的长远贡献吗？

- 第七方面：容忍

我记得曾看到过一句话："身处少数是对勇气的测试；身居多数是对容忍的测试。"容忍是愿意接受异己。它着重过程而非对人的指责。否忍接纳错误与弱点并寻找加强与教育的方法而非给予责备。

容忍的品格涉及灵活性，因为容忍的人能处理不同的人及需求不同的人。容忍与多元化有关，因为它明白差异不一定是缺陷。容忍的人意识到大多数现象都存在一条钟形曲线，因此并不试图强迫人或事按照同一模式。探讨这一方面要问的关键问题是：

你的企业是责备犯错的员工还是研究程序和体系中的问题？

你的企业对犯错的员工容忍、公正吗？

企业在出现特殊问题时会对员工有所放松吗？

管理层负起了帮助员工克服困难和问题的责任吗？

- 第八方面：道德

道德在词典中被描述为"处理好与坏及道义上的职责与责任的原则。"有道德的企业关注好坏以及道义上的职责与责任。

我们知道至少在短期内我们可以不顾道德地赚钱。商界中无数的例子证明了这一点。许多生意人的主要问题是："我们能既讲道德又赚到钱吗？"一些企业已证实你可以两者兼顾。这样的企业能比那些不能协调这两个方面的企业持续时间更长。关注道德不应被看作是一种"奢侈"。道德对企业以及社会整体的长期生存至关重要。探讨这一方面要问的关键问题是：

你的企业考虑其产品及服务的长远价值吗？

顾客和消费者群体的意见真正得到倾听了吗？

你的企业的唯一目标是在尽可能短的时间里赚尽可能多的钱吗？

你的企业如何处理其产品及服务的消极影响？

你的企业怎样处理社会公益及道德问题？

· 第九方面：智慧

智慧来自知识和阅历的结合，也许关心、容忍、思想、诚实和公开对其也有帮助。而今，很少有人再认为教育机构是智慧的宝库了。大学毕业生不过是上了四年课，鹦鹉学舌般给出导师想要听到的答案，他们失去了灵活性。在大多数情况下，智慧最好的定义可能是由顾客给出的。因此，一项关于"明智"的企业的调查会问顾客他们认为什么价值观念才能组成一个"明智"的企业。其回答会涉及我们正在探讨的许多话题。探讨这一方面时要问的关键问题如下：

你的顾客认为你的企业"明智"吗？

在你的生意中智慧意味着什么？

你提供必要条件以鼓励企业中知识、阅历及价值观念的一体化吗？你是怎么做的？

你的企业为使自己"更加明智"还做了别的什么？

· 第十方面：重点

重点是指有目的性并能坚持下去。梦想和重点是一枚硬币的两面。许多企业追求一个辉煌的梦想，并用这一梦想来调动员工为其事业而努力。重点是使你在经受路途中艰难与考验时仍坚持自己梦想的原则。《学习领导艺术》一书中说：在领导方式中若太重视梦想，则可能会忽视重点。预见未来是梦想，理解及实现重点是思想的清晰和持之以恒。（战略和战术、战术是过程）探讨深层的重点观念并深入思考这一观念能为所有商家产生某些独特的洞察力。探讨这一方面要问的关键问题是：

你的企业有一个明确的目标吗？

企业能坚持这一目标吗？

企业中每个人都共有这一目标吗？

你的重点深度如何，你怎么建立一个不断深化的重点？

望以上见解能帮助你的企业并用不同的眼光来考虑你的企业。如果形式随作用而改变，那么在你处理企业结构问题前考虑这些问题是有意义的。

　　许多企业过去关注形式而不是实质，它们无休止地重制图表，把经理从一个部门换到另一个部门。这样的行为忽视了潜在的更重要的问题。

　　据说，从一个人怀有的梦想及他赞成的价值观念能说出他的性格。有一天，同样的方法也会用来衡量我们的社会及经济组织。历史、社会和全球将以企业的梦想及其价值观念来评价经济组织。那些无所适从、肤浅平庸的企业会被人们轻易忘掉。例如，当年新疆德隆集团四家上市公司崩盘，曾经享誉安徽的企业美菱、荣事达已辉煌不再。由于可持续发展问题越来越重要，我们必须问在生命短暂的企业中实现这种发展是否可能。如果连最好的企业也只生存了50余年，我们又如何发展一个能在数百年中给世界带来价值的长期、可持续的经济体系呢？我们说，战略/结构/系统让位于目标、过程、人员。这个目标就是可持续发展，要有成为百年企业的梦想；这个过程就是资源整合、协调、和谐。

　　以上深层企业的十个方面的问题都是过程；人员就是要将员工看成利害关系人、看成合作伙伴，要尊重，要放权，要使他们愉快地工作。海尔创造的"人单合一"管理模式就是指企业的每个人都有一个有竞争力的市场目标，并通过创新来实现这个目标。"有竞争力的人"与"有价值的订单"的结合带来的是企业在市场上的第一竞争力。

　　泰勒首创科学管理已过百年，其后的管理理论大概分以下几段：以福特公司实现流水线生产是第一段，大批量低成本，是谁做得快谁取胜。到六七十年代谁做得好谁取胜。日本制造业的崛起就是典型的标志，高质量、高保障。这是正确地做事。现在是信息化时代，谁做得对，谁取胜。信息化依靠个性化取胜，以应变快速决策。这要求我们做正确的事（高层），而不仅仅是正确地做事了（中层），而基层主要职责仅是做事的正确。俗话说，火车跑得快，全靠车头带。今天的车头已经不是靠燃烧煤炭的蒸汽机，而是新能源电气和科技信息化的结合。

| 第七章 |

战略管理的思考

如果说ISO9000质量管理体系关注的是产品，ISO14000环境管理体系关注的是环境，那么，SA-8000的社会责任标准关注的则是人。它是企业通向国际市场的"第三张门票"。对于外向型经济的地区和企业来说，这张"门票"是非买不可的。国内企业既然要进入全球商业链，就得主动适应这个标准。SA-8000的创新之处在于将道德标准转化成认证体系，对企业的道德评判量化为具体的标准，成为企业的道德指数。

战略规划失败的原因探究

公司在市场中立足乃至发展需要长远的战略规划指引，并在执行过程中不断修正，以适应竞争，促进公司的长远发展。但往往很多企业在战略规划乃至执行上造成了种种失误，牵一发而动全身，步步被动，失去主动权。在此浅析失败的原因，以避免不利局面，确保公司战略规划顺利实施。

1. 对竞争环境没有充分调研、判断失误

市场上许多公司没有充分调查竞争环境，忽略了竞争对手的针对性打击，造成重大损失。每个公司发展战略都是根植于市场竞争的，要细致了解竞争对手，研究竞争者的战略目标及与现状的一致性、风险观念、经营理念、组织结构、企业文化、营运历史、营销战略、潜在能力。同时，根据对比研究分析确定自有优势：价值链、成本优势、差异化、多样化、技术优势、核心能力。战略规划的信息包容度决定了常规知识与具体实践要充分结合。只有充分知己知彼，才能发挥公司独特竞争优势，在战略上处于有利位置。

2. 战略规划随着时间推移、环境演变忽略了其有效性

不少公司乃至占据行业领先地位的大公司，经常忽视或误解竞争环境中变化的征兆，最后导致自身的竞争优势受到侵蚀。公司必须逐步培养一种对竞争环境变化敏感的公司文化，构建快速机动的竞争信息系统，正确定义自己的竞争空间，全面考虑动态现有竞争者、潜在竞争者以及新生竞争者。对于公司价值链的每个环节相对于竞争对手进行优劣对比，随时整合公司的各

种增值活动，以创新方法为公司增添竞争优势，使之立于战略高地。

3. 多元化盲目扩张削弱价值基础

许多企业在取得一定阶段成功后开始不顾自身条件一味追求多元化，特别是盲目进入不相关多角化领域，结果往往遭到阻滞，削减了企业的价值基础。所以进行多元化扩展时要注意逐步进入相关多角化领域，尽量避免不相关多角化领域，紧扣企业核心竞争能力，使新业务能够迅速产生协同效应，对整个企业现有价值链起到有效补充作用。所以新的业务能否成为公司现有价值链的自然延伸或有效补充，才是公司多元化经营战略的重要标准。

4. 旧组织结构制约战略执行

新的战略规划要跨越不同职能部门的条块分割，并使之协调整合，主导核心流程。这对传统企业组织结构的要求超出了其适应范围。企业需要界定新的战略规划，找出涉及战略执行的关键部门以及它们的相互关系，设计相应的能够使之相互协调和整合的组织结构。确立明确统一的目标，保持各相关部门有效沟通，跨职能部门的现代组织结构，只有运作得好才能使新的战略规划得以协调执行。

5. 公司过于追求某些武断的既定目标

在平稳的竞争环境下，公司战略监控流程往往包括：①制定战略及确定具体目标；②围绕目标实施战略；③以目标为参照评估实际效果。但是遇到多变的竞争环境，公司一味追求武断的、缺少综合平衡的目标往往会使战略控制体系失衡，造成断裂。公司应该对目标本身实时评估，随时根据自身及外在情况调整目标。逐步建立符合战略目标的公司文化，完善相应的激励机制，建立相应规范准则，促使三者协调一致，确保适应外部多变竞争环境，才能稳步实现战略目标，使公司良性发展。

6. 直接领导失效，执行落地失败

公司在战略实施过程中，强有力的领导对执行起着关键作用，他决定团队对战略规划的平稳落地，决定竞争中发挥最大战略优势。但是很多关键岗

位的领导往往刚愎自用或者优柔寡断，无法真正落实公司的战略规划。公司应该将战略远景规划传达到每个员工，并形成具体行动计划。统一战略目标并对一线领导进行扁平化授权，实时监督。必须在战略实施过程中不断总结经验并形成制度，职业化管理。只有公司上下人员调动充分，执行力专业到位，才能确保实现战略规划的既定目标。

战略管理中的目标管理思维

所谓的目标管理(Management by Objective，MBO)，由美国著名管理学家德鲁克在《管理的实践》一书中首先提出，随后为管理界广泛应用。笔者认为，目标管理本质表现为一种思维方式，即从思维方式这一角度出发在企业战略管理中的应用。目标管理是指围绕确定目标和实现目标而开展的一系列管理活动，是企业运用"激励理论"和系统工程原理，充分调动和依靠全体职工的积极性和智慧，对确定和实现企业目标的计划、实施、检查和处理四个阶段的全部活动的一个管理过程。基于此，我们可以认为企业进行目标管理的过程就是开展目标管理活动的步骤和工作内容，是一个围绕确定目标和实现目标进行管理活动的系统过程。由此，本书认为，企业战略管理问题是一个系统问题，并从系统的角度提出了一种战略管理的框架，即目标管理思维，其中包括企业组织、企业文化、企业家能力、企业核心能力四个角度去认识一个企业的整体战略管理。企业战略是企业对未来发展的一种整体谋划，决定着企业的发展方向，涉及企业与环境的关系、企业使命的确定、企业目标的建立、基本发展方针和竞争战略的制定等。在环境日益复杂多变的今天，面对经济全球化和知识经济的严峻挑战，对于任何一个企业而言，不管是否要做出书面的战略规划，企业战略不再是可有可无的，我国加入 WTO 已十多年，面对经济全球化，通过战略联盟参与国际竞争，是企业全球经营的重要战略，是企业通过资源共享和优势互补来抢占市场和减少竞争者的有效手段。

在企业战略管理理论的发展过程中，有学者曾提出过多种企业战略管理模型。从已有的模型来看，基本上都是根据狭义的战略管理概念而提出的，也就是围绕如何进行战略规划、战略实施、战略控制和战略修正而展开的，各种模型之间只是部分细节上的不同。这样的模型当然具有其一定的指导意义，但是从广义的战略管理概念来看，就不再是一种合适的模型。根据广义的战略管理概念，对一个企业实施战略管理，需要以整个企业为管理对象，是对一个企业全过程和全方位的管理。在这一目标管理过程中，笔者认为，从企业组织、企业文化、企业家能力、企业核心能力四个方面去认识一个企业的战略。

目标管理思维各组成部分的具体阐述。

1. 企业组织

企业组织是指企业作为一个系统的结构，是企业内部所有关系的总和，它决定企业的运行效率。具体来说，企业组织结构包括企业治理结构、企业组织结构和企业业务流程三个方面的基本关系。企业治理结构体现企业中的决策权力制衡关系，这一关系的合理性决定着企业决策的科学性和决策水平；企业组织结构是企业决策的执行载体，这一关系的合理性决定着企业决策执行的及时性和有效性；企业业务流程是指存在于企业系统中的信息流、控制流、人员流、资金流和物质流等的流动规程，通过它们将企业的各个部分连接成一个有机的整体，使企业系统呈现出动态的特性，其通畅性是企业结构关系合理性的综合体现。当今，经济全球化带来了新的企业组织形式——虚拟企业。虚拟企业是指若干独立的企业为了响应快速的市场变化，以IT技术相连接，共享技术、市场，共同承担成本的临时性企业联合体。企业组织结构的变革，使原来的企业激励约束机制无法发挥其应有的作用，针对新的企业组织结构，需要对原有的激励约束机制进行创新，虚拟企业是以人力资本为中心，以自我管理为核心的激励约束，能够对不断变化的市场条件做出灵活机动的反应，利用创业的机会作为激励动力。

2.企业家能力

企业是在企业家的推动下进入市场、企业经营绩效的优劣在很大程度上取决于企业家人力资本的质量及其利用状况。企业家的行为选择对企业的绩效和发展有着至关重要的作用。这种作用主要体现在几个方面。企业家的行为选择直接制约了企业的行为选择，从某种意义上说，企业经营领域与方向的选择或调整主要是企业家的事；企业家的行为不仅影响员工的行为能否转变成对企业有效的贡献，而且其倾向也直接影响着员工的行为方式和行为力度的选择；因此要通过激励制度的改善，比如引入股票期权等激励机制，使经营者个人长期利益通过企业的持续发展而得到充分实现，以诱导经营者密切追踪企业内外部环境的变化；经常分析企业经营的外部适应性，及时对企业的发展战略进行调整；要通过完善公司治理结构，对经营者及其行为能够实施有效的控制和约束。公司治理结构解决的主要是决策权在企业所有者与经营者间的配置问题。目前，我国企业家在发展自身时，必须注意解决三个方面的问题：提高自身的信用和信誉水平；加大维护关系网络的力度；引导社会价值塑造群体范式。

3.企业文化

作为企业或企业家行为选择结果的企业战略调整决策必然要受到企业文化的影响。文化对企业经营业绩以及战略发展的影响主要体现在它的三个基本功能上：导向功能、协调功能以及激励功能。文化的导向功能是指共同接受的价值观念引导着企业员工，特别是企业的战略管理者自觉地选择符合企业长期利益的决策，并在决策的组织实施过程中自觉地表现出符合企业利益的日常行为；文化的协调功能主要指在相同的价值观和行为准则的引导下，企业层次和部门员工选择的行为不仅是符合企业的长期和短期利益的，而且必然是相互协调的；文化的激励功能主要指员工在日常经营活动中自觉地根据企业文化所倡导的价值观念和行为准则的要求调整自己的行为。企业文化的上述功能影响着企业员工，特别是影响着企业高层管理者的行为选择，从而影响着企业战略调整方向的选择及其组织实施，所以公司文化应当跟随战略。加强物质文化建设，夯实企业战略管理的基础，为企业战略管理提供有效的手段；塑造企业家的行为规范，提高企业战略管理水平，培育企业英雄人物，发挥其在战略管理中的表率作用，构建员工的行为规范，形成实施战略管理的巨大合力；培育、创新制度文化，为企业战略管理提供制度保证。

4. 企业核心能力

随着企业资源基础理论的出现和发展，战略管理领域研究相对于外部机会和威胁，更加注重企业内部的优势和劣势。核心能力理论在资源异质性和非完全流动性的基础上，提出了分析企业持续竞争优势的理论模型：竞争地位归根结底取决于企业控制的资源状况，想要创造出持续竞争优势，一个企业的资源就必须具备四个性质，即价值性、稀缺性、不可模仿性和非替代性。当企业资源具备有价值、稀缺、不可模仿和不可替代四个特征时，拥有这种企业资源的企业就能够产生持续竞争优势。在上述模型中，企业战略位于金字塔的顶部，寓意产生向上发展的张力；企业文化、企业家能力、核心能力和企业结构位于金字塔底部的四个顶点，表示对企业战略起着支撑作用，并产生推动力。虽然环境是企业不可控的，但对环境的选择却会受到企业文化、企业家能力、核心能力和企业组织结构的影响，从而影响到企业战略的选择。因此，五者必须互相适应和互相促进，缺一不可。本书提出的目标管理思维及其各组织内容，作为企业战略管理的一种新尝试有些许粗浅。但笔者认为，把企业作为一个系统，从系统的角度去探索系统单元间以及它们与系统环境之间的关系，试图从系统动力学的角度研究其发展变化的过程，从而寻求管理、演化过程的途径，使之朝着人们期望的方向发展。

综上所述，可以发现一个企业，无论其存在多少问题，都可以归结为其目标管理思维中的企业战略、企业文化、企业组织结构、企业家能力和企业核心能力等内容。在把握其联系的基础上，分别去探索主要问题及其联系，最终求得解决问题的方式。

这一尝试对于企业战略管理实践具有重要的指导意义。

何为企业战略管理

企业战略管理是企业战略家确定目标、制定战略决策和实施战略的方式或过程。它的核心是对企业现在及未来的整体经营活动实行战略管理。因此，战略管理属于一种高层次的管理，一种企业整体立场的管理，一种关系企业长远生存和胜负的战略管理。它是一系列创新的、高级的管理过程，而不仅是一次制定某种战略的管理决策规划或行动。著名战略管理学者德鲁克指出：战略管理是制定一种或几种有效的战略，以达到企业目标一系列决策与行动。另一位管理学者汤普森进一步阐明："战略管理是通过指明企业长远发展方向，建立具体的业绩目标，根据有关的内部和外部环境，制定各种战略，进而执行所选择的行动计划，以达到业绩目标的过程。"具体地讲，战略管理是从确定企业的使命（即战略方向）和战略目标入手，预测、分析企业所处的内部和外部环境的变化，评估企业自身的长处和短处，进而描绘出企业发展的整个蓝图——制订出战略方案。

企业战略管理，具体讨论研究以下重要问题：

企业的使命战略目标是什么？

外部环境给企业带来的机会和威胁是什么？

企业内部条件，优势、劣势在哪里？

如何确定企业各项战略目标的优先顺序？

为实现设定的战略目标，企业采取什么措施和如何合理配置资源？

企业适当规模应该是多大范围？

企业长期的发展目标：是追求"锤子"成长还是维持现状？

企业打算进入哪一种经营领域？

是扩大现有市场领域还是进行多元化经营？

是否需要打入国际市场？

是否应该兼并另一企业或与其他企业进行联合投资？

如何实施战略才能取得既定的战略目标？

它研究的是超越企业界日常经营运行的细节问题，在不断发展变化的环境下从整体上把握企业发展问题。简单叙述一下战略管理的时序关系，通过对战略管理工作程序的描述，了解战略管理的基本框架模型，如图7-1所示。

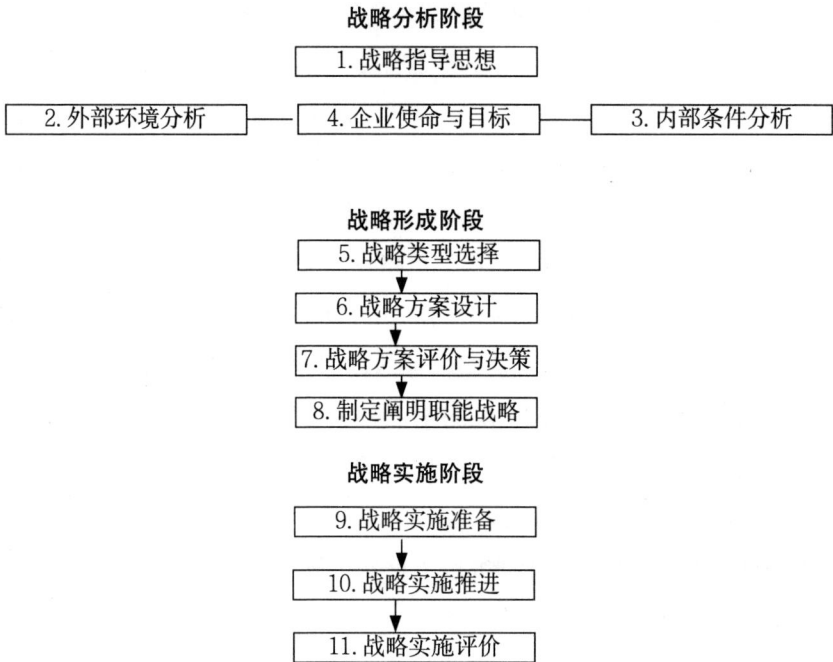

战略分析阶段

1. 战略指导思想

2. 外部环境分析 —— 4. 企业使命与目标 —— 3. 内部条件分析

战略形成阶段

5. 战略类型选择

6. 战略方案设计

7. 战略方案评价与决策

8. 制定阐明职能战略

战略实施阶段

9. 战略实施准备

10. 战略实施推进

11. 战略实施评价

图 7-1　企业战略程序

图7-1中展示了战略管理全过程的三个阶段。程序1~4为企业战略管理基础工作，称为战略分析阶段；程序5~8为企业战略的类型选择与方案设计决策工作，称为战略形成阶段；程序9~11为企业战略的实施准备、实施推进、实施评审与控制工作，称为战略实施阶段。

企业战略管理是时代发展的必然

企业要持续发展靠的是科学，是管理科学基础上的创新。如果说，在 20 世纪 50 年代以前企业管理的重心是生产，60 年代的重心是市场，70 年代的重心是财务，那么从 80 年代起，重心转移到战略管理，90 年代则以品牌为导向的战略管理。什么是品牌呢？品牌是 21 世纪企业最重要的资产。品牌等于产品加附加值。什么是品牌的附加值呢？

它有三个附加值：

功能价值——不是卖产品而是提供较多较好的功能；

符号价值——品牌等同身份阶段象征，给消费者自我形象建立与认同潮流可行性；

情感价值——"铁达时"表已经不是一种计时工具，而是一种"不在天长地久只在曾经拥有"的感觉；"维他奶"已经不仅是豆类饮料，更是一种血浓于水的亲情。

这种重心的转移不是人为的或偶然的，而是现代生产力水平发展和市场经济发展的必然结果。这是指世界性的管理趋势走向，而中国大多数企业跟着这个趋势感觉走，甚至是没能认识这个趋势。所以向管理要效益还不能从战略上去认识。

那么，我们从企业战略管理的产生与发展形成过程来认识它的意义。

从企业战略管理产生的历史背景看。20 世纪 80 年代以来，以西方工业发达国家为代表的现代企业管理的重心发生了新的转移。主要表现在：

世界经济格局发生了变化；

科学技术飞速发展；国际竞争日趋激烈；

社会政治、经济形势复杂多变；市场需求日益多样化。

任何一个企业的产品，今天能受到顾客的欢迎，明天也许不再满足顾客的需要，消费者需求的不断发展和变化，迫使企业更要着眼于潜在的和未来的需求，才能稳定地生存和发展。

现实使企业经营者认识到，只注重企业内部资源的利用，不注重外界环境对企业生存和发展的影响；只追求短期利益，忽视对未来发展的策划；只满足职能领域的有效管理，不关心制定、实现企业的总目标和总战略，企业就很难适应外界环境的变化而保持稳定的成长，甚至在风浪中翻船。在这种情况下，企业战略管理开始摆到企业经营者面前。

如上所说，现代企业战略管理是在资本主义经济迅速发展、科技创新、国际竞争加剧的过程中产生的。人们发现：效率并不等于效益，而企业发展方向决定了企业效益的高低。因为发展方向正确，效率越高效益也越高；反之，发展方向错误时，效率越高效益反而降低。因此，为了企业的发展，必须首先考虑如何确定企业长期发展方向和计划。

企业管理的形成大致经历了四个阶段：

计划控制阶段——自 20 世纪初，计划与控制管理制度开始出现了预算阶段，年度计划阶段。这种管理制度的重点，在于对偏差的控制。其基本假定是：过去的情况必将重视。

长期计划阶段——开始于 20 世纪 60 年代初期，企业进一步认识到，只有年度计划还不够，如扩大生产规模，进行技术改造，开发新产品时，一般要到几年以后才能真正见到效果。一般采用流动式计划法，近期较细，远期较粗。它的基本假定是：过去的事情，必须延续到将来。

战略计划阶段——进入 20 世纪 70 年代，企业认识到大多数的计划只是用来应付现有的业务，即如何使业务顺利地开展下去。但事实上在经常变化的环境中还必须应付突如其来的风险和利用最好的机会，企业应该重新审查那些新的业务，这就需要编制企业战略计划。

值得特别注意的是，战略计划和长期计划的规划时间都具有长远性，从而使人们容易把两者混为一谈。实际上两者之间是有区别的：

首先，企业战略计划的核心在于制定有效的经营战略，以适应经济、市场的变化和冲击。不仅是计划做新的事，而且要计划淘汰那些低效的、过时的、陈旧的东西。而长期计划则侧重于运用延续性计划做新的事，而较少考虑如何摆脱昨日的羁绊的问题。

其次，战略计划是一种足以改变企业性质的重点计划。如推出新产品，开辟新市场，开辟新财源等。而长期计划则是全面性的计划，包括企业的各项主要工作。

最后，战略计划的着眼点是外部环境的改变，因为战略计划所针对的机会和威胁不可能定期出现，而是随时发生的。长期计划由各层次经理人员参加，编制时间是例行化的，有一定的程序。

长期计划强调保持目标结构的稳定性，有时会牺牲适应环境改变的灵活性和一些具有创造性的新观念。这就是为什么现代公司计划工作要以战略计划为中心，而代之以前以长期计划为中心的原因。

在战略计划阶段，一些公司专门建立了战略计划部门，到70年代初，美国最大的500家工业公司中，85％的企业组建了战略计划部门。

战略管理阶段——在战略计划阶段，有一些企业把原来完全是一体化的战略制定和战略实施人为地分割开来，一方面是一批人在精心制定经营战略，而另一方面，管理者依然凭借旧的管理体制、制度我行我素；有的只注重制订战略计划，忽视了对战略的评估与实施工作，造成一些公司战略计划缺乏弹性，或流于形式，丧失了战略计划应有的成效。20世纪80年代初，企业界终于走出歧途，认识到企业战略的制定仅仅是战略工作的一部分，战略方案设计更为重要，企业最高决策者应该重视战略制定和战略实施，评估两个方面：在战略制定方面，要注意战略的灵活性和适应性，使制定的企业战略能够适应环境的变化，更切合实际；在战略实施、评估方面要注意调整企业内部结构以适应战略实施，从而达到预定的企业总目标。这种新的战略观念的产生和被接受，使企业终于掌握了成功的奥秘，从而开始了企业战略管理的新阶段。战略管理还具有更深一层的意义，它不一定陷于完全被动地承受动荡环境的影响，单独做出战略的反应和调整，它还具有积极的作用。即战略管理具有

"预应"的性质。通过制定、实施创造性战略，它能够主动影响环境的变动，迎接环境的挑战。

这方面最成功的例子是：美国克莱斯勒汽车公司濒临破产的情况下由于成功地实施了所制定的企业战略，渡过难关，扭亏为盈，不断发展壮大。到20世纪80年代中期，95%以上的美国大公司都积极推行战略管理。

案例：克莱斯勒"全线收缩战略"让企业起死回生

李·亚科卡是美国著名的企业家，他曾担任美国福特公司总裁，全世界都在谈论这位奇人让克莱斯勒起死回生的传奇故事。

20世纪70年代末80年代初，持续了数年的经济衰退，使美国经济的三大支柱之一——汽车制造业蒙受沉重的打击，美国汽车公司几乎被拍卖；福特公司的地位动摇；稳坐头把交椅的通用汽车公司勉强站稳脚跟；底特律数万名汽车工人被解雇，失业率高达21%。在这场衰退中，受挫最甚的要数克莱斯勒公司，这个美国当时的第三大汽车公司，经济界人士当时认定，克莱斯勒公司倒闭指日可待。

亚科卡被迫离开福特公司后，克莱斯勒公司很快将其请进公司，克莱斯勒公司董事会对得到亚科卡如获至宝，委任亚科卡为该公司总裁，年薪36万美元，这个薪资与公司董事长的一样多。

克莱斯勒公司重视亚科卡是有道理的，面临如此局面，亚科卡首先做出了"全线收缩"的决策：

其一，下令关闭全公司52个工厂中的16个，合并4个；拍卖海外设备以及无关紧要的企业以筹现金；他为克莱斯勒公司的东山再起赢得了喘息的时机。

其二，大胆革新传统生产经营方式。克莱斯勒公司的传统不是看行情生产，而是生产大批车之后，任其流入库存。亚科卡决定，最后一辆车卖出以后，立刻停止这种传统方式。

其三，更改运输线路，减少加工程序。

其四，从福特同僚中物色干练的朋友转入克莱斯勒公司，重新开设了300

家展销点，推广新产品等。

将公司"收缩"是一个办法，但不是解决问题的根本办法。亚科卡反对什么都从零开始的干法。他认为："如果不确知市场的需要，就重新从零开始制造一种新的汽车，那就是注定要破产的。"设计、销售汽车才是亚科卡的强项，他主持开发了一种新型的 K 型汽车，但是制造一种新型的汽车大约需要 10 亿美元的投资。K 型汽车利用了许多其他型号的汽车零件，以及很小的代价开发出来，但设计是新的，完全称得上是一种新型汽车。

3 年时间，这种型号的汽车大约卖出了 100 万辆，其中第二年的销量已占紧缩的美国汽车市场的 20%，克莱斯勒公司的债务链开始解脱。公司实现了盈利，它又开始发行新的股票，股票售出不久公司就偿还了 4 亿美元的保证贷款。几个星期后，公司决定提前 7 年还清贷款。克莱斯勒终于度过了最凶险的时刻。1982 年，它的股票价格上涨 425% 美元；11 种车型投入市场；到 1983 年已净赚利润 2.5 亿美元，走出了 4 年亏损的困境。

"全线收缩战略"是企业战略的一种类型，我不知道对今天许多不景气步入困境的企业有无启发和借鉴作用。亚科卡由此得了一个"暴君"的称号。他是世界著名的企业家，是美国人的骄傲。美国历史上一度曾传闻他要竞选美国总统。说明这位"暴君"在美国人民心目中的地位。企业家首先应该是战略家，同时还应该是哲学家、社会学家。

- 21 世纪时代特征及市场发展趋势

我们现回顾一下经济发展的三个阶段。自人类文明史以来，从技术进步和生产力发展的角度来看，经济发展可以分为三个阶段：劳动力阶段、（自然）资源经济阶段和智力（知识）经济阶段。

从生产力的要素来看，科学技术将成为第一要素。从产业结构来看，原有的第一、二、三产业分类已经难以界定大批高能技术产业。如某些生命科学技术产业属于原第一产业的范畴，和传统农业有本质的不同。许多信息科学技术则是第二、三产业的结合，也和原有的工业有着本质的不同。这种高新技术产业可称为"第四产业"。在知识经济中将占首位。从市场来看，传统的市场观念开始变化，首先是宏观导向作用必须加强。否则，过长的无序状态将阻碍知识经济的发展。此外，静态的市场观念，占有市场份额的观念，仅从数量上扩展市场的观念，都会产生相应的变化。例如，一件高新技术产品的价值可能千万倍于同样物质消耗的传统经济产品。当然，在知识经济发展中，也存在着潜在的问题，如失业问题。高新技术企业的高智能力素质要求与现有劳力的素质的差距不是短时间内能够综合的。

回顾劳力经济向资源经济的过渡，世界各国主要采取了市场经济和计划经济两种不同的模式。计划经济的模式有利于集中力量发展重工业、能源、交通和国防等基础设施。地广人多、贫穷落后的国家多采用了这种模式，并在一定时期内取得了很好的效果。

但是，由于管理科学技术发展大大落后于生产科学技术的发展，已经不可能及时、准确地做出指令性计划。由于计划经济是一种短缺经济，只有竞争才能实现自然资源的合理配置。而指令性计划不利于建立竞争机制。由于经济发展的目的是满足人民生活的需求，而指令性计划难以满足。事实证明，市场经济的自动信息传递和自调节机能较好地配置自然资源。市场经济可培植独立企业，调动多元积极性，建立一种相对良性的竞争机制。市场经济能较好地反映日益变化的人民生活需求。特别是市场经济经过调整、加强宏观调控，在资源经济阶段后期表现出了一定的优越性。

市场机制的核心是企业独立自主的法人地位。市场经济实现自然资源的有效配置的主要原因，在于它更大范围地开发了智力资源，调动了更多人的主动性和创造精神。但是，需要指出的是，目前市场配置的主要是自然资源和劳力资源，还不是智力资源。随着知识经济的发展，市场淘汰不理智企业和制止无知企业行为取决于这类企业的市场反应能力和能否提供满足市场需求的产品和服务；管理科学技术的发展能否对复杂多变的巨大市场系统进行定量分析，得出可以与市场自调节结果相匹配的预测性计划，这还有待知识经济的发展来验证。

目前，可以观察到随着知识经济的发展，市场将有如下变化趋势：①今后的市场将不再是相对稳定的传统市场，而是动态的。研究其变化过程，较之占领市场份额更为重要；②建立和培育市场将比具体的产品或服务的推销更为重要。要使市场的结构有利于建立生产者与消费者更密切的关系，有利于不断促进技术进步；③不仅要有数量的市场，更重要的是质量的市场，高技术产品的质量市场较一般数量市场更为重要。

显然，与传统的市场相比，在知识经济的市场中，需要的是主观规划能力。知识经济是在充分知识化的社会中发展的经济。

关于知识经济的特点概括地说有以下四个方面：

经济发展可持续化——知识经济是促进人与自然协调、可持续发展的经济。传统工业技术发明的指导思想都是单一的，尽可能多地利用自然资源，以获得最大利润。不考虑或极少考虑环境效益、生态效益和社会效益。建筑在自然资源取之不尽、环境容量用之不竭的基础上，甚至可以向自然掠夺为目的，这不能不说是技术与科学分离的悲剧。而高新技术的指导思想是科学、合理、综合、高效地利用现有资源，同时开发尚未利用的富有资源来取代已经耗竭的稀缺自然资源，如信息科学技术软件，科学技术的基因工程对资源的耗费与传统技术是不可同日而语的。

资产投入无形化——知识经济是以无形资产投入为主的经济。传统工业经济需要大量资金、设备、有形资产起决定性作用，而知识经济则是知识、智力、无形资产的投入起决定性作用。当然，知识经济也需要资金投入，对于高技术产业甚至是风险性资产投入。但是，如果没有更多的信息，则是智力的投入，它就不是好技术产业。目前，美国许多高技术企业的无形资产已超过了总资产的60%。无形资产的升值也将带来社会价值的变化。拥有更多知识的人获得高报酬的工作增多，知识强国的产出增加。

世界经济一体化——知识经济是在世界经济一体化条件下的经济形态。知识经济依靠无形资产的投入，这是实现可持续发展的前提，显然是依靠世界经济一体化。20世纪90年代以来的美国在自然资源消耗没有大量增加的情况下经济持续增长，利用全球资源在其他国家组织生产是主要因素之一。与此同时，高技术产业较之以前钢铁、机械和纺织等产业不同。高新技术产业的技术领域十分广阔。仅以信息科学技术一种高技术为例，没有高新技术，西方工业化国家和后来的发展中国家都不可能在计算机技术、微电子技术、多媒体技术、网络技术和软件技术等以及层出不穷的高新技术中全面领先。任何一个国家都可以充分利用自己的智力资源。"有所为，有所不为"，在世界大市场中占有一席之地，成为世界经济一体化不可或缺的部分，这也是以后世界多格局的经济基础。

经济决策知识化——知识经济是以知识决策为导向的经济。知识经济的决策和管理必须知识化，科学决策的宏观调控作用在知识经济中有日益增强的趋势。美国克林顿政府自 1992 年上台以后就接连提出"全国信息基础设施"（信息高速公路）等一系列高技术经济导向政策，对美国经济持续增长起了巨大作用。如美国的汽车产业，在世界汽车市场曾处于不利的地位，美国政府不是在世界市场的价格竞争中坐等被淘汰，而是由政府导向传统的汽车产业注入高新技术，又夺回了汽车王国的宝座。

农业经济的价值体现在劳力和土地的占有；工业经济的价值体现在资源和金钱的占有；而智力经济的价值体现在智力和知识的占有。必须通过经济和社会体制改革，用法律体系和机构保障知识成为分配最主要的要素，来促进"尊重知识、尊重人才"的真正实现，以引导社会价值取向的变革。

树立新的市场观念。知识经济是在市场条件下产生和发展的。但它反过来又作用于市场经济，同时引起传统市场经济的变革，并随知识经济的发展而逐步深化。目前，比较明显的有几点：一是"网络经济"已经成为生产的新特征，电子贸易将形成传统市场经济的一次革命；二是宏观调控显得更为必要。如欧盟国家已法定联合禁止克隆人；三是日益发展的跨国竞争不同于传统市场的竞争。国际间的企业正形成"你中有我，我中有你""既相互合作，又彼此竞争"的新局面，同时还可能出现新的市场经济周期规律。

• 战略生态——"大战略"系统

战略生态是在战略层次上系统组成的基本形态，它是在形成系统结构、功能关系和模型等一系列的过程中，逐渐由分解的系统、散状的系统组合为一个整体的生态系统。这种生态系统包括战略系统的各单元、各层次的子系统，并将其有机地联系和有序地进行结构性调整。通常变动顺序为单元战略性变化—动态战略性变化—系统战略性变化，通过不断地调整和变化，构成一个具有"大战略"特征的生态系统。

詹姆斯·摩尔 (1993) 发表了《捕食者与被捕食者：一种新的竞争生态学》，1996 年出版了其专著《竞争的衰亡：商业生态系统时代的领导与战略》，提出了"商业生态系统"的概念，认为商业生态系统就是以组织和个人的相互作用为基础的经济联合体，提出企业不应把自己看作单个的企业或扩展的企业，而应把自己当作一个包括供应商、主要生产者、竞争者和其他利益相关者等在内的企业生态系统的成员，并从现代生态学的角度透视整个商业活动，用生态学新解商业运作、用系统化反思竞争的含义，认为在商业活动中共同进化是一个比竞争或合作更为重要的概念，他把商业生态系统的发展分为四个阶段：开拓、扩展、领导和自我更新。该理论超越了 20 世纪 90 年代以前的战略管理理论偏重竞争而忽视合作的缺陷。而欧文·拉兹洛 (Ervin Las Mo) 等 (1997) 认为，在经济飞速发展的今天，竞争越来越激烈，企业面临来自自然生态环境、社会生态环境以及适应消费者变化等各种严峻挑战，为此，他们将广义进化论的思想应用于企业管理，提出"进化重构"的思想和方法。此外，肯·巴斯金 (Ken Baskin)(1998) 和理查德·L.达夫特在《组织理论与设计精要》中分别介绍了市场生态、组织生态等战略生态的相关概念。

在中国，2001 年 8 月，谢洪明等在第六届全国青年管理科学与系统科学学术会议暨中国科协第四届青年学术年会卫星会议上将系统生态学思想和方法应用到企业战略管理中，在中国首次明确提出"战略生态"的概念，对战略生态的概念、结构、主要形态及战略生态的平衡与稳定作了阐述，同时探讨了战略生态的应用价值等基本问题。提出战略生态是由战略群、利益相关者、顾客、市场、产品或服务、经营过程、组织、社会价值和政府政策等要素相互联系所构成的，它是多个企业的战略及其环境构成的系统，有其生长和演化的过程认为战略生态的概念是借鉴生物生态的概念而提出的，旨在用生态学的理论来认识企业战略行为，来认识动态竞争条件下企业战略的相互作用机制、原则和演化规律，其核心在于认识多个企业的战略构成的群体的演变规律（蓝海林、谢洪明，2003）。并指出，战略生态的基本形态有四种，包括相残态、互不侵犯态、跟进态和牵制态。

随后，陈雨思（2003）讨论了战略生态的六个规律：同一性振荡规律、自组织规律、生灭规律、复杂对局与功能突现规律、生存空间规律以及序同态脉动规律。并认为，战略生态同一性产生变化的基本原因是利润驱动，是参与战略生态的成员生存和发展的需要。在战略生态的发生和发展阶段，各战略主体受利润的驱动而趋向同一战略目标、采取同一战略指向、选择同一战略类型、实施同一战略互动，而随着战略生态由全盛期转向冲突、下降期时，各战略主体同样由于受到利润的驱动而趋向不同的战略目标、采取不同的战略指向、选择不同的战略类型、实施不同的战略互动等。这样就形成战略生态同一性的一次振荡，使战略生态的平均利润率维持在一定的范围，从而使战略生态能够稳定地存在。同时，他还应用这一原理解释了战略互动中的竞争与协作行为、战略指向上的进入与退出行为以及战略主体结构的模仿与创新等。

近年来，张劲和张锐（2003）对战略生态学的概念、研究内容以及研究的基本原则进行了进一步的探讨。之后，聂锐、张劲（2003）指出面对战略环境的动荡和复杂性升级。借鉴生物生态进化思想，产生了基于网络经济的新范式——战略生态管理，对战略生态的内涵及主要过程进行了研究。

战略生态研究有助于企业经营管理者摆脱战略近视，以生态思维指导企业的战略竞争行为，使企业从有限的焦点到广阔的视野，体现在：由"企业是独立、自治的实体"转向战略生态系统的共同利益、产品技术开发从注重本领域内特定技术转向注重本业外技术、产业范围从定义明确的产业转向寻求产业聚合机会、市场范围从集中精力于特定的市场空间转向注重全部可想象到的市场、顾客从特定的现有顾客转向社会大众、竞争对手由注重直接竞争对手转向广义竞争对手、管理范围由法定范围转向关注整个战略生态系统。战略生态研究将有助于指导企业规划布置竞争战略，促进企业与战略生态系统之间生态共同体的构建与协同进化，因此，对发展企业战略管理与竞争手段具有重要意义。

管理是科学还是艺术

什么是科学？什么是艺术？科学的最大特点之一在于它带有必然性和可复制性；而艺术的最大特点在于创新。

管理是科学还是艺术？应该说是两者兼而有之。管理是在科学基础上加上艺术创新。科学性表现在市场运作的理论可以复制，思维及操作模式可以复制，甚至人也可以复制等。艺术性则表现为企业的创新意识，做了别人想不到、不敢做的事情，或总是比别人先行一步。

如果处理管理科学与艺术的比例关系，经济发达国家普遍遵循科学与艺术80%：20%的比例关系，以此保证企业健康稳定的持续发展。而目前国内的大多数企业却是80%的艺术与20%的科学，一切"跟着感觉走"。如找个借口进行自杀式低价竞争，却落了个人人痛骂的劣质品形象；拍拍脑门搞一个大型促销活动，却不顾投入产出，还美其名曰增加了品牌的无形资产；头脑一热，夺个"标王"热闹一阵，却拖得企业倾家荡产；盲目进行多元化扩张，最终搞的是进退两难；赶时髦进行低成本扩张，却落了个高成本消化——为什么国内那么多名牌企业总是快起快落，为什么低水平建设屡禁不止，超成本价格战、广告战、虚假宣传等恶性竞争频频发生，因为中国不懂市场营销中的科学性而单凭"艺术"感觉做事的企业太多了。自然留给我们的教训也太多了。

解决这个问题的过程可能需要很长时间。而解决这个问题的办法却很简单，那就是学习。可以肯定地说，而且大量事实也证明了，对于刚刚进入市场经济的中国企业来说：谁学得早，谁学得快，学得认真，谁就是王者。反之，寇也！

学会运用七种战略思维。战略思想是战略思维的结果。战略构想是一种过程，是思想从模糊到明确的过程，也就是战略思想形成的过程。它是按序进行、反复循环、螺旋上升，使战略思想逐步成熟的。其过程是由战略理论、战略分析、战略判断到战略推理。

综上所述，可以看出：战略思维过程是一种高要求的思维过程，这种思维是一种系统思维、超前思维、创新思维、存亡思维、拼搏思维、重点思维。

系统思维——把企业作为一个系统来看，树立整体观念。着眼于全局观念、动态平衡观念、协调观念，即全方位、综合的、多维的、开放的思维。

超前思维——这是由经营战略的长远性特征决定的。战略是未来的事件，要在分析历史的、当前的基础上着重于对未来的思考，它不仅要在时间上超前，更重要的是要在认识上、观念上超前。

创新思维——要突破传统观念的束缚和陈旧思想的障碍，积极主动地创新，有独到的创见，与众不同的举措，有新的发明，这是战略思维的关键。

存亡思维——要充分认识优胜劣汰的竞争法则，在激烈的竞争中，企业犹如在惊涛骇浪中前进的小船，随时都有翻船的危险，必须及时解决影响企业存亡的各种因素，使自己立于不败之地。

拼搏思维——企业不仅要从实际出发，而且要有一定的高度。要有高起点，瞄准高水平的目标。要敢于拼搏，敢于与强手竞争，敢于攀登国内外高峰。这样才能使企业战略对企业的发展有指导意义。

重点思维——在决定企业有发展方向的企业战略中，必须确定事业的重点。在企业战略中重要性的优先顺序是最重要的价值判断，其次是重要性评价。有的企业经营者对本企业的产品进行评价是，认为A是关键、B是重点、C和D也很重要。在有限的经营资源条件下，各项工作通常互相制约。作为经营者制定战略时，一定要抓住主要矛盾进行投入，如果什么都重要，那就没有方向了。在制定战略时，首先应该确定其中哪个战略最重要，排出其重要顺序，还要进行定量评价。

超常规思维——开拓型经营者，大多是进行超常规思维的人。所谓常规思维，是根据过去的经验，现有的条件，在稳妥可靠，不冒太大风险，不负太大责任，还要考虑人们的心理承受能力以及是否获得大多数人们拥护的条件下所进行的思维。这种思维不可能产生新思想、新观念，只有善于进行超常规思维的人，喜欢做别人没做过的事情，甚至有点"异想天开"的人，才能不断进行创新和新的开拓。

基于战略的企业社会责任

企业的社会责任与其战略密不可分。

从要素的角度看，企业社会责任属于企业战略的一部分；

从职能的角度看，企业社会责任彰显着企业自身的战略，是其自觉行动的内在动力；

从竞争力的角度看，企业社会责任构成企业获取竞争优势的源泉。

因此，对于企业社会责任必须有两个方面的转变：在意识上，将它是企业被动地履行义务转化为主动地实现自身战略抉择；在行动上，从它是企业义务的消极举动归位为是企业获得核心竞争力从而实现它的可持续发展等战略的积极活动。

越来越多的跨国公司开始实行有关企业社会责任的报告制度，并把这种报告作为提升公司形象的一种方式，进而影响政府、投资者、顾客和各种社会团体。诺贝尔经济学奖得主弗里德曼有些戏谑地说："企业的很多商业活动经常打着履行社会责任的旗号来进行。"

面对这样的指责，那些积极参与慈善事业的企业可能会有些委屈，不过确实也道明了一个事实：这就是许多企业还是将企业社会责任作为提升公司形象的一种手段，而没有将它作为一种公司战略，由此带来的后果往往是不可持续的。

将企业社会责任和公司战略结合起来？听起来很好！那么，他们应该如何做到这一点呢？

企业在考虑社会责任问题时，通常会犯两个错误：其一，把企业和社会对立起来，只考虑两者之间的矛盾，而无视两者之间的相互依存性。其二，只泛泛地考虑社会责任，而不从切合企业战略的角度来思考该问题。在最新出版的《哈佛商业评论》中，迈克尔·波特认为，这两个错误就导致企业内部的各项社会责任行动好似一盘散沙，既不能带来任何积极的社会影响，也不能提高企业的长期竞争力，造成了企业资源和能力的极大浪费。

"如果公司只是为了'做好人'就捐出大量的金钱用于社会事业，那么它们就是在浪费股东的钱财，这样做并非长久之计。捐出金钱很容易，但如果只是为了捐钱而捐钱，那么股东、经理人和员工都会对此冷嘲热讽。"迈克尔·波特说，"没有一家企业会有足够的能力和资源来解决所有的社会问题，它们必须选取和自己的业务有交叉的社会问题来解决"。他说，"其余的社会问题，则留给其他更有优势的组织来处理，比如其他行业的企业、非政府组织或政府机构。"

企业社会责任的内容是什么？在我国，有不少人认为就是企业做好事，比如捐款建希望小学、救灾、救济贫困地区等。这是一种片面认识。现代企业管理理论认为，企业的社会责任由三个元素组成，即企业的市场、监督及自愿行为。在人们逐渐关注企业的社会责任时，社会责任国际于1997年制定了全球第一个可用于第三方认证的社会责任国际标准——SA-8000。该标准是根据国际劳工组织、联合国儿童权利公约以及世界人权宣言而制定的。它是世界上第一个以社会道德责任标准来规范组织道德行为的新标准，并依据该标准的要求审查、评价组织是否与保护人类权益的基本要求相符合，它不仅适用于发达国家，也适用于发展中国家；不仅适用于工商企业，也适用于公共机构，SA-8000可以代替公司或行业制定的社会责任守则。CEPAA是一个NGO组织（非政府组织），所以它制定的SA-8000是一个自愿认证体系，还不是强制性标准，并非贸易壁垒。但一旦事实上被公认并施行，将对一国贸易产生较大影响。据统计，已经有200家跨国公司对其全球供应商实施社会责任评估和审核。只有通过这项审核，才能与之建立伙伴关系，如沃尔玛、雅芳、家乐福等。有调查显示，84％的荷兰人、89％的美国人在购买消费品时都考虑这些标准。"道德认证""社会责任"的字眼现在越来越频繁地出现在跨国公司订单的附加条款中，一些没有认证的企业出口开始受阻。德国进口商协会已制定了《社会行为准则》，规定德国进口商应对其国外供应商的"社会行为"进行审查。并且，该准则有可能被其他一些国家的进口商协会所采用。美、法等国家的有关贸易组织正在讨论，准备把企业是否通过SA-8000认证作为他们选择供应商的依据。目前，发达国家越来越多的企业取得SA-8000认证。我国自1995年以来，约有8000家企业被外商要求做SA-8000认证，而目前国内通过这一认证的企业还不到100家，其中大部分集中在珠三角一带，长三角地区大概有20家，其他地方几乎是空白。如果说ISO9000质量管理体系关注的是产品，ISO14000环境管理体系关注的是环境，那么，SA-8000社会责任标准关注的则是人。它是企业通向国际市场的"第三张门票"。对于外向型经济的地区和企业来说，这张"门票"是非买不可的。国内企业既然要进入全球商业链，就得主动适应这个标准。SA-8000的创新之处在于将道德标准转化成认证体系，对企业的道德评判量化为具体的标准，成为企业的道德指数。SA-8000的主要内容包括童工、强迫劳动、安全卫生、结社自由和集团谈判的权利、歧视、惩戒措施、工作时间、工资报酬及管理体系共9个要素38条。在目前，我国已经颁布执行的与劳动法相关的多项法律法规中均包含了SA-8000的内容。换言之，只要企业认真遵守执行了我国劳动法及相关法律法规，就可以达到SA-8000标准。也有人阅读了SA-8000的条款后认为，所有内容都是企业内部关于企业与员工的关系，而不涉及企业对外部。对此，社会责任国际未有正面解释。我们可以从中国传统的伦理道德中寻找答案。比如我们常说，一个连父母都不爱的人，一个连子女都不爱的人，也不会爱其他的社会成员这个逻辑是成立的，可以推论，一个尊重员工，对员工讲道德的企业，一般而言，对社会是有诚信和讲道德的。

做名副其实的企业家要与时俱进

"企业家"与"老板"界定的思考：人与动物的最本质区别在于人有智慧，而人类智慧的核心就是创造。对于 21 世纪的知识经济，发展的决定因素和国际竞争的成败关键就是创新的能力。创新是 21 世纪的灵魂，奥地利出生的美国经济学家熊彼特，提出经济创新的概念。按照他的定义"创新"是指"企业家实行对生产要素的新的结合"，它包括以下五种情况：

引入一种新的产品或提供产品的新质量；

采用一种新的生产方法；

开辟一个新的市场（指创造消费新概念，引导消费）；

获得一种原料或半成品的新的供给来源；

实行一种新的企业组织形式。例如，建立一种垄断地位。

熊彼特还认为企业家与普通的企业经营者也不同，只有倡导和实行"创新"活动的企业经营者才是"企业家"，否则，只是"老板"。

| 第八章 |

企业生命力的反观

管理的根本：

"根"——是实践，包含勇于探索，勇于实施，勇于创造。

"本"——是以人为本，实践的主体是人，企业即人。

日本本田公司成立之初只是一个小公司。本田、腾泽两人经常讨论如何使企业永恒下去。他们发现很多企业倒闭往往是由于突然间资金短缺，等于这个企业自断，导致死亡。深究其内在原因就是产品卖不出去，产品之所以卖不出去是因为技术支撑不住，再往下发现技术是人掌握的，而人是由理念支持的。于是他们吓了一跳，企业的成败竟然基于人的理念。

企业生命力哲学，是把企业当作一个有机体看待。像人一样有灵魂，有肢体，有血液循环，有细胞能量。企业生命力指企业寿命长短，健康状况，可持续发展。有这样一个统计，世界500强企业平均寿命为40年，而这些年的中国500强平均寿命则更短，只有十来年。一般的企业的平均寿命只有4年。而生命力哲学是在企业经营过程中表现出来的世界观和方法论，它要求企业在处理人与物、管理者和被管理者、消费者和产生者、产品质量和产品价值、企业利益和职工利益、局部和整体、当前和长远、企业间竞争和联合等关系上，形成科学理论和正确的指导思想，以使企业可持续健康发展，走上百年企业之路。

把握企业航向

（1）经营者在面对一个问题时，最重要考虑的有两点：

一是如何解释它；二是如何决策？

这就是两个关键。

为什么说如何解释呢？当一个问题需要决策时，首先是要清楚决策的动因，分析各种条件利弊，相互关联因素影响，只有理性地、科学地认识它，才能解释它。只有做到能正确地解释，才知道决策的切入点，也就是如何决策的问题。

（2）有四个问题需要探讨研究：

① 公司过去采取什么行为？

② 将来准备采取什么行为？

③ 高层管理者用什么样的方法评估企业目标？怎样才能使这些方法有利于企业成功？

④ 企业主管用什么方法向公司内外宣传，以取得内外协调、统一认识、实现目标？

（3）三个基础：观念、概念、信念。

观念是认识的基础，概念是认识的关键，信念是认识的方向。

观念是指一般性的分析和逻辑思考能力。

现在的总观念是：21 世纪是知识经济时代。

在农业经济社会，土地象征权力；在工业经济社会，资本象征权力；而知识经济社会则是以知识象征权力。

在这个观念基础上，要认识"知识"的概念。首先什么是知识？"知识"是"5W"，即什么？为什么？谁来做？怎样做？什么时间做？"知"与"识"既有联系，也有区别。"知"是"知道""知晓"，是认识的表象，"识"是"识别""鉴识"，是认识的"理性"。"知"是知其然，"识"是知其所以然，还要知其不所以然。因为，知识的本质是超越自己、否定自己。"知识"从层次上分为"隐性知识、显性知识、同化知识、创新知识"四个层次。

概念能力关键是将复杂模糊的关系概念化。这是反映对象本质属性的思维方式。

信念是指在观念、概念基础上自己认为可以确信的看法。"孤不度德量力，欲信大义于天下。"人无远虑，必有近忧。要胸怀祖国、放眼世界。当今世界经济一体化，经济文化一体化，必须高瞻远瞩，融入一体化，把握今天、挑战明天。主体要符合经济发展大趋势就一定能树立"公司超常规、跳跃性可持续发展"的信念。

概念能力在企业经营中至关重要。讲两个故事：

故事一：某集团总裁准备退位，要选一个人继位，有几个候选人，拿不定主意。一个是财务总监，一个是技术部部长，一个是研究部部长。总裁出了一个题目，很简单："1-1=？"财务总监回答等于0，技术部部长回答等于1，研究部部长的回答是"你想等于几"？结果研究部部长继承了总裁的位子。

故事二：一个圆圈（"〇"），不同的人有不同的看法，有的说是句号，有的说是圆圈，有的说是苹果，有的说是轮胎，而城市规划师说是未开发的处女地，军事家说是战略的主战场。企业无论是创建、调整、发展都必须认清"困难和机遇并存，成功和危机同在。"要把握企业航向，必须在科学、逻辑思考基础上形成现代观念，将复杂模糊的关系提出准确概念化，树立远大必胜的信念。

中国历史上，各学派对"管理"本质的看法则有各自独到的见解。儒家——修己安人；法家——功利；墨家——利他行为；《易经》——人道行为；宋明理学——"循理行为"。

管理的根本：

"根"——是实践，包含勇于探索，勇于实施，勇于创造。

"本"——是以人为本，实践的主体是人，企业即人。

日本本田公司成立之初只是一个小公司。本田、腾泽两人经常讨论如何使企业永恒下去。他们发现很多企业倒闭往往是由于突然间资金短缺，等于这个企业自断，导致死亡。深究其内在原因就是产品卖不出去，产品之所以卖不出去是因为技术支撑不住，再往下发现技术是人掌握的，而人是由理念支持的。于是他们吓了一跳，企业的成败竟然基于人的理念。

认识企业的使命

企业在开展日常生产经营活动之前，一般应先明确企业在社会经济活动中的业务性质，即弄清企业的使命。使命不明，事业不清、企业就无从进行环境分析，进而无法结合自身条件确定企业经营目标和制定实现目标的经营战略。

一个区别。就是企业是有生命的，要扮演一定的社会角色，这就是企业的个性。这个个性就是区别于其他企业个性的独有的，也是社会对这个企业认知的一个缩影、窗口。无论是新办企业或是在经营作重大调整的企业，都要解决这个问题。对这个问题回答就是确定企业使命。企业使命就是企业在社会经济生活中担当的角色和责任，就是企业区别于其他企业而存在的理由。一般来说，绝大多数企业的使命是高度概括和抽象的，企业使命不是企业经营活动具体结果的表述，而是企业开展活动的方向、原则和哲学。

企业使命的定义有狭义和广义之分。

狭义的企业使命定义是以产品为导向的。广义的企业使命定义是以企业实际出发，以市场需求为导向，着眼于满足市场某种需求。企业的使命表述是否有效地协调和反映了各有关利益主体要求。

这九个方面是绝大多数企业所共同关注和重视的，也是企业经营中首先要解决的基本问题，是构成企业使命的基本要素。在对企业使命陈述评价时，可以将是否包括这些因素作为评价"优劣"的重要指标之一。

根据美国管理学者金尼斯的研究，一个好的企业使命应具备或满足以下五个条件：

（1）应明确企业存在的目的；

（2）应该既宽泛地允许企业创造性地发展，同时又狭窄地限制企业进行一些冒险行动；

（3）应该使本企业区别于其他同类企业；

（4）应该作为评价企业现在和未来的活动框架；

（5）应该清楚明白易于为整个企业所理解。

整合企业资源

资源有着不同的定义。例如，一些人将资源定义为：能被视作既定公司的一种优势或劣势的一切事物，另一些人认为，资源是公司的控制或拥有的有效因素的总和。我们这里认为，资源是服务于企业生产经营过程中的多种投入品。根据投入品的形态可分为三大类：

一是有形资源，包括财务资源和实物资源；

二是无形资源，包括技术资源、声誉和品牌、商标、专利等；

三是人力资源，指组织成员向组织提供技能、知识、人际沟通技巧、合作共事能力等。

换句话说，一个企业的能力不仅取决于其拥有的资源数量，而且更重要的是取决于它是否具备将各种资源整合的能力。

企业的能力往往是多种多样的，又是多层次的。

有的能力在经营中起一般的必要作用。

有的能力起支持帮助企业赢得更多优势的作用。

有的能持续支持企业赢得某种竞争优势。

能够帮助企业持久地建立竞争优势的能力，我们称为企业核心竞争力。

四个杠杆的作用：

单独分析企业的能力并不能判断其能力的优势，也不能改进其能力。为了评价企业能力强弱和进一步改进企业的能力，需要通过与其他企业，特别是领先企业进行对比分析。企业之间的对比分析已成为近几年来战略分析的重要工具。这种方法在国外又称为杠杆学习法。

这种对比分析方法的主要步骤有四步或是四个方面，在这里笔者称为四个杠杆：

（1）明确企业需要进一步改进的业务活动或职能；

（2）找到在这些活动和功能上领先的企业；

（3）与这些公司接触，包括访问这些公司，与他们管理者、工人等交谈，分析他们为什么会做得如此出色；

（4）通过学习，重新确定目标，并重新设计企业的价值活动过程，同时调整企业对有关能力和活动的预期。

这种对比方法在提高组织能力方面一直起着重要作用。许多成功企业的经验告诉我们，它们之所以成功，是因为它们清楚自己哪些是强项，哪些是弱项，并认识到自己一定能做好，而且常把那些不足的方面作为企业战略的一部分，加以改善；反过来，许多失败的企业，其原因在于它们不了解自己的不足，更不知道如何改进，或根本就未想到改进，从而招致企业关键能力上的衰竭而失败。

核心能力五个特征

核心能力又称为核心竞争力，是指能够使企业长期或持续拥有某种竞争优势的能力，它通常表现为企业经营中的累积性学识，尤其是关于如何协调不同生产技能和有机结合多种技术流的学识。如果把一个公司比喻成一棵大树，树干和大树枝是核心产品，小树枝是业务单位，叶、花、果实是最终产品。那么提供养分、营养和保持稳定的根系就是核心能力。

核心能力的形成要经历企业内部资源、知识、技术等的积累、整合过程。但是，并不是企业的所有资源、知识和能力都能形成持续的竞争优势，都能发展成为核心能力。要成为核心能力，必须具备五个特征：

有价值，能够提高企业效率。

异质，是企业所独有。

不可模仿，那些内化于企业整个组织体系、专长。

难以替代。

可拓展。

未来核心能力竞争将是多层次的，了解每个层次竞争的本质，对于赢得建立核心能力领先地位的竞赛十分重要。

下面介绍核心能力四个层次：

第一层，开发与获取构成核心能力的技能与技术之争。为争取获取那些可形成总的核心能力的单项技术，首先获得政府支持的科研合同，进而吸引潜在用户签订长期开发合同，率先注册专利。

第二层，整合核心能力之争。正如吸收与发明同等重要一样，整合的重要性可能也不在发明之下。

第三层，核心产品的客户之争。许多企业会以原始设备制造商的方式向其他企业甚至竞争对手出售其核心产品作为占领市场份额的一种过程。

第四层，最终产品之争。即通过扩大现有最终产品的市场份额来扩大收益。这是一条传统的竞争途径，也是一种传统的竞争方式。

最后需要指出的是，区分以上四个层次的竞争具有战略意义。

抓住关键因素

一个行业的关键成功因素 (KSF) 指的是那些最能影响行业成员成功的特定战略因素，包括产品属性、资源、能力以及与公司赢利相关的市场成果。关键成功因素涉及的是公司要取得成功所必须集中精力搞好的一些因素。

首先，需要讨论三个问题。这有助于确认行业关键成功因素。

顾客在各个竞争品牌之间进行选择的基础或依据是什么？

行业中的一个卖方厂商要取得竞争成功必须做些什么？它需要什么样的资源和能力？

行业中的一个卖方获取持久竞争优势必须采取什么措施？

例如，在啤酒行业率先利用酿酒技术的能力，在服装业是吸引人的设计和色彩组合，在铝罐行业就是将工厂置于最终用户的近处。

其次，我们要认清常见的六大关键成功因素：与技术相关的关键成功因素；与制造相关的关键成功因素；与市场营销相关的关键成功因素；与技能相关的关键成功因素；与分销相关的关键成功因素；其他类型的关键成功因素。

（1）与技术相关的关键成功因素：

科学研究能力（在有些行业尤为重要）；

在产品生产工艺和过程中进行有创造性的改进技术能力；

产品革新能力；

既定技术上的专有技能；

运用互联网发布信息，承接订单，提货和提供服务的能力。

（2）与制造相关的关键成功因素：

低成本生产效率（获得规模经济，取得经验曲线效应）；

固定资产很高的利用率；

低成本的生产工厂定位；

能够获得娴熟劳动力（对劳动力成本高尤其重要）；

劳动生产率很高；

成本低的产品设计和产品工程（降低制造成本）；

能够灵活地生产一系列的模型和规格的产品满足客户订单。

（3）与市场营销相关的关键成功因素：

快速准确的技术支持；

礼貌的客户服务；

顾客订单的准确满意度（订单返回很少，或者没有出现错误）；

产品线和可供选择产品很宽；

商品推销技巧；

有吸引力的款式、包装；

顾客保修和保险；

精明的广告。

（4）与技能相关的关键成功因素：

劳动力有卓越的才能（对于专业型的服务，如会计、投资银行重要）；

质量控制诀窍；

设计方面的专用技能（服装行业尤其重要，低成本制造业关键）；

在某一项具体的技术上的专有技能；

能够开发出创造性的产品和取得创造性的产品改进；

能够使最近构想出来的产品快速地经过研究与开发阶段并打到市场上的组织能力；

卓越的信息系统（如航空航天业、汽车出租业、信用卡行业、饭店酒店业尤其重要）；

能够快速地对变化的市场环境做出反应（简捷的决策过程，将新产品推向市场时间很短）；

能够娴熟地运用互联网和电子商务来做生意；

拥有比较多的经验和诀窍。

（5）与分销相关的关键成功因素：

强大的批发经销商／特许经销商网络；

能够在零售商的货架上获得充足的空间；

拥有公司自己的分销渠道和网点；

分销成本低；

送货很快。

（6）其他类型的关键成功因素：

在购买者中间拥有有利的公司形象／声誉；

总成本很低；

便利的设施选址（对很多零售业务都很重要）；

公司的职工在所有与顾客打交道的时候都很礼貌、态度和蔼可亲；

能够获得财务资本；

专利保护。

以上是常见的六大关键，认清这些有助于我们系统思考。

下面讲企业生命周期的关键。

企业生命周期大体上分为四个阶段：投入期、成长期、成熟期、衰退期。

产品（行业）生命周期各阶段中的成功关键因素。

一个健全的企业战略是：在所有的领域成功关键因素上有能力，并且在至少一个领域成功关键因素上拥有卓越的能力。

企业生命力所在

· 丹纳公司 40 条思想

20 世纪 70 年代初期，丹纳公司在雷恩·麦克佛森的领导下为美国的企业管理实践和理论增添了一份宝贵的财产。麦克佛森担任公司董事长所采取第一步行动中的重要之点，就是用只有一页的"经营哲学"代替了原来厚厚的"公司政策方向"。到 20 世纪 70 年代中期，这一页"经营哲学"被修改为"丹纳公司的 40 条思想"。因寓意深刻，言简意赅，切合现实的语言表达该思想，使公司每个人都记住了公司的生命力之所在。

如今，这"40 条思想"对于丹纳公司非凡的生产效率依然起着关键的作用。它的具体内容是：

（1）关注我们的目的是为股东赚钱，增创更高的利息，让股东对我们满意；

（2）认识到人是我们最重要的财富，是创造财富的重要源泉；

（3）帮助职工成功、提高、发展，从而实现职工的理想，满足职工的愿景；

（4）从本组织内部提拔干部；

（5）记住承认人们的劳动和贡献，他们会更积极、更努力地作出我们应有的回报；

（6）分享成绩和给予奖励；

（7）向职工提供稳定的收入和就业，以免他们担心失业；

（8）实行分权制，使职工成为企业的主人；

（9）扩大自主权；

（10）鼓励企业家精神；

（11）运用公司一级委员会和临时工作组等方式；

（12）分解责任、下放权力；

（13）让每个人都参与管理从而增加职工的民主参与权；

（14）让每一位雇员都成为经理，企业管理面前人人平等；

（15）只对其重要的方面加以控制；

（16）使职工形成对丹纳公司的归属感，以企业为家；

（17）使丹纳公司的全体职工都成为股东；

（18）简化一切程序；

（19）减少文件，减少指令性计划；

（20）不留人事档案；

（21）充分的交流和沟通；

（22）有关情况要首先让丹纳公司的职工知道，做到职工第一；

（23）由职工自己确定奋斗目标和评价自己的工作成绩；

（24）由职工自己决定可能开拓的领域；

（25）不提倡一切遵奉上级规定，墨守成规，不敢越雷池半步，应充分发挥职工的创造性；

（26）专业化，人人成为内行，提高职工的业务技能；

（27）打破组织结构上的种种障碍；

（28）培养职工的自豪感；

（29）坚持严格、高尚的道德标准；

（30）集中注意于市场；

（31）充分有效地使用各种资产和资源，充分合理利用生产资料；

（32）控制、减少基建投资，能够外购的就不要自己制造；

（33）在市场、产品和生产车间进行平衡，从而来适应市场；

（34）每一处工厂或其他设施内的职工不超过 500 名；

（35）稳定生产；

（36）开发应用专利产品，实行经济核算；

（37）必须准确预见市场需求；

（38）控制现金收支；

（39）按期交货，保持信誉可靠度；

（40）一切从丹纳公司的利益出发。

• 企业百年经久不衰的奥妙——兰德公司"三条原则"

兰德公司调查发现，美国的专家花了20多年的时间，跟踪了500家世界大公司，最后发现，其中百年不衰的企业的一个共同的特点是：它们不再以追求利润为唯一的目标，有超越利润的社会目标。具体地说，它们遵循以下三条原则：

第一是人的价值高于物的价值。卓越的企业总是把人的价值放在首位，物是第二位的。日本松下公司的老板松下幸之助告诫自己的员工：如果有人问："你们松下公司是生产什么的？"你应当这样回答他："我们松下公司首先创造人才，兼而生产电器。"

第二是共同价值高于个人价值。共同的协作高于单干，集体高于个人。卓越的企业所倡导的团队精神，团队文化，其本意就是倡导一种共同价值高于个人价值的企业价值观。企业的基础是个人，没有个人能力的发挥，没有了解个人是怎样发挥作用的，企业就不能成为一个有机的生命体，也就不可能形成企业合力。因此，必须把个人的生涯计划和企业的成长有机地结合起来。

第三是社会价值高于利润价值，利润价值高于生产价值。卓越的公司总是把顾客满意原则作为企业价值观不可或缺的内容。

人本管理

人本管理其核心是尊重人，激发人的热情，其着眼点在于满足人的合理要求，从而进一步调动人的积极性。

人本管理的出发点：企业是什么？企业为什么？企业靠什么？

企业即人。企业是由人组成的集合体，企业无"人"则"止"，因此，管理应以人为本，把人的因素放在中心位置。

企业为人。办企业是为了满足人类不断增长的需求，同时，也提高了员工的工作质量和生活质量。

企业靠人。企业管理的主体是全体员工，办企业必须依靠全体员工的智能和力量。实行"全员经营"有利于调动每个员工的积极性，保证经营的正确和经营目标的实现。

人本管理的五个层次

人本管理是以人为中心，情感管理、民主管理、自主管理、人才管理、文化管理。

1. 情感管理

情感管理是通过情感的双向交流和沟通实现有效管理。情感管理是注重人的内心世界，把握情感的可塑性倾向和稳定性等特征进行管理，其核心是激发员工的积极性，消除员工消极情绪。必须花时间使别人感到他的重要。要经常帮助人们去取得成功，每个人都需要得到这种机会。

2. 民主管理

民主管理不仅是挂在口头上的辞令，而应确确实实体现在日常工作之中。

企业管理应多听少谈，"听"是一种艺术。民主管理就是让员工参与决策。要集思广益地办事，要有随时随地听取别人意见的思想习惯，造就一种让员工自由议论的民主氛围。按事物的本来面目看问题，产生宽容心态和仁慈心态。

3. 自主管理

自主管理是民主管理的进一步发展，这种管理方式主要是员工根据企业的发展战略和目标，自主制订计划，事实控制，实现目标，即"自己管理自己"。它可以把个人意志和企业的意志统一起来，从而使每个人心情舒畅地为企业奉献。"信任型"管理和弹性工作时间制都是自主管理的新型管理方式。自主管理的根本点在于对人要有正确的看法，正如松下幸之助所言："人就是万物之主，是伟大而崇高的存在。"

4. 人才管理

中国历史上楚汉相争的战例如图 8-1 所示。

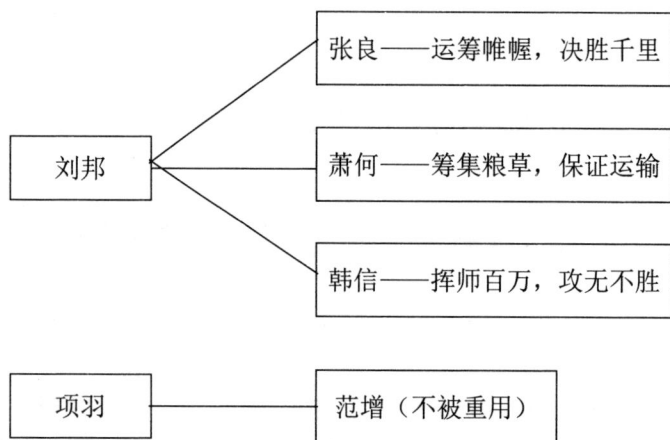

图 8-1 中国历史上楚汉相争的战例

结果是刘邦胜了楚王项羽得了天下。

1945 年第二次世界大战，美、俄攻占德国。苏联抢运设备仪器回国。美国抢运科学家回国，第二次世界大战后为美国科技领先，经济繁荣作出重要贡献。

善于发现人才、培养人才和管理使用人才是人才管理的根本。人才的主要特点是热爱学习，注意广泛获取信息。企业给员工创造学习和发展的环境和机会，就是最大的爱护人才。

企业竞争的利刃是人才——受过教育，又有技能，渴望发挥自己的潜能，促进企业成长的人才。企业主管要激励和保护创造性人才和人的创造精神，真正实现人才工作科学化，合理化。做到人尽其才，才尽其用。

5. 文化管理

从情感管理到文化管理，人才管理依次向纵深方向推进。文化管理是人本管理的最高层次，它通过企业文化教育，管理文化模式的推进，使员工形成共同的价值观和共同的行为规范。

文化管理要把以人为中心的管理思想全面地显示出来，符合人的心理、生理特征及其成长过程。企业文化是一整套由特定群体所共享的理想、价值观和行为准则，使个人行为能为集体所接受的共同标准、规范、模式的集合。

企业的生命力在于创新，创新并不是孤立存在的，创新的过程中要注意把握创新与程序化、流程化的平衡，这样才有生命力。

我们是中华民族的子孙。我们要发扬光大华商的三大精神：诚信不欺，一诺千金（厚德载物）；胸怀壮志，大展宏图（自强不息，自胜自立）；义行天下，回报社会（羊象征善、美，义者、宜也）；论成功原无须才华横溢，说持久只在于和谐坚韧。

| 第九章 |

变革的文化

企业文化其实就是一种无形的氛围，它的作用与力量也是无形和巨大的，这种氛围的作用就是影响、同化和激发企业中的每个人，从而使他们自觉自发地工作。在这种氛围中，所有的人都能被或多或少地同化。因此，统一和规范员工思维和行为的不是企业的制度，而是企业的文化。

企业文化的塑造、提升和作用实际就是管理的本质之一，这是来指导、规范和监督各项制度和所有人行为的标准和原动力。所以，企业和企业家必须要重视和发挥企业文化的作用，通过企业文化来管理好企业。

企业文化是变革的基础

企业文化是一种共有的价值观,最终要融入思想与行为,科特勒在他的《企业文化与效益的关系》一书中指出:促进企业业绩增长的文化有一个共同点,就是企业文化不断促进企业的变革,业绩的增长来自企业不变的变革,企业的变革过程也就是企业文化形成的过程。

就企业变革的结构来讲,它像一座金字塔一样,可以分成两个层次,一是企业变革可以变成一个机会,位于金字塔的顶部;二是基础层,包含两块内容:一个是企业文化,另一个是群体共识,这两块共同支撑着企业的变革,位于金字塔的塔基,如图9-1所示。

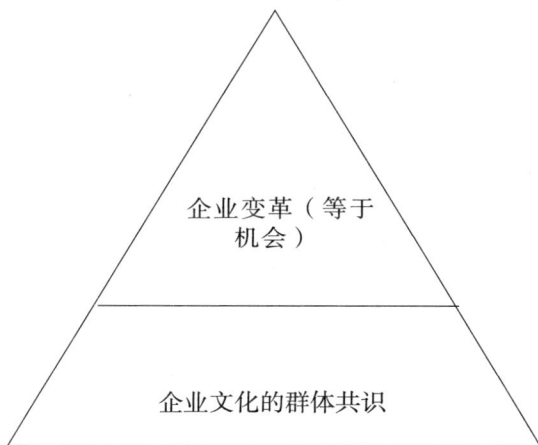

图 9-1　企业变革的金字塔结构

国内外先进的企业研究早已表明，企业变革成功与失败的区别在于，在多大程度上发挥了人的最大能力、天赋和对企业发展战略的认同、共识；如何帮助人们找到共同的奋斗目标和对待工作的共同价值观，如何在外部环境与企业内部条件的变化中保持目标的一致性。用一句话来说，要靠企业文化与群体共识来实现。

文化是一种价值观，是一种表现，是一种感觉，尤其是一种别人在你身上感受到的一种感觉。在中国的麦当劳里的那些工作人员，几乎全部都是中国人，但是你去过麦当劳以后，再去其他的中国餐厅，很快会感受到这两个地方文化不太一样，有机会你再到一个外国银行在中国的机构走走，再到我们自己的银行走走，你也会马上发现：这两个银行里的人都是中国人，但是文化也不一样。所以可以证明文化不是一句口号，也不是一个目标，更不是一个希望。它是一种价值观，一种表现，一种感觉。除非内化为你的思想与行为，否则它永远都停留在口号阶段。

企业文化是界定企业的"事业边界"。

企业文化作为一种价值观，其本质上是在描述与界定企业的"事业边界"。管理大师德鲁克曾说，每一个企业都需要通过宗旨使命的分析与描述，回答三个最基本的问题：

第一个：公司全体员工都觉得这个事情重要吗？

第二个：公司全体员工每天都会想到这个事情吗？

第三个：公司里的每个人每天都会用这个方法做事吗？或者每天都表现出来吗？

企业文化作为一种基本价值观，是一种企业内部共同遵守的原则，共有的认识，是企业的全体成员共同遵守和信仰的价值体系，行为规范。

如果第一件事情的答案是 yes，则表示"那是你们的价值观"；如果第二件事情的答案是 yes，则表示"它已经融入了你的思想"；如果第三件事情的答案是 yes，则表示"它已经融入你的行为"。也就是说，公司文化已经落实。以上这三件事情如果都做到了，我们就说那是一种文化。所以说，文化并不是大家在嘴上喊的一句口号。文化是共有的价值观，最终要融入思想和行为。

企业文化是一个层次结构，其中的核心文化是你不论做什么，无论什么时间都保持不变的价值观，而且越深层的价值观越应不变。而明示的企业文化，堪称现阶段企业战略的文化根据地，显然，它必须随企业战略的变化而作出相应的调整。这就产生了所谓的文化变革。

文化变革与经营业绩高度相关。

彼得斯和沃特曼在《成功之路——美国最佳管理企业经验》一书中指出：具有革新性的独特文化品质，是使企业超群出众的根源所在。在随后的《成功之路》一书中，他们又进一步阐述了革新型文化的八种品质：①贵在行动；②紧靠客户和用户；③鼓励革新，容许失败；④以人促产；⑤深入现场，以价值观为动力；⑥不离宗旨；⑦精兵简政；⑧紧中有松，松中有紧；善于处理矛盾。科特和赫斯克特在《企业文化与经营业绩》一书中则指出：那些能够适应市场经营环境变化，并在这一适应过程中领先于其他企业的企业文化的长期经营绩效有着巨大的正相关关系。

文化变革成为必需

迈天在《大转变》一书中指出：文化，是一种沉淀。成熟的组织具有深深保护起来的文化，就如同老树根似的。而大部分成熟组织的问题是：对当今变化的世界，它们可能有错误的文化，因为它是在以往成功经验的基础上建立起来的。茨威尔提出：将现在的行为建立在过去的成果（文化）基础之上，其重要问题在于当形势的变化比文化的调整更为迅速时，组织的成功甚至生存都会处于危险之中。因此，改变企业文化在今天已成为必需，而非锦上添花。范德厄夫则强调：当增长停止，业务必须重新设计时，公司往往倾向于把注意力集中在程序和方式上，而不是在衰老的基础上。人们往往会有一种倾向，即选择可以在高速增长阶段引领企业走向成功的措施，也恰恰是这种倾向导致人们的注意力只集中在程序和方式的再定义而没注意到企业已经老化的基础。因此，在企业的增长沿着典型的"S"曲线运动时，组织在运动状态中的位置和公司文化的精神模式共同决定着组织中的现实观念。因此，态度的改变起着重要作用。

文化变革的可行性

法国学者维多克埃尔认为，文化的特点一是铭刻在人们的内心；二是缓慢诞生，但每天都在获得新生力量并取代权威力量。所以，文化变革尽管是艰难的、缓慢的，但都是必要的、可能的。广西大学的阎世平教授提出：从动态层面看，企业文化是一个不断从"现在态"经由"过渡态"而到达"未来态"的过程。三种状态在时间上是继起的，在空间上是永续的。其中，现在态和未来态是相对的，代表企业文化变化过程的"过渡态"则是永恒的。如果用生物基因的原理来认识企业，有这样两个观点的正确性已经得到众多企业实践的证明：

第一，企业文化是企业的重要基因；

第二，企业的成长可以通过改变基因的办法来改变其原有的特性。

企业管理向文化转变

所谓文化管理，是一种以人为中心，以塑造共同价值观为手段的管理模式。它旨在通过文化来治理企业，把文化渗透于企业管理的全过程。

企业是人的集合体，企业创立的基础在于人，存在关键在于人，发展的根本也在于人。文化管理的本质特征之一就是以人为本，强调把人作为企业发展的出发点和归宿，它着眼于提高人的素质，实现人的价值。促进人的全面发展，所以以人为本，指的是把人作为企业的根本，而不是仅仅看作企业的重要资源。因此，实施文化管理是知识经济时代的客观要求。

管理的主导因素由资金、技术、制度等传统要素逐步向文化转变，是管理学发展的一个重要趋向。在现代社会，经济因子与文化因子的结合更加紧密。企业的管理需要文化的附着、渗透和推动。企业的形象要靠文化来塑造，产品和知名度要靠文化来传播，员工素质要靠文化来提高。实践中，"以文化人"成效显著。文化理念经过行为主体吸取、转换后形成的"文化力"是自觉的、能动的、倍加的；积淀在组织机构和组织制度中的思想意识、价值观，更在深层次上协调并支配着群体成员的行为，使它持久和继承。

文化管理与企业整体发展

如前所述，企业的整体发展 = 企业发展 × 人（能力、观念），这里的"×"表示一种结合，表示双方的一种相辅相成的关系。即企业的发展要与人的发展同步，要使组织成为个人在整体环境协调下实现自身发展的工具。知识经济时代，如何实现企业的整体发展，日益成为决定企业能否可持续成长的核心所在。

就"人"而言，普遍认为：人的知识不如人的智力，人的智力不如人的素质，人的素质不如人的觉悟。而人的觉悟（包括工作态度和积极性）是最为重要的。

业界流行一句话：2年的企业看机遇，5年的企业看经营，10年的企业看管理，20年的企业看精神。这是一个悖论。

中小企业，成熟期前，企业确实没有成熟的文化。但此时，提出明确的价值观，进行文化播种显得尤为重要。那些成长起来的企业，其成功的关键要素之一就是通过领导人所倡导的"企业文化"来凝聚、感召员工队伍，弥补管理上的漏洞。对此，蒙牛乳业的做法就给人们深刻启迪。蒙牛创立之初，就确定了企业文化方案，企业一经成立，公司就把企业文化所倡导的核心内容在员工中广泛宣传，并强制各级人员接受，很快形成上下一致的认识，快速深入人心，得到认同并被遵循。员工在这种文化的陶冶下统一认识，潜移默化中与企业融为一体，自然形成自觉自愿为企业奉献的意识。因此经过短短几年的实践，企业文化指导蒙牛获得了成功。企业的核心竞争力根源是创新；创新来自变革；而变革是以文化做基础的。

变革管理的十大原则

1. 变革管理中"人性化的一面"

任何重大的变革都会产生"人的问题"：新的管理者被提升，工作内容随之变化，需要学习提高新的技巧和能力，而员工们态度暧昧，甚至可能会有抵触情绪。如果用针锋相对、逐一解决的方式来处理"人的问题"，变革的实施速度、员工士气和最终效果等都会受到影响。这时，高级管理者的首要任务是建立一个领导团队，继而安插核心的职能人员和管理者。这种惯例的变革处理方式应在初期就尽早地发展完善，然后随着变革在企业内部的深入，不断地进行调整。这样的方式就好像战略、系统或流程重组一样，需要大量的数据收集分析、预先计划和不折不扣的实施准则。变革期间的管理方式，应该被完全地整合到项目设计和决策制度中，因为这两项内容体现并决定了企业战略的方向。变革管理的方式，应该建立在对企业历史、变革前之准备以及容纳变革能力的理性评估之上。

2. 从最高领导者开始

对于企业内部各个层次的员工来说，变革都是容易令人忐忑不安的，当变革即将到来时，所有人的目光都会投向CEO，寻求来自领导层的力量、支持和指引。领导者就要身体力行，积极采纳新的方式，给下属以挑战和激励。他们必须统一号令，并以身作则。领导者还需要懂得，即便他们在公众中的对外形象是统一的，企业的变革，还是要由那些一个个迥然相异的内部员工最终完成。

有着紧密协同工作的管理层团队，最容易获得成功。他们的团结形成了一股向心力，引领变革的方向，理解变革将带来的企业文化和员工行为的转变，并在这些变革的领域内身先士卒。只有当领导层团结起来，致力于推进变革的流程，表现出必达目标的决心，变革引起的下游效应，才能在员工中间广泛体现出来。

3. 将各个层面的员工都带动起来

当企业的变革项目从初期的制定战略、明确目标，逐渐开展到具体方案设计和实施执行的时候，变革将影响到整个公司的不同层面。在变革的措施中，需要在内部明确指定各级层次的领导者，然后将设计和实施执行的责任层层下放。这样，变革才能自上而下地顺利展开。在公司内部的每一个层面上，经过培训的被指定领导者，必须从公司愿景出发，严格执行自己的使命，让变革落到实处。

某家大型保险公司长期业绩平平，为筹备上市，他们打算实施变革以改善自己的业绩和市场表现。公司在实施变革的过程中，遵循了这种"自上而下的层叠领导力传递"方式，对每个层次的领导团队都给予培训和支持。首先，10 名高层执行官制定总体战略、愿景和目标。其次，60 多名总监和经理人员进行具体的设计规划。最后，由 500 名左右的基层管理者来主持具体的实施工作。这样，公司的组织结构在实施变革的过程中保持不变，而变革使收入迅速增加了两倍。同时，这个过程也是企业寻求下一代领导者的一个极好方法。

4. 将企业变革正规化

员工天生都是理智的，他们会问，怎样程度的变革才是公司需要的？公司是不是行进在正确的方向上？我们个人是不是值得致力于使转变切实发生呢？他们会向领导层去寻求答案。将企业变革描述成一种正式、正规的重大事件，并将公司的愿景以书面形式公布出来，对于统一领导层与下属团队的思路、促进整体团队协作来说，是非常好的机会。

这个过程可以通过三步来完成：首先，正视现实，着重强调变革的重要性；其次，对公司持续发展的未来和达成目标表现出坚定的信念；最后，为指导变革实施的行动和决策提供一张路线图。领导者需要针对公司内部的不同受众，用不同的方式传达变革的信息，使即将到来的变革与企业中的每个人切身相关。

一家包装消费品行业的企业在经历了数年的收入下滑之后，为保持市场竞争力，决定在运营上实施一系列的重大变革，包括30%的裁员。在会议上，公司的领导层阐述了当前的严峻局面，并指明缩减规模是唯一出路。同时，高层管理者从公司多年积累、赖以生存的品牌价值出发，精心构建了有说服力的愿景发展计划。凭借着直面现实的态度，员工充分意识到了变革的必要性，从而使管理层在实施有史以来最大的紧缩计划之时，仍能够激励内部员工前进，员工并未因此士气低落；相反，留下来的人们感到了一种帮助企业继续前进的决心。

5. 培养主人翁意识

主持企业变革项目的领导者，需要在变革期间有超水平的发挥，以一个企业变革倡导者甚至是狂热分子的形象，让大多数员工树立对变革的认同感，而非简单应允甚至被动地接受。主持企业变革，需要高层管理者们拥有主人翁意识，在自己的影响力范围内承担起责任。这就要求他们引导员工发现问题并提出解决方案，同时附以刺激性的激励和回报。激励的形式既可以是物质的（如津贴），也可以是精神上的（如伙伴情谊，与公司同命运的精神）。

一家大型医疗护理机构，准备将其行政、支持性部门改组为共享服务式的模式。起初，人力资源部的中层与跨部门的顾问团队设计出了详细的重整方案，然而在方案即将实施之际，却遭到人力资源部高级主管们的抵制，原因在于后者没有参与其中，难以建立起主人翁式的责任感和紧迫感。基于此，重组流程又经历了一次"再深入"，高级主管们和方案设计团队一道工作，切身了解变革的方方面面。经历这个转折点之后，重组计划实施得异常顺利。同时，它还在高层主管间建立起了一个论坛式的交流机制，使得团队感到了前所未有的、同舟共济的精神力量。

6. 及时、有效地沟通

在很多情况下，变革的领导者都容易犯一个错误：他们认为，公司的其他人员也同他们一样，深刻地理解了变革的必要性，看清了变革的方向。然而事实并非如此。

在最佳的变革方案中，必定包含了经常、及时地对核心问题进行重申和阐述。沟通需要自下而上、顺畅地进行，在适当的时候向员工传达适当的信息，同时征求意见和反馈。一般来说，这可能需要通过多种渠道，进行大量甚至是重复性的沟通工作来完成。

在20世纪90年代末，美国国税局局长认为，应该将纳税人视为顾客一样对待，将为人忌惮的官僚机构转变为世界级水平的服务组织。但是，想要让超过10万名员工转变官僚作风，说起来容易做起来难，远不只是重新设计系统和改变流程那么简单。国税局的领导者通过这样的方式完成了这个"不可能的任务"。

首先，他们设计并执行了一套详细的沟通计划，局长和高层管理人员每日向下属发送语音邮件、培训计划、相关内容的录像带、内部新闻信件，在市政厅召开全体员工大会等，用多种方式在变革的全过程中与员工进行沟通交流。及时、持续且有效的沟通是整个计划的核心，它最终使国税局的顾客满意度从起初在众多调查中的最低水准，提升到目前高于麦当劳和大多数航空公司的水平。

7. 对公司文化进行评估

成功的企业变革计划在自上而下地开展时，会逐渐提升实施速度和强度。因而，领导者在每一个层次上对企业文化的理解和主导变得十分重要。企业在变革期间常犯的错误是，太晚或是从不进行企业文化的评估。彻底地评估企业文化，有助于评价是否为即将到来的变革做好了充分准备，找出主要问题，明确内部冲突。

对企业文化的"诊断"能够确立核心价值、信念、行为和感知，这些即实施成功的变革所必须考虑的因素。它们作为重新设计企业的基本元素，对于确立新的企业愿景、建设变革所需的基础设施和项目等至关重要。

8. 明确地阐述企业文化

一旦企业文化为员工所理解，就要像其他信息一样，在变革过程中不断地重申。企业的领导者应当对自己的文化及其所代表的行为方式心中有数，并找寻机会树立、激励那些体现企业文化的行为。这需要确立一个底线，明确变革所需要的状态和文化，并详尽规划，以推动文化变革。

一家拥有一系列著名品牌的个人消费品专卖公司，意识到当前形势下，必须更多地专注于盈利能力和底线的责任职权分配。除了重新设计内部制度和激励机制之外，公司还制订了转变企业文化的系统计划，并从企业的中心地——市场运作开始。管理者让市场部的员工在早期就参与变革，这样便形成了一批热衷于公司新理念的员工。他们将新的企业文化应用到市场宣传活动、预算计划和激励项目中，使责任职权更加明确。看到高层倡导的新理念在项目中的出色效果，其他部门的员工很快地接受并适应了新的企业文化。

9. 做好准备迎接突发状况

没有一个变革项目是完完全全按照计划、一丝不苟地成功实施的。对于推进变革的高层来说，外部环境瞬息万变，员工也可能会有始料未及的反应，原先预料会有抵制的地方可能风平浪静，原先以为顺利推进的部分可能会遇到意想不到的阻力。因此，管理者需要对变革的后果、企业的态度和适应力不断地重新评估。他们可依赖实时收集的一手数据信息和坚实可靠的决策流程，随时对实施进行调整，保证变革的动力和效果。

美国一家领先的卫生保健公司，由于不能及时适应市场变化，面临激烈的竞争和庞大的财务压力。我们对其研究之后，发现它在内部组织结构和管理上存在缺陷。于是公司决定推行全新的运营模式。在具体设计的过程中，董事会任命了新的CEO和领导团队。起初，新的领导班子对变革计划心存怀疑，但在确凿的数据和事实面前，他们确信，只要得到了公司绝大多数的支持，变革势在必行。领导层对实施速度和后续工作实时进行调整，此后的领导层更迭也并未影响到新运营模式的本质。

10. 看重与个人的交流

企业变革既是一个组织层面上的再造，更是一项针对员工个人的过程。员工每周投入数十个小时工作，许多人将同事看作是第二个家庭中的一分子。个人或是由个人组成的集体，有理由知道他们的工作将如何变革？在变革的过程中和变革结束后公司期望他们做哪些工作？如何评价衡量他们的表现？变革的成功或失败对他们及周围意味着什么？团队领导人在这些方面应该尽可能地坦诚直率，提供诸如升职、赏识、奖金这类明确、清晰可见的回报，这将在推广变革中起到奇效，而革除顽固阻碍者，可以维护、增强组织对于变革的决心。

变革管理要处理好两个关系：

首先是成果和速度的关系，变革过程必须追求阶段变革的效果，效果是成果和速度的函数。过分追求阶段性成果而忽视改变的速度，会使变革失去意义；追求速度而忽视任一阶段性成果即"摘取最低的果实"，会使整个变革失败。

其次是体制塑造和人的塑造相结合。管理的内涵便是形成一个团队完成组织的目标，变革也是如此。要塑造成这样的成功团队，必须建立相应的体制，同时不要忽视人的因素。只有体制的再塑造而没有人思想意识的改造，使变革失去了人的支持，变革不可能成功；只有人灵魂的塑造，而没有体制再造，管理变革就会流于空洞，变革不可能成功，更不可能产生真正的绩效。

变革管理的内容

- 战略变革

转变企业生产经营和长期发展的战略和目标，这是企业变革管理的中心，例如美国柯达公司的消费影像部门，由于全球数码影像技术的出现，认识到胶片技术将走向衰落，公司消费影像的发展战略很快由传统化工胶片转变为数码影像发展战略，而这种战略变革是在国际市场计算机迅速普及，数码影像产品尚未成熟的环境下实施的。在这种战略变革的前提下，企业长期发展的目标也随之转变，而且导致企业的组织、产品、服务、流程、市场发生根本性变革。企业的战略变革往往具有创新性和革命性。

- 结构变革

企业组织结构的变革大多是由于内部和外部环境因素引发的。外部因素如市场竞争环境愈加激烈、企业购并重组、客户需要；内部因素，如新产品的生产和营销、技术变革、人的变革。原有的金字塔形组织结构将转变成扁平化结构，企业可以通过改变组织内部结构，改变组织效率低下、人浮于事、沟通困难的状况，从工作的分工、授权、管理层次，以及沟通效率方面进行调整和设计。彼得·德鲁克提出联邦分权制的原则，即由自主管理的产品事业部形成组织。联邦分权制原则可以使管理者的精力集中在经营绩效和成果上，基层管理者的权力扩大，沟通顺畅，便于企业淘汰过时的、效益差的产品和技术，以及不合格的管理者，使企业整体的变革管理更加有效率和有效果。例如，西尔斯公司的副总裁可以管理100家分店，而每一家分店都是自主管理的独立单位，分店负责人管理大约30名部门经理，每位经理都独立经营自己的单位。每个单位的管理者对本单位的营运和效益全权负责。这种联邦分权制的扁平化管理，可以使每个业务单位的主管有足够的授权，职责明确、分工合理，这样企业可以有效地进行目标和绩效管理。

企业的管理靠文化而不仅仅是制度

管理的目的不是管理人，而是激发人。能够达到这一目的最好的方式不是制度，而是企业文化。

企业文化其实就是一种无形的氛围，它的作用与力量也是无形和巨大的，这种氛围的作用就是影响、同化和激发企业中的每个人，从而使他们自觉自发地工作。在这种氛围中，所有的人都能被或多或少地同化。因此，统一和规范员工思维和行为的不是企业的制度，而是企业的文化。

企业文化的塑造、提升和作用实际就是管理的本质之一，这是来指导、规范和监督各项制度和所有人行为的标准和原动力。所以，企业和企业家必须重视和发挥企业文化的作用，通过企业文化来管理好企业。

很多人认为企业文化是一件很虚的事，都是大公司对外宣传上说的，对公司的经营管理没什么直接的作用。这其实是对企业文化的误解。或者说，他们根本就没有明白什么是企业文化，因为他们对企业文化的理解只停留在公司宣传册上的"愿景、使命、价值观……"但实际上企业文化绝不是这么几条简单的文字概括。

企业文化是一个广义的概念，但绝不是公司宣传册上的那些口号，也不是愿景、价值观、企业精神这些整理和明确出来的条理，整理和明确出来这些条理只是很表面的，很多甚至只是文字的总结和归纳，其实并没有什么太大的意义。

企业文化实际上就是企业中无时不在的氛围，或者说就是企业中的空气，它的作用和力量也是无形与巨大的。这个氛围虽然很难被描述清楚，更不能被量化，但在这个氛围中，所有的人都会被感染、被同化、被改变。人可以逃避或钻制度的空子，却无法摆脱这种氛围的制约。

任何企业不论是否明确自己的企业文化是什么，不论企业口头叫喊的企业文化是什么，其实都有自己的氛围。不论你是否能对自己企业的企业文化总结出子丑寅卯来，事实上，企业文化从你的企业开办第一天起，就已经存在和形成了，在它成形之初就每时每刻地发挥着作用。

好的企业，其氛围一定是积极向上的；差的企业，其氛围一定是恰恰相反的。只有企业真正有这种氛围，才能够有足够的力量在每时每刻，也在无形之中影响、同化和改变企业中的每个人。

很多人认为企业文化没有，是因为他们认为企业文化就是总结出来的这么几句文字。而总结成文字的企业文化之所以作用不大，是因为企业并没有形成与之相符的氛围，自然也就不能发挥出其真正的作用。好的企业基本是凝结成文字的企业文化与实际氛围相符的，不好的企业几乎都是提炼成文字的企业文化与实际氛围差别很大的，甚至连总结成文字的企业文化都没有。

如果企业能够营造一种好的、对企业发展有利的这种氛围，那么对企业的发展无疑将有巨大的促进作用。而营造这个氛围的过程，其实就是企业文化的塑造过程。

当然，企业管理也是要追求实效的，没有实际效果的管理理论和方法都是没有意义的。所以，既然把企业文化的作用提到这么高，它也必然能在企业的管理和运营中发挥切实的效果。

任何制度都有其局限和缺陷

管理的目的就是要提高企业的效益，而企业内部的三大要素无非就是人、财、物，而财和物又是靠人来运用的。因此，管理的根本还是管人，这里最关键的就是如何来管人。管人的理论有很多，方法说起来也不少。

我们经常听到类似于"靠严格的制度来管理企业"这样的声音，但制度本身就存在着先天的不足：首先，制度更多的是约束人的，而不是激发人的；

其次，制度更多的是解决有形的问题，而无形的、人内心的问题则无法解决；最后，没有百分之百全面的制度，再好的制度也无法涵盖企业的所有方面，特别是制度本身就无法做到让人来自觉而完美地遵守这些制度。

当然你可以说那是没有好的激励制度，只要建立了完善的激励制度，这个问题就可以迎刃而解了……但是，激励制度本身也是制度，也必然存在上述的不足，因此也不是说有了激励制度就可以一劳永逸了。

制度本身最大的不足就是制度本身也是要靠人来遵守和执行的，而制度本身却无法做到让人来自觉而完美地遵守这些制度。人不是机器，用制度和流程来管理只是在管理的初级阶段，人被动地受管理并不能发挥出最大的效益，很多时候反倒会引起逆反而使效果也适得其反。

有人把管人深化为"人治""法治""德治"三种。"人治"就是由人来管理人，"法治"就是用制度来管理人，"德治"就是用文化来管理人。这里"德治"无疑是最高的境界，而"德治"的目的和方法也已不是传统意义上的管理，而是更多地来激发人，从而最大限度地发挥人的主动性和能动性。

那么企业不靠制度靠什么来管理呢，"德治"又是什么呢？

企业文化就是企业的氛围和风格

我们每个人可能都有这样的经历，当我们初到一个单位上班时，心里可能有着很多的想法，也有着很多的憧憬。但经过一段时间之后，就发现自己的许多做法都不被人接受，自己只有采取人家既有的方式才可以，甚至很多人都说过"我很难融进他们去"。

这里在起作用的是企业的氛围，实际也就是企业的文化。

企业文化实际上就是企业中无时不在的氛围，或者说就是企业中的空气，它的作用和力量也是无形与巨大的。这个氛围是很难被描述清楚的，更是不能被量化的。但在这个氛围中，所有的人都会被感染、被同化、被改变。

为什么企业文化能对企业产生实效？

很多人对企业文化的理解都还停留在宣传册和网站上的"愿景、使命、价值观……"等，虽然他们表面上无比地强调和重视所谓的企业文化，但心里始终认为企业文化是很虚的东西。

他们之所以这样认为，最重要的是因为他们没有看到企业文化的实际功效，或者说他们不把企业中的很多问题与企业文化相关联，也不认为企业中的很多成究其根本原因是企业文化决定的。

那么为什么要说企业文化能对企业管理产生实效，企业文化又是如何对企业管理产生实效的呢？

首先必须要确认的是，企业文化绝不是所谓的"愿景、使命、价值观……"，这些确实都是些口号，靠这些确实很难取得实际的功效。

企业文化实际是企业中的空气，是企业中的氛围。确切地说，是一种企业长期形成的风格和习惯。什么样的风格和习惯决定什么样的做事方法，进而决定企业管理的成效。

很显然，如果企业的风格就是官僚和拖沓，那么每个人做事一定都是没有效率的；如果企业的风格是鼓励创新，那么企业的各种创新就会层出不穷……

这里一定要分清口号和实际风格的区别。口号就像愿景、使命这些一样，虽然口头上说鼓励创新，但实际上并没有相应的机制和措施，也没有相应的制度和体系，更没有形成相应的意识和行动。也就是说，还远远没有形成创新的风格。这就根本不是企业文化，仅仅只是口号。

虽然每个企业都有自己的制度和流程，但制度和流程的作用其实是片面的和非主动的，尽管有其强制性的一面，但同时也还有很多的空子可钻。企业文化虽然表面看也没有奖惩，似乎强制性不够。但真正的企业文化是已经形成了一种风格，在这种风格中，每个人都不约而同、不由自主地按照这种风格的准则去做事。如果不按照这种风格去做事，要么改变自己去适应这种风格，要么自己就会感到格格不入最终被淘汰。

　　因此企业文化的作用比制度表面的强制作用更为巨大，企业自己的特定风格决定了企业中每个人以至整个企业的做事的方法和做事的成效，所以企业的文化可以对企业的管理和企业的成效产生巨大的、细微的、无时不在的影响和作用。

　　任何事情我们都不能只看其表面，当我们深入分析和挖掘，就会发现很多事情并非我们想象的那样，每件事都有其内在的价值，只要我们发现了，就能发挥其重要的作用。

　　如果企业能够营造一种好的、对企业发展有利的这种氛围，那么对企业的发展无疑将有巨大的促进作用。而营造这个氛围的过程，其实就是企业文化的塑造过程。

企业中的很多问题其实都是文化的问题

　　• 生产管理

　　生产管理，大家都知道丰田公司精益生产方式，这是 20 世纪七八十年代世界工业界最佳的一种生产组织体系和方式，其优越性不仅体现在生产制造方面，同时也体现在产品开发、协作配套、营销网络以及经营管理等各个方面。精益生产方式的两个核心就是消除浪费和不断改进，特别是不断改进已成为丰田公司企业文化的一个组成部分。

　　中国企业特别是汽车企业，在 20 世纪末曾大规模学习和引进丰田的精益生产方式，但结果都没有成功。这里面的原因虽然可能多种多样，但其中有一点应该是可以肯定的，那就是他们只是模仿人家的流程和方法，而没有学到人家的企业文化精髓。

　　因此，从某种意义上可以说，任何生产和日常的经营管理都是企业文化的一种体现，都是企业文化的一种延伸和具体运用。文化是根本，而方法只是枝节，只有根本稳固了，枝节才能繁茂。

• 日常管理与运营

日常管理与运营，很多公司和管理者都认为日常的管理靠制度，但制度只能规定员工的具体行为，但对于其行事的风格和方法则很难规范，没有百分之百全面的制度，再好的制度也不可能约束到员工的一举一动和一言一行，最根本的是制度本身无法做到让人来自觉而完美地遵守这些制度。

事实上，每个企业中都有自己的一种氛围，每个人的所作所为是被这种氛围所制约的。特别是新的员工进入后，不论他以前有过怎样的经历和经验，他的个人力量都是渺小的，他必然会被现有企业的这种氛围所改变和同化。

因此，每个人在日常工作中的方式和方法其实都是与这种氛围相一致的，即使不一致，早晚也都会被同化为一致。所以表面上看，公司的运行是制度、流程在起作用，其实在无形中发生根本作用的是这种氛围，也就是企业文化。

当然，并不是说企业的制度就毫无用处，制度约束的是具体行为，而企业文化规范的是人的理念与习惯；制度约束的是表面的，企业文化规范的是内在的。

所以对于企业的管理，简言之，就是要充分发挥企业制度和企业文化的特点和作用，使它们相互配合，相得益彰。

• 销售

销售，在销售的过程中，客户关系无疑是最重要的因素，抛开其他的影响和手段不说，与客户的沟通无疑又是关键中的关键。

没有经验的销售人员总以为跟客户就是介绍产品，进一步可以是介绍技术，因为销售的工作和目标就是卖东西嘛，而事实上是这样吗？许多销售人员都有过这样的感觉：与有的客户好像一见如故，而与有的客户总是话不投机。

曾经有一本很畅销的书，书中曾描写了这样一个事例：有一个销售人员在请客户吃饭之前，打听到这个客户酷爱明史，于是自己花了几天时间补习了一下知识，然后在席间将话题引到了明史上，其最后的效果自是皆大欢喜。

在这里，明史与销售本身应该是风马牛不相及的，但为什么对销售的结果能起到这么大的作用？显然，这就是"文化的力量"。这个文化虽然不是企业文化，但文化之间本身并没有本质的区别，同样我们也可以用到企业文化来促进销售。

例如，每个人和每个公司都有自己的理念，如果企业文化中某个理念恰好与客户的某个理念相符合，那么一定能产生极大的共鸣。当然，要想与每个客户都有共鸣也是不实际的。

再如，在企业文化的建设中，肯定要搞一些活动，如果某个活动客户觉得非常新颖而有意义，甚至借鉴过去自己也搞了，那么无疑能够极大地加深客户对自己公司的认可，而客户的认可无疑也就是合作的前提。

当然，这里的企业文化只是促进销售的一个因素，自然不能代替销售工作的全部，销售还是要按销售自身的原则和规律去做。但很显然，如果把企业文化运用好了，对销售的促进毫无疑问是巨大的。

如果把与客户沟通的内容划分出层次，产品肯定是最初级的，技术和市场会高一些，而文化无疑是最高的。

因为客户成天接触的都是产品，对产品的兴趣已经没有那么大了，而现在的产品差异也是不大的。而企业文化则是各有特点的，是完全能够引起客户共鸣的。而且客户对产品和技术的认可只是暂时的，而对文化的认可才是长久和稳固的。更何况很多时候，产品和技术可能还不是或不全是企业自己的，只有企业文化才真正是企业自己的。

向客户赠送企业的内刊就是一种与客户之间进行的文化沟通，就是在较高层次上与客户的一种交流，最终一定会与客户产生共鸣。

· 兼并

兼并，公司在成长的过程中，经常会采用兼并、参股、控股这类的模式。对于多元化的公司更是如此，在扩张的过程中都少不了兼并。

兼并的成败虽然有很多因素，但有一点应该是达成共识的：那就是兼并各方的文化是否能够共融。凡是兼并成功的，其中在文化上肯定是共融的；而在文化上不能共融的，兼并的结果基本上都不会成功。

这里的道理很简单，原有的各方已经形成了自己的氛围和习惯，大家做事的标准和要求也各不相同，原有的制度和流程可能也都有很大的差异。因此，在合并后的具体操作和运行中，其沟通、落实、执行……都会产生分歧，甚至抵触。如果解决不好，很多事情肯定都无法进行下去，兼并自然也就无法达到预想的目的。

当然，兼并绝不是用一个公司的文化去改变另一个公司的文化，也不是用一种文化来统一其他的文化，其根本是原有文化本身就要具有兼容性。虽然兼并的过程就是互相改变和适应的过程，但要想改变一种文化是很困难的，即使要改变，也要在兼容的前提和基础上改变。

兼并是一个庞大而繁杂的系统工程，而文化的"兼并"在里面扮演着重要的角色，从某种意义上说还起着决定的作用。这就要求企业从一开始塑造企业文化时，就要与自己的目标和战略匹配。而在兼并的过程中，还要首先不断地"调整和修正"自己的文化。

前几年，"空降兵"（兼并收购一方向被兼并收购一方派去高级管理人员）曾经很是热闹了一阵，但后来的结果是绝大多数"空降兵"都铩羽而归，大家公认的一个主要原因就是双方的企业文化难以相融合。

这其中的道理并不难理解，企业从外面请来了"空降兵"，就是要让他们带来新的东西去改造原来的企业。原来的企业一般都不会是小公司，太小的公司也不可能去请"空降兵"。既然是大公司，其历史就不会太短，人数也不会太少，其文化和氛围也早已形成了。

企业文化形成得越早就越稳固，其力量也就越强大，"空降兵"在这样的文化面前，其力量是非常渺小和不堪一击的。而很多"空降兵"却不识时务，摩拳擦掌地一上来就大刀阔斧地改革，恨不得一晚上就到达"罗马"。这样通常的结果就是他们要实施的任何措施都阻力重重，即使大家都公认的很好的举措也难以贯彻执行。长此以往，"空降兵"就没有了用武之地，更没有了存在的价值，其结果也就可想而知了。

这里"空降兵"恰恰是忽视了文化的力量，以为自己可以很容易改变一切。其实他们带来的那些制度、流程、结构……都是枝节，而文化才是根本。

如果不改变根本而只想改变枝节显然是不可能的，而要想改变枝节就必须先改变根本。

但是，要想改变一个公司的文化又谈何容易，改变在很多时候要比从零开始还困难得多。企业文化的形成不全是自上而下的，但"空降兵"的改革往往都是自上而下的，因为他们本身都是高管，自然高高在上。"空降兵"要改革的其实不是制度和流程，本质上是企业的文化，而很多的"空降兵"却没有意识到这一点。因此，"空降兵"自己首先要融入企业，然后发现其中的问题，同时还要让老板和员工也感受和认识到这些确实是问题，确实需要改变，之后再通过适当的方式来逐步改变和形成新的文化。改变和重塑企业文化的过程也是"空降兵"被认可的过程，只有"空降兵"本身被接受了，其所要推行的措施才可能被推行，那时再实施相应的举措就会轻而易举了。

所以说"空降兵"要改变的不是别人，而是先要自己被改变；要做的不是企业流程的再造，而是企业文化的再造。

"一朝天子一朝臣"，上面是说的"空降兵"，而对于招来"空降兵"的很多公司，也都遇到过这样的情况，当新招聘了一个高管后，这个高管往往会带来几个过去长期跟随自己的人。凡事都有优缺点，用自己原来的人当然是得心应手。但其缺点也是很明显的，这些人在公司就是一个小团体，从公司的角度，肯定不希望有任何小团体的存在。公司有这样的担心还是底气不足，而底气不足的原因就是自己的企业文化不够强大。看看那些世界500强的跨国公司，不要说一个人或者一个团队，就是整个部门或一个小公司收购过来，都可以用自己的企业文化给同化了。除非是规模差不多的公司之间的兼并，才会遇到企业文化的冲突和共融问题。所以说，归根结底还是要形成自己的企业文化，只有自己的企业文化强大了，那些小团体也就不足为惧了。

• 创新

创新，几乎每个公司都把创新作为自己的宗旨，都希望通过创新取得发展。很多都还制定了详细的规划、制度和奖惩。不过，从那些创新做得比较好的公司的历程和经验上看，要想做好创新，最重要的首先要有创新的氛围，要在全公司上上下下形成强烈的创新理念和欲望，无时无刻不在想着创新和做着创新。

很多的企业管理者认为我天天都在鼓励大家创新呀，这种所谓的鼓励虽然是必要的，但与真正形成创新的氛围还差之甚远，还需要提供必要的条件，适当的投资，落在实处的鼓励和奖惩……

氛围的形成是综合的、长期的努力结果，也是需要每个人都理解、付出和真正行动的结果。

其实，不仅是创新，企业任何的管理举措都需要相应的氛围，如果没有这种氛围而只是几条规定，那么是不可能取得什么成效的。

领导的艺术。作为一个管理者，其管理方法很多时候就是自身领导艺术的体现。而目前所谓的领导艺术更多的是领导的"技巧"，而不是真正的"艺术"。领导的技巧更多是属于管理的方法，而管理方法就像管理制度一样，无法涵盖实际工作中的方方面面，更不能深入员工的内心。很多人认为，掌握的技巧越多，管理起来就会越容易。但实际上，相同的技巧根据不同的情况，针对不同的对象，其使用都是不一样的。所以，技巧的多少很多时候并不能决定管理的成败。

在纷繁缭乱的"技巧"中，只有抓住本质，才能"一劳永逸"，才能不为技巧"所累"。企业中无时无刻不在发挥作用的是企业中的"空气"——企业文化，因此领导的最大艺术就是营造好这个企业的文化，这就是管理的本质，也是领导的实质。

在企业的管理和运营中，当然不止以上这些问题，这些只是比较典型的。要解决这些问题，从道理上讲是非常简单的，那就是建立一套良好的企业文化就可以了。不过，这里最大的难点恰恰是企业文化的建立或重塑过程，那么如何才能迅速建立良好的企业文化呢？

企业文化的塑造过程

概括提炼出所谓的企业文化并不难，而这个提炼出来的东西本身也无好坏优劣之分，关键是把这些提炼出来的真正转化成企业自己的氛围和风格，从而形成自己的文化，并发挥积极的效果。

企业文化既然是一种企业的风格，那么就必然是多种多样的。就某种具体风格而言，并无好坏之分，每种风格只要真正建立了，都会发挥作用，体现出效果。

管理其实就是管理者魅力的体现。既然企业文化就是企业中的氛围，那么这样的氛围又是如何和怎么来营造呢？

每个企业的文化都不是一致的，或者说每个企业都有自己的风格，这主要是由企业最高管理层的性格来决定的。对于民营企业尤为如此，所以企业的文化可以说是企业家个人性格的反映。

既然是氛围，那么营造的过程就是一个持续、漫长和坚持的过程，就不是开几次会、发几个通知、制定几条规定就能够完成的。它主要需要企业家自己不懈的坚持和努力，从一点一滴来培育。所以要创办和经营企业，自身首先要修炼好，只有自己的"文化"好了，企业的"文化"才能好。

同时，管理的方法很多，选用哪种而不选用哪种，也完全是由管理者个人的喜好和理解决定的，而这也与其个人的因素有关，因此可以说管理就是管理者或企业家个人魅力的一种体现。

首先是首席执行官的言传身教和以身作则。企业文化的塑造是自上而下的，因为企业文化从某种意义上说就是企业所有者或管理者意志和追求的反映，是其管理理念和管理原则的一种体现；同时，员工是流动的，而老板是很少变的；而且只有老板才有如此的权威，员工是没有这样的权利，也没有这样的义务的。所以企业文化的建立一定是从上而下的。

既然是老板要求和倡导的企业文化，老板自己首先当然要做到，最重要的还是要体现出这种企业文化的意义和作用。

最重要的是员工的认同和感同身受。企业虽然是以董事长为代表的，但很多具体工作是要靠员工来干的，所以只有董事长个人着急是没有用的。企业文化毕竟不是董事长、总经理的几个指示就可以见效的，没有员工的参与也是不可能建立起来的。

这里最关键的是要让员工认可这个企业文化所包含的价值观，同时还要让他们看到这个企业文化给企业和个人带来的价值，只有自身受益了，才能真正认同和付出。

企业文化是一个长期的过程。企业文化既然是一个企业的风格和习惯，习惯的养成一定是长久的，那么企业的习惯——企业文化的塑造过程也一定是长期的。在这个过程中，"不怕慢，就怕站"。只要付出努力，自然就会水到渠成。

正是因为企业文化的形成需要一个长期的过程，所以它一旦形成也就很难改变，因此它的力量也才是强大的。否则，如果企业文化可以随意和随时地改变，那么它也就没什么力量了，更没有什么作用可以发挥了。

靠从每一件事来积累。如果员工由于承担责任而出现了失误，从理论上大家都知道应该鼓励员工勇于承担责任。但实践中在鼓励承担责任和处罚失误之间，其实是很难平衡和把握的，特别是这类事出得多了，这个标准真的是很难界定和控制，也是很难做到让大家心服口服。

所以说企业文化的建设都是从细微之处着眼和着手的，绝不是做几件轰轰烈烈的大事就可以搞定的。现在的公司都越来越重视对员工的培训，从新员工培训到素质、技能、技巧……不胜枚举。但作为企业的领导者或管理者，是否真正想清楚了为什么要对员工进行培训？应该对员工进行什么样的培训？通过培训要达到什么目的和效果？很多人都会说，对员工的培训当然是为了提高他们的个人素质和工作技能，以便更好地工作。

从上面的论述中可以看出，在企业中起根本作用的是企业的文化，因此，对员工的培训应该是对其进行企业文化的培训，只有真正掌握了企业的文化，才能适应这个企业，也才能在这个企业中充分发挥出才干。

很多公司在新员工培训都会培训自己公司的企业文化，但这个所谓的企业文化大多是公司"愿景、使命、价值观"等，前面已经说了这些都并不是企业文化的核心。

所以企业文化的培训如果仅仅是这些，那是远远不够的。而对企业文化的培训，靠这种上课的形式也是远远不够的。对员工进行企业文化的培训就是要让他们适应企业的氛围，而培训本身靠的也恰恰就是企业的氛围，同时培训的过程也是企业文化的塑造和强化过程。

不能有侥幸和投机心理。企业文化的建设首先应立足于好的习惯和风格的培养，而不能期待得到立竿见影的回报。企业文化一旦建立，自然会有相应的回报，只不过这种回报更多的是无形的和无法量化的。实际上，在企业文化建设上的投入很多也不是时间和金钱，更多的还是精神上的执着与输出。

企业靠什么战胜挫折与失败。纵观企业发展的历史，即使那些百年老店，中间也都经历过多次的挫折与起伏。那为什么有些公司就能战胜挫折继续发展壮大，而有些公司就因此失败而退出历史舞台呢？这里面核心的决定因素又是什么呢？

是核心产品吗？除极少数公司直到今天还保持最初的产品，绝大多数的公司现在的产品与初创时的产品早已大相径庭，甚至所从事的行业都已毫不相关了。

是自己的技术吗？当今的时代，技术的更新换代恐怕是最快的了，谁也不可能做到永远站在技术的最前沿。况且在很多时候，技术也并不起决定作用，技术并不能战胜一切。而且就像产品一样，很多公司在其发展过程中，不知道已经转换了多少行业和领域了。

是品牌吗？品牌只是客户的一种认知度，只有客户的承认肯定还是不足够的，这只是外因，外因最终还要通过内因起作用，而这个内因一定是在企业内部。

是老板吗？确实，在很多情况下，企业的命运是老板"决定"的。但在很多时候，老板又是孤掌难鸣、力不从心的。特别是企业发展到一定规模之后，老板更是靠一己之力而难有作为的。

是员工吗？很多企业在几十年甚至上百年的时间里，经历过多次的挫折，如果说靠一批忠诚的员工战胜某些挫折可能不难，但在这么长的时间里，员工已更新了好几代了，又是什么让这么多、这么几代的员工都与公司一道齐心协力、共渡难关的呢？

《基业长青》一书认为，能够让企业不断战胜挫折、渡过难关的只有企业文化。只有企业文化才能凝聚员工，才能使他们和整个企业齐心协力共渡难关。

一个企业最重要的是人才和文化，许多企业延续了上百年，业务可能变化了许多次，但传承最有价值的是企业文化，传承者是一代又一代的优秀领导者和优秀员工，这是企业的百年大计、立身之本。

好的管理方式和模式最终都要上升到企业文化

上面提到过丰田的精益生产方式，事实上精益生产方式本身也正如有人评论的那样：精益生产既是一种生产方式，又是一种理念、一种文化。实施精益生产方式就是决心追求完美、追求卓越，就是精益求精、尽善尽美，为实现终极目标而不断努力。它是支撑个人与企业生命的一种精神力量，也是在永无止境的学习过程中获得自我满足的一种境界。

由此可见，精益生产在丰田已经不仅仅是一套生产体系了，而已完全上升为一种企业文化。也正是因为形成了这种文化，才使这种生产方式得以实施，并发挥出极大的效益。

其实，不仅是丰田的这个精益生产方式，就像 TQC、OEC、六西格玛……这些工作法和管理模式也都无不如此。如果只是学习和模仿其方法，都不会产生很好的效果。只有上升并形成自己的一种企业文化，才能真正掌握和运用自如，也才能真正发挥出它们最佳的作用。

因此，从某种意义上可以说，任何生产和日常的经营管理都是企业文化的一种体现，都是企业文化的一种延伸和具体运用。任何管理方法和管理模式仅有一整套的流程和系统是远远不够，最终都要上升和形成一种相对应的企业文化，这样才能从思想上统一和指导具体的行为。管理方法和管理模式只有成为一种企业文化了，才能长久发挥作用和效益，否则这类的管理方法和模式只能是解决临时的问题，也只能发挥暂时的功效。

管理的最终就是没有管理

企业文化绝不是虚无的东西，而是企业和企业管理中不可或缺的极其重要的组成部分，同时也是能够在企业和企业管理中发挥极其重要的作用。

不论企业文化是否已明确地建立起来，企业的氛围是一开始就有的，也是一直在起作用的，这是不以人的意志为转移的。

而建立企业文化的目的无非就是建立起好的氛围，而抑制不好氛围的产生，其根本目的就是充分发挥每个人的自觉性，也是让他们愿意发挥出自己的自觉性。

管理制度本身并没有什么高深之处，那些条款也都是很好理解和不难做到的。但之所以还要制定并强迫大家遵守这些制度，是因为有相当多的人不够自觉，他们不能够自觉地为企业着想、为企业做事。

企业文化的塑造过程从哪方面来讲都是非常复杂和漫长的，中间还要经历很多的曲折和考验。不过，一旦建立好了，就可以"坐享其成"了，因为这时的企业文化也不是轻易可以被"篡改"的了。

一旦所希望的企业文化开始确立，这个文化马上也就开始发挥作用了，其也必然开始改变企业中的每个人了。当所有的人都被这个文化所同化之后，他们就应该能够自觉地改变自己和自己的工作了。如果还是不好，那只能说企业文化本身就不够好。

当企业文化建立并发挥作用之后，其他的制度、流程等都不重要了，因为这时企业中的每个人已能够自觉地工作、自觉地维护企业利益了。因此，这时管理的形式和方法就没有太大的区别和意义了，管理本身也就不重要了。

管理是没有定式的，管理的终极形式就是没有管理。

学会评估企业文化

有热心企业文化的人士对部分企业的不良文化现象做了个扫描：

"制度有了也不执行"

"人治大于法治"

"企业文化就是一个人的文化"

"君主专制"

"重族内，轻族外"

"重感情，轻制度"

"公德缺失"

"唯利现象"

"小富即安"

"文化缺失"

• 企业文化现状评估方法（权数比重）

1. 企业文化的地位与作用（12%）

企业文化建设是否列入企业发展战略？企业文化由谁主抓？

2. 企业价值观（12%）

价值观是企业文化的核心，是企业评价事物时共有的观点，也就是企业和员工个人认为在企业的生产经营活动中什么是最有价值的、什么是值得为之付出最大努力的衡量尺度。

评估包括：企业对利润、股东权益、社会责任、尊重员工、员工参与度、产品服务质量、顾客需求等的关注程度（重视程度）。

3. 企业员工行为规范（12%）

企业员工行为规范是指由目标体系和价值观念所决定的企业经营行为和由此产生的员工所持有的工作态度和行为方式，是企业文化的重要构成要素。它通常表现为企业的规章制度、行为准则等成文的规定和传统、习惯、礼仪、禁忌、时尚等不成文的行为规范，是企业价值观在行为中的具体体现。

评估包括：制度建设情况、职业道德建设、遵纪守法、礼仪、作风态度、团队精神。

4. 企业环境（7%）

企业环境对企业文化的形成和发展具有重要影响，它是指企业经营所处的社会和业务环境，包括市场、股东、顾客、企业员工、竞争对手、技术、政策等多方面。企业文化的环境适应性越强，企业经营业绩就越大；相反，企业文化的环境适应性越弱，企业经营业绩越小。

评估包括：与政府、社区、股东、经销商的关系；品牌美誉度；环境制约（相关法律、法规）；核心竞争力的稳定性和长远性。

5. 企业形象（15%）

企业形象是企业文化外在的综合体现，是企业通过生产经营活动，向公众和客户及消费者展示自身本质特征，并给公众留下的企业整体性和综合性印象与评价。企业形象具有"对内增加凝聚力、对外增加吸引力"的巨大功能。企业形象的表现形式有产品形象、服务形象、员工形象和企业环境形象等。国内外公认的企业形象设计包括企业理念、企业行为、视觉识别三大系统。

理念识别系统：价值观认同程度、企业哲学提炼水平、经营宗旨的正确度与前瞻性、企业精神完美度评价、企业美德内容评价、企业作风。

企业行为识别系统：组织机构健全与完善、运行有序、对员工的尊重与教育，礼仪规范，荣誉、声誉，公共关系，经营方式、方法。

视觉识别系统：企业名称的合法性、规范性、易记易识别程度，企业标志、商标的设计与识别效果，标准字体、印刷专用字设计水平，标准色、吉祥物、标志物等。

6. 企业文化传播 (10%)

企业文化传播网络就是利用各种传播途径将企业价值观、目标、精神、道德、经营方略、品牌、新产品及新技术、新服务等企业物质与精神要素信息传达给社会公众的手段。

评估包括：正式传播网络，如企业报、刊、书、媒体、网络等；非正式传播网络及团体，如各类集会活动，小道消息传播渠道等。公共关系传播效果，营销对公众与客户、消费者的影响，企业品牌及产品的宣传。

7. 企业人力资源评估 (10%)

人才是企业成长与发展的基础，是生产力要素中最积极的要素。开发利用好人力资源，有利于调动员工的工作积极性、自觉性和责任感，从而提高工作效率。

评估包括：人力资源的综合素质，如学历比重，学习氛围，企业英雄与模范；人力资源配置状况，如人才结构、人尽其才；人才环境，如政策、培训、激励。

8. 企业无形资产状况 (6%)

企业无形资产是企业文化的主要内容之一，一般论述企业文化的书籍中均未列入，这里将无形资产与品牌价值作为企业文化资产的重要内容看待，具体包括企业商标、专利、专有技术、著作权、荣誉权、商誉、品牌。企业文化建设成就突出的企业，其无形资产在全部资产中占有较高的比重，无形资产的价值较高。

9. 企业文化氛围 (10%)

企业文化氛围指企业文化的硬件建设和软件建设相结合所形成的一种具有企业本身个性色彩的"企业文化氛围"。

评估包括：企业组织生活，如民主生活会、庆祝活动等；工作环境；产品文化，如质量、包装、储运、员工对产品的责任心、售后服务等；安全文化；娱乐设施，如俱乐部、文化馆、活动室等；体育、公益设施及利用状况；礼仪活动评价；文娱活动；社会福利、公益性活动参与程度，如无偿献血、植树、捐赠、环保等。

10. 企业社区文化 (3%)

评估包括：企业社区环境绿化、美化；管理规范有序；社区娱乐活动。

11. 企业家庭与生活文化 (3%)

与西方国情所不同的是，中国人的家庭观念比较重，家庭文化氛围的好坏直接影响企业员工的工作情绪和工作热情、工作效率。就企业文化而言，企业家庭文化富有浓重的中国特色，属于企业文化的边缘性内容。对于高科技企业相对不是那么重要，但是随着员工的逐渐成熟并成家立业，这个方面的措施会越来越有意义。

评估包括：倡导尊老爱幼、和睦互助、相互谦让的风尚；奖励措施，如配备文化、学习用具，奖励有成就的子女等；与社区文化相结合的家庭活动，如家庭才艺展示、文体比赛等。

企业文化测评如同病人看病诊断，首先要判别是发烧、感冒还是其他营养提升、增强免疫力等。这里并非强调企业文化测评存在多样的目的，而是强调此次测评的根本应用。有些企业做企业文化测评是为诊断与企业文化相关的管理系统，如人力资源，而有些企业则明确企业文化测评是为建设企业文化。

总的来说，企业文化测评的需求是诊断以及应用两大功能。根据研究，无论国外的学者还是国内的学者，提出了基于不同维度的测评模型，例如著名的"丹尼森组织文化模型"等，不同维度的展开其结果都具有针对性，但总的来说，企业文化测评需求包括组织氛围、员工满意度、企业文化现状、员工价值观取向等。

• 丹尼森的组织文化模型

"丹尼森组织文化模型"是由瑞士洛桑国际管理学院的著名教授丹尼尔·丹尼森创建的。笔者认为，该模型是衡量组织文化最有效、最实用的模型之一。丹尼森在对大量的公司研究后，总结出了组织文化的四个特征：参与性、一致性、适应性和使命。

1. 参与性

涉及员工的工作能力、主人翁精神和责任感的培养。公司在这一文化特征上的得分，反映了公司对培养员工、与员工进行沟通，以及使员工参与并承担工作的重视程度。

2. 一致性

用以衡量公司是否拥有一个强大且富有凝聚力的内部文化。

3. 适应性

主要是指公司对外部环境中的各种信号迅速做出反应的能力。

4. 使命

这一文化特征有助于判断公司是一味注重眼前利益，还是着眼于制订系统的战略行动计划。成功的公司往往目标明确，志向远大。

这四个特征中，每个又各有三个维度。该模型的实用性在于，使用者可以通过对公司员工进行 15 分钟左右的问卷调查，根据调查结果进行相关的计算，快速地确定公司在 12 个维度上的得分；由于这 12 个维度相应地对市场份额和销售额的增长、产品和服务的创新、资产收益率、投资回报率和销售回报率等业绩指标产生着重要的影响，因此，测试出公司在这些方面的得分有助于管理者采取相应的行动来调整自己的组织，实现战略目标。

• 基于员工满意度的测评需求

"员工满意度调查"是一种科学的管理工具，它通常以调查问卷等形式，收集员工对企业各个方面的满意程度。一个成功的员工的满意度调查通常有如下几个功能：

通过"员工满意度调查"这个行为，企业向员工表示对其的重视；

搭建一个新的沟通平台，为更多真实的信息铺设一个反馈的渠道；

系统地、有重点地了解员工对企业各个方面的满意程度和意见；

明确企业最需要解决的相关问题即管理的重点；

检测企业重要的管理举措在员工之间的反映。

• 企业文化维度界定

曼克斯等以企业在分配过程中的行为特征为标准，把企业文化分为经济导向的企业文化、关系导向的企业文化和发展导向的企业文化。

有学者在曼克斯的理论基础上，将企业文化分为经济导向企业文化和发展导向企业文化两个维度，并进一步定义为：经济导向的企业文化是指企业强调稳定的经济效益，往往以绩效为工作中心，力求通过一致的行为获取稳定的收益。在分配过程中，一般遵循按劳分配原则，资源分配主要强调过去而非将来潜在的贡献。在以经济导向的企业文化中，过去贡献或成绩最大的人被认为有较多的权力，更注重过去的成功经验。

相比之下，发展导向的企业文化强调企业的长远发展，把可持续发展和实现远期利益作为企业经营的重点，注重变革和适应性。在发展导向的企业文化中，具有较大潜力的人被认为有较大的权力。重视员工和企业的同步发展、员工的培养和潜能的发挥。企业更注重探索新的方法。

领导风格维度界定。美国学者巴斯等将领导风格分为变革型领导和交易型领导两个维度。变革型领导有四个独立的特征，称为"4I"：理想化的影响力、精神鼓舞、智力激励和顾及个人。对组织而言，变革型领导把创造力、持之以恒的精神和对他人需求的了解凝聚在一起组成坚实基础，这种领导坚信：员工是可信的并且有目标，每个人有独特的贡献，问题得到及时解决。变革型领导建立愿景和目标，把其他人连接在这一愿景上，使每个人为目标的完成承担更大的责任。他们领导和教育员工，培养一种具有创新性和成长性的文化，而不是保持现有的标准。他们承担下属成长的责任，下属在既定的远景下充分发挥，以发展他们的潜能。

与之相反，交易型领导是为其下属指明他们的正确行为应该得到什么回报，坚持员工的努力与企业的奖酬相互交换的公平原则，监督员工不符合企业规范的行为并促使其改正，认为企业与员工间是一种契约关系。交易型领导的主要特征是：领导以明确的角色和任务指导下属，以组织的合法性为基础，依赖奖惩影响员工，注重绩效，强调标准和程序。

· 研究设计

为了验证上述假设，企业文化研究学者对企业文化维度、领导风格、员工满意度、企业绩效进行了问卷抽样调查，并运用统计分析方法，对企业文化两维度之间、领导风格两维度之间进行相关关系测量，分析企业文化两维度与领导风格两维度在企业的组合方式，并据此探讨领导风格与企业文化的协同性。通过统计分析企业文化与领导风格协同性强的样本企业组与协同性弱的样本企业组和员工满意度高低的相关关系，探讨企业文化与领导风格协同性对员工满意度的影响。

通过统计分析企业文化与领导风格协同性强的样本企业组与协同性弱的样本企业组和企业发展指标与利润指标的相关关系，探讨企业文化与领导风格协同性对企业绩效与企业发展的影响。最后，通过统计分析员工满意度与企业绩效的相关关系，探讨员工满意度对企业绩效的影响。

《福建企业文化评价体系》的试行

2010 年 8 月，福建省委宣传部企宣处与福建农林大学企业文化研究所共同组成"福建省企业文化评价体系课题研究组"，开展了专题调研和编制工作。课题组先后召开了多次不同类型企业座谈会，实地走访福建省地区市各类企业，考察当地企业文化的建设状况，对形成的《评价体系》，组织论证会、评审会及赴企业进行模拟测评等工作，并邀请相关领导、专家、企业家做了后期讨论和修改，形成了《福建企业文化评价体系》（2011 试行版）。

这套"评价体系"力求做到：一是能够确切、客观、全面地了解当前福建企业文化建设的水平、层次、进程与效果。二是对企业在文化建设方面的成效与不足，给予适当的表彰鼓励与提出改进的建议。从而进一步推进福建省企业文化建设的深度探索与创新，使福建省企业文化建设相应的每个二级指标下设的三级指标的标题也概括得较为精练，将二级指标较为抽象的概念具体细分，从企业建设企业文化的意识、行为、能力、形象、成就等29个项目中多方面地将企业文化涵盖的内容具体罗列表现。分数权重方面，二级指标突出：价值实践（100分）、劳动权益保障（100分）、企业成就（100分）、创新能力（70分）、文化活动（90分）、文化网络（80分），三级指标的分数设置也有所侧重，突出了企业社会责任、企业经营业绩均为70分。每一项指标的设计均配套了相应的测评内容，每个测评内容的设定尽可能全面反映三级指标的基础，同时，也便于考评组考核。测评内容的设计，努力表现具体直观，绝大多数可直接通过企业提供相应材料与实地考察得出企业某项指标好差的结果，给实际操作带来便利。综合指标的设置可以避免一些成效突出的优秀企业文化由于评价过程中无法避免的误差而出现分数不突出，甚至低分的现象，通过考评组在实地考察企业、问卷调查、访谈了解，形成对各个企业的企业文化进行总体印象的评价。指标保持基本指标中的精简的风格，从企业的实际运作情况、直观的形象设计与所得成就三个方面的成效对企业文化的建设效果进行评价。通过综合指标测评内容在基本指标的测评内容基础上升华提炼，从而对综合指标进行评价打分，最终以附加分的形式体现在《评价体系》的总分中。

表 9-1　福建企业文化评价体系总框架

	一级指标	二级指标	三级指标
基本指标 （800分）	价值观指标 （160分）	核心价值 （60分）	体现社会主义价值体系要求（20分）
			企业经营理念成型（40分）
		价值实践（100分）	企业思想道德教育展开（30分）
			企业社会责任履行（70分）
	企业家指标 （160分）	文化自觉（40分）	重视企业文化建设工作（20分）
			担当企业文化建设榜样（20分）
		工作劳动（50分）	机构健全（10分）
			管理规范（20分）
			职责履行（20分）
		创新能力（70分）	创新意识（20分）
			创新能力（20分）
			创新激励（30分）
	员工指标 （160分）	劳动权益保障 （100分）	劳动关系和谐（30分）
			工资工时保障（40分）
			劳动保护到位（30分）
		团队建设 （60分）	企业成员和谐（20分）
			民主权益享有（20分）
			企业学习实效（20分）

	一级指标	二级指标	三级指标
基本指标 （800分）	物化指标 （160分）	文化活动（90分）	文化活动场所（30分）
			文化活动展开（30分）
			企业文化培训（30分）
		文化环境（40分）	工作场所（30分）
			基础建设（10分）
		经费保障（30分）	文化建设立项（30分）
	传播指标 （160分）	企业形象（30分）	形象设计（30分）
		文化网络（80分）	网络构建（30分）
			文化宣传（50分）
		社会传播（50分）	政府评价（30分）
			社会评价（20分）

	一级指标	二级指标	三级指标
综合指标 （200分）	企业文化 建设效果总评 （200分）	企业活力（50分）	企业工作效能（30分）
			员工凝聚力（20分）
		企业风格（50分）	企业整体形象（30分）
			企业精神特色（20分）
		企业成就（100分）	企业经营业绩（70分）
			企业品牌成就（30分）

• 创建以"三色公司"为企业文化代表的模式

创建以"三色公司"为企业文化核心的华能国际电力股份有限公司被确定为 2012 年度全国企业文化示范基地，中国企业联合会和中国企业家协会表示，将通过对示范企业的培育研究，建立我国企业文化评价体系。

全国企业文化示范基地创建活动由中国企业联合会和中国企业家协会联合北京大学、清华大学、中国人民大学、南京大学、浙江大学和复旦大学等国内知名高校共同举办。其宗旨是通过开展示范基地创建活动，树立企业文化建设典型，引导广大企业学习示范基地文化建设的经验和方法，并以此为契机，相互学习交流，提升企业文化建设成效。

华能国际电力股份有限公司创建以"三色公司"为企业文化核心——为中国特色社会主义服务的"红色"公司；注重科技、保护环境的"绿色"公司；坚持与时俱进、学习创新、面向世界的"蓝色"公司，目前，已成长为亚洲最大的上市发电企业之一。

第十章

成长突破的八大智慧

正当此时，使我想起我女儿在20年前问我的一个问题。有次，她问我："爸爸，如果你是厂长（总经理），你首先想的是什么？"面对十几岁的孩子，我很好奇，问她："你怎么想起问这个问题？"她撒娇地说："你告诉我嘛。"我说，我首先想到规划、部署。再把眼前的销售抓好，还要把人的积极性调动起来。她说："爸爸，你肯定做不好！"我问"为什么？"她说："你首先想到的应该是破产！"我又好奇地问："为什么要想到破产呢？"她很认真地告诉我："你只有想到破产，才能想到如何使企业不破产，才能想到如何使企业健康发展，你才能做好啊！"我很有感悟，也很欣慰。女儿的思想成熟已经超过我们这些自认为有见解的管理者了。

尊重人格的经营

在惠普公司的价值观中，最突出最醒目的一条就是：信任和尊重员工。

任何大组织，它的凝聚力不在于它的形式或组织或管理技能，而在于我们称之为信任的力量以及这些信任对它的人员的感染力。这是一个你必须每天都要争取的事情。你就是不能说那是想当然的事情。信任和忠诚对我们来说是不可思议的竞争优势，但它需要你每一天都要去争取它、去保护它。

惠普公司对于员工的信任和尊重体现在员工工作的每个细节中，惠普公司的实验室备品库，存放着大量的电子工具、电器设备和机械零件，惠普公司的技术工程师们不仅在工作过程中可以任意取用，而且他们还可以把这些工具和设备拿回家用。尽管这听起来有些匪夷所思。然而，惠普公司创始人休利特却是这样解释的，或许这些技术工程师会使用这些工具和设备做一些与工作项目和工作任务无关的事情，但是，无论怎样，他们在使用这些工具和设备过程中都会学到一些经验和技术，经验和技能都能得到提高和完善。据说，这一传统来源于休利特的一次视察。当休利特参观惠普公司的一家分厂的时候，它发现实验室备品库上着一把很大的锁。于是，他令人取来一把压力钳，剪断了备品库门上的锁，并且在上面留了一个纸条：

"请勿再锁此门。谢谢，比尔。"

从内部提拔员工也是惠普公司对员工信任和尊重的一种体现。在惠普公司投身于计算机行业以前，公司核心部门的部门经理没有一个不是从公司内部提拔晋升上来的。在进入计算机行业之后，由于市场和顾客的变化，公司内部产生了计算机专门人才匮乏的现象，于是，惠普公司的目光不得不转向了公司的外部。当然，在惠普公司文化的影响和辐射之下，这些从外部招聘的人才同样融入了惠普公司的文化之中，成为惠普大家庭中的一员。

当记者问及休利特的成功时，他没有提及公司的巨额盈利，也没有提及公司产品在市场上的畅销趋势，而是长篇累牍地谈论了公司的尊重和信任。对于员工的尊重，休利特有一个绝招。在每年年末总结时，他会邀请各级部门经理就哪些公司哪些部门实现了增值，哪些公司哪些部门未实现增值进行一次投票。通过这种方式，休利特让每一位员工明白，自己的努力和贡献对于公司的重要性；他相信员工都想把工作做好，让他们乐意在惠普工作是很重要的事，尽可能让员工在他们的工作岗位上感受到真实的成就感。

要以体谅与尊重来对待每一个人，要肯定他们的成就。我一向重视如何创造一种环境，让员工有机会展示他们最佳的成绩，发挥他们的潜能，并使成就得以认同。

公司里的每一个人都很重要，每一项工作也同样重要。在我们所经营的这种高科技行业，小小细节就会导致产品质量的差异，因此我们试图向全体员工传达的是一种态度，每一个人的职责在于把自己的工作做到尽善尽美。

曾经有一次，休利特在一位工厂经理的陪同之下，到公司的某个车间巡视时，发现一名机械技工在打磨一个塑胶模具。休利特有些好奇，于是他就停下脚步。它仔细地看着这位机械技工的每一个动作，感受到他的小心翼翼和专心致志。休利特禁不住伸出手去，想感受一下那个模具的光滑程度，不料，那位机械技工却毫不客气地说："别碰我的模子，把你的手指头拿走。"站在一旁陪同休利特的经理连忙提醒这位技工："你知道他是谁吗？"技工回答再次出乎他们的意料："我管他是谁。"休利特笑了，在这位技工身上，他看到了员工的工作责任感和成就感。他温和地告诉这位技工，他是对的；他对自己的工作非常重视，并以他的工作为荣。即使作为公司的CEO，他应该尊重这位技工。

营造大家庭的氛围

这种大家庭的观念像涓涓细流一样融汇到每位员工的心中，使他们产生了强烈的凝聚力和归属感。如果你到惠普公司的任何一个分支机构参观的话，你一定能充分感受到惠普员工对他们的工作的满意程度。在这种友善、随和、温暖而很少压力的气氛中，每位员工都在用心为自己的大家庭努力创造、辛勤耕耘。

在这样一个大家庭中，令人欢欣鼓舞的事情时有发生，生动活泼地点缀公司的日常工作。公司会为过生日的员工举行庆祝活动，也会为某个项目或任务的完成召开一个 Party。每天免费供应两次咖啡和油炸圆饼常常会让每一个员工体会到家庭的温暖，而不定期举行啤酒狂欢则让每一位员工尽情地投入到欢乐和愉悦之中。在 20 世纪 90 年代，一家社会和经济调查公司对美国多个著名公司进行了一次全面综合的调查活动。在对惠普公司的调查中，调查公司走访了惠普 7000 多名员工和数百位管理人员，以了解他们对各公司的看法。调查结果是：惠普公司的员工对惠普公司都持乐观积极的态度。在他们内心深处洋溢着强烈的归属感和幸福感，他们认为，惠普公司是所有公司中工作环境最好的一个。在对惠普公司的管理人员的调查中，他们向他们提出了这样一个问题：你认为惠普公司成功的原因是什么？九成以上的惠普管理人员的答案是：惠普公司"尊重员工，信任员工"的宗旨。

惠普的这些政策和措施都来自一种信念，那就是相信惠普员工都想把工作做得出色，有所创新。只要给他们提供适当的环境，他们就能做得更好。

休利特非常喜欢在惠普公司的那种"大家庭的感觉"。他不仅在公司与员工之间建立起信任，也鼓励员工之间互相信任。在惠普公司，你也许会看到某位员工停放自行车后不上锁就离开，你也许会看到某位员工把钱包放在桌子上然后转身而去。这种大家庭般的感觉也许只有在惠普才能体会和分享。

惠普的员工通常不拘礼仪，以名字互相称呼对方，无论职位高低都是如此。说到公司创始人时，他们也会以敬佩的语气说着"比尔"和"大卫"。惠普的产品设计师不管从事什么项目，所有的文件和资料都会摆在桌面上。任何人都可以走过来，发表一下自己的见解，这完全是家庭式的关怀和氛围，而惠普员工也会为能在一个平等和睦温暖的集体中工作感到心情舒畅。

惠普公司对员工的信任同样体现在公司的工作时间安排上，惠普公司是最早实行弹性工作制的企业，允许员工在家里给公司做工作。令许多公司称奇的是，惠普公司没有制定时间表，没有设置考勤制度，也不进行考勤。只要能够完成8小时的工作，惠普的员工可以在早上6点、7点或8点开始上班。惠普的这种做法既是为了尊重员工，让他们按照自己的生活方式合理安排自己的工作，同时也体现了惠普公司对员工的充分信任。

惠普的企业文化和价值观使惠普在业界赢得了良好的信誉和声望。在硅谷，有大批的公司老板在惠普工作过，深受惠普之道的熏陶，甚至有人认为惠普在某种意义上影响和造就了硅谷的传奇。

惠普公司是美国的，讲个笔者身边的真实故事，贤内助管好了安全。

笔者有一位朋友曹金林先生是交通大学毕业的。毕业后在一个轴承厂工作多年，当厂长也多年。这个轴承厂被他管理得蒸蒸日上。他兴趣广泛，为人坦诚，非常随和。而后又当了他所在的城市副市长，分管工业、交通、改革、安全等多项工作。他分管安全工作很有特色。他不是发文件，关于建筑工程安全问题，他召集建筑工程的负责人的妻子开座谈会，问她们有什么困难需要政府帮助解决的，说你们的先生是对这个城市的建设发展有贡献的人，你们的困难政府应该关心。这些贤内助从来没有和市长在一起开会，还一起吃饭，曹金林告诉他们，建筑工程安全问题不仅是社会问题，也是你们的家庭问题，如果是发生了人生安全事故，你们的先生肯定要受到法律的制裁，那会影响你们家庭的幸福。如果不想发生这种情况，你们要居安思危，天天在你们先生的耳边念安全经，要你们的先生时刻警惕安全问题。奇迹出现了，一年下来，安全隐患大大降低，没有出现人身安全问题。此事，中央电视台做了报道。

由贤内助创造的这个城市建筑工程领域大家庭氛围，营造出稳定整个城市的大家庭氛围。曹金林先生为什么会想到这样做？这与他多年和工人打成一片，有着淳朴的感情；也与他兴趣广泛，有完善的人格，具有想象力，可塑性有关。

营造大家庭的氛围，促进公司业绩增长，笔者也有过一次实践。笔者曾在一家民营企业工作过，这家公司的董事长孙国升先生非常尊重我，信任笔者。他是做商贸起家的，有企业家必备的执着精神，人很平和，也很低调，善于学习，接受新事物快。笔者去时，企业刚起步，愿景不明，市场不稳，员工精神难以统一。笔者首先提出要有"三爱精神"：爱公司，看未来；爱家庭，看责任；爱产品，看敬业。员工对爱家庭非常有感受，觉得很温暖，自然爱公司，也会爱产品了。为了营造大家庭氛围，我组织了一次"贤内助座谈会"，邀请公司部门主要骨干和市场销售人员的妻子参加。专门请了主持人，即兴安排一些与夫妻有关的节目，轻松、和谐、快乐。给每位贤内助赠送一个皮包，给每位员工一份保险。宣布了一个公司的政策，到年底，市场营销人员前三名的妻子由公司组织坐飞机游黄山。晚上集体会餐，气氛非常好。会后，有的妻子直接问他的先生，你能不能让我游黄山，你好好干。有的贤内助回家后对先生说，这个公司看来很不错，你好好干，家里事不要操心，有我。有的市场营销人员对我说："这哪里是我在做营销，现在我一家都在关心营销，关心公司啦！"同样，奇迹出现了，很快公司的产品市场供不应求。现在，这家公司已经是有几大项目板块的集团公司。孙国升先生被聘为一所大学 MBA 的客座教授，而且成为他所在省份的人大代表。公司的感染力带来凝聚力，公司有了向心力，也体现了文化的引导力。

组织结构扁平化

扁平化组织的特点是：

以工作流程为中心而不是以部门职能来构建组织结构。公司的结构是围绕有明确目标的几项"核心流程"。

纵向管理层次简化，削减中层管理者。组织扁平化要求企业的管理幅度增大，简化烦琐的管理层次，取消一些中层管理者的岗位，使企业指挥链条最短。

企业资源和权力下放于基层，顾客需求驱动。基层员工与顾客直接接触，使他们拥有部分决策权，能够避免顾客反馈信息向上级传达过程中的失真与滞后，大大改善服务质量，快速地适应市场变化，真正做到"顾客满意"。

现代网络通信手段。企业内部与企业之间通过使用 E-mail、办公自动化系统、管理信息系统等网络信息化工具进行沟通，大大增加管理幅度与效率。

实行目标管理。在下放决策权给员工的同时实行目标管理，以团队作为基本的工作单位，员工自主作出自己工作中的决策，并为之负责；这样就把每一个员工都变成了企业的主人。

扁平化的几种模式

在矩阵制组织结构职能制垂直形态组织系统的基础上，再增加一种横向的领导系统而形成的一种组织形式。又可称之为"非长期固定性组织"。

团队型组织中以自我管理团队 SMT(Self-managed Team) 作为基本的构成单位。所谓自我管理团队，是以适应特定的顾客需求为目的，掌握必要的资源和能力，在组织平台的支持下，实施自主管理的单元。一个个战略单位经过自由组合，挑选自己的成员、领导，确定其操作系统和工具，并利用信息技术来制定他们认为最好的工作方法。惠普、施乐、通用汽车等国际知名的企业均采取了这种组织方式。SMT 使组织内部的相互依赖性降到了最低程度。团队型组织的基本特征是：工作团队做出大部分决策，选拔团队领导人，团队领导人是"负责人"而非"老板"；信息沟通是通过人与人之间直接进行的，没有中间环节；团队将自主确定并承担相应的责任；由团队来确定并贯彻其培训计划的大部分内容。团队型组织的特点自我管理团队容纳了组织的基本资源和能力。在柔性生产技术和信息技术的基础上，团队被授权可以获得完成整个任务所需的资源，比如原材料、信息、设备、机器以及供应品。部门垂直、边界淡化。在充分重视员工积极性、主动性和能力的前提下，团队消除了部门之间、职能之间、科目之间、专业之间的障碍，其成员经过交叉培训可以获得综合技能，相互协作完成组织任务。"一站式"服务与团队的自主决策。在简捷、高效的组织平台（整体战略、信息技术、资金等）支援下，团队被赋予极大的决策权，团队成员可以自主进行计划、解决问题、决定优先次序、支配资金、监督结果、协调与其他部门或团队的有关活动。自我管理团队具有动态和集成的特点，能针对变化的顾客需求进行"一站式"服务，从价值提供的角度看，自我管理团队独立承担了价值增值中一个或多个环节的全部工作。

高层管理者驱动转向为市场驱动，管理者角色转换。

在扁平化组织中，自我管理团队对本单位的经营绩效负责，其管理人员从传统的执行者角色转变为创新活动的主要发起人，为公司创造和追求新的发展机会。中层管理者大为简化并不再完全扮演控制角色，相反转变为对基层管理人员提供顾客和供应商信息、人员培训方案、绩效与薪酬系统设计等关键的资源，协助团队间知识、技能和资源的横向整合。由于积聚的资源分散化和职责的下放，最高管理层的精力主要集中在制定整体战略、驱动创新过程，扮演设计师和教练的角色。在基于速度和解决方案提供的竞争中，自我管理团队(SMT)只能拿捏相对有限的资源。为满足顾客渴求，有效减少成本、降低风险、缩短开发时间，自我管理团队必须大量依赖与其他团队或外部组织广泛的横向合作；自我管理团队能够独立完成价值增值的一个或多个环节，更为其在组织内部或组织间与其他团队实现多方合作奠定了基础。在市场需求驱动的新型组织中，自我管理团队是其基本构成单位，这种组织的形态必将是扁平的。

网络型组织结构，网络型企业是虚拟企业的一种，目前关于网络型组织的一个被较为普遍接受的定义是：网络型组织是由多个独立的个人、部门和企业为了共同的任务而组成的联合体，它的运行不靠传统的层级控制，而是在定义成员角色和各自任务的基础上通过密集的多边联系互利和交互式的合作来完成共同追求的目标。网络型企业组织结构中，企业各部门都是网络上的一个节点，每个部门都可以直接与其他部门进行信息和知识的交流与共享，各部门是平行对等的关系，而不是以往通过等级制度渗透的组织形式。密集的多边联系和充分的合作是网络型组织最主要的特点，而这正是其与传统企业组织形式最大区别所在。

1. 这种组织结构在形式上具有网络型特点，即联系的平等性、多重性和多样性

在企业的网络化变革过程中，必须通过大力推广信息技术的使用，使许多管理部门和管理人员让位于信息系统，取消中间管理层或使之大大精简，从而使企业组织机构扁平化，企业管理水平不断提高。网络型组织的适用前提：经济全球化、环境高度不确定性。根据组织成员的身份特征以及相互关系的不同，网络型组织可以分为四种基本类型，分别是内部网络、垂直网络、市场间网络和机会网络。以下对这四种类型的网络进行具体说明。

内部网络。内部网络包括两个方面的含义。第一个方面是通过减少管理层级，使信息在企业高层管理人员和普通员工之间更加快捷地流动；第二个方面是通过打破部门间的界限（但这并不意味着部门分工的消失），使得信息和知识在水平方向上更快地传播。这样做的结果，就使企业成为一个扁平的、由多个部门界限不明显的员工组成的网状联合体，信息流动更快，部门间摩擦更少。与此相适应，企业的组织结构也以生产为中心转变为以顾客为中心。

垂直网络。垂直网络是在特定行业中由位于价值链不同环节的企业共同组成的企业间网络型组织，原材料供应商、零部件供应商、生产商、经销商等上下游企业之间不仅进行产品和资金的交换，还进行技术、信息等其他要素的交换和共享。联系垂直网络中各个企业的纽带是实现整个价值链（包括顾客）的利益最大化，因为只有整个价值链利益最大时，位于价值链中各个环节

的企业所创造的价值才能最终实现。垂直型网络的组织职能往往是由价值链中创造核心附加价值的企业来履行的，如通用汽车公司和丰田汽车公司就分别构建了一个由众多供应商和分销商组成的垂直型网络，网络内企业通过紧密合作达到及时供应和敏捷制造，大大提高了效率、降低了成本。

市场间网络。市场间网络是指处于不同行业的企业所组成的网络，这些企业之间发生着业务往来，在一定程度上相互依存。市场间网络最为典型的例子是日本的财团体制，大型制造企业、金融企业和综合商社之间在股权上相互关联，管理上相互参与，资源上共享，在重大战略决策上采取集体行动，各方之间保持着长期和紧密的联系。金融企业（包括商业银行、保险公司和其他金融机构）以股权和债权形式为其他成员企业提供长期、稳定的资金支持，综合商社为成员企业提供各种国内外贸易服务，包括原材料采购与成品销售、提供贸易信用、规避交易风险等。

机会网络。机会网络是围绕顾客组织的企业群，这个群体的核心是一个专门从事市场信息收集、整理与分类的企业，它在广大消费者和生产企业之间架设了一座沟通平台，使得消费者能够有更大的选择余地，生产者能够面对更为广泛的消费者，有利于两个群体之间交易的充分展开，机会网络在规范产品标准、网络安全和交易方式方面起到了关键作用。典型的机会网络核心企业包括早已存在的邮寄产品目录公司和刚刚兴起的电子商务平台企业（如亚马逊、eBay 等），它们将众多生产者和消费者联系起来，共同构成机会网络。网络型组织的基本特征、企业内部的网络型组织结构是不确定的，各个公司的网络型组织也并不一样。但它们都有一些基本特征：合作、民主、自由、宽容。知识化生产时代的产品特点是不断创新，且是以创造性劳动为主。但是创新所需要的知识和信息的集合从来就是分布不平均的。创造性劳动需要上级尊重下级，鼓励创新，允许失败，鼓励不同意见相互交流。网络型组织与此相适应的形式有：合理化建议、同级业绩评议等。

2. 网络型组织的另一个重要特点是自由和宽容的组织文化

例如，3M 公司在管理上允许员工有部分上班时间做一些个人的兴趣爱好，

IBM 也允许员工在工作时间干"私活"；有的公司实行自我管理、自我评价，如自行确定工作定额；实行分权和授权，更好地激发和利用人们的兴趣和爱好。网络型企业供给关系以企业间合作为基础，企业边界模糊。在新企业网络型供给关系下，合作具有更为重要的地位，核心企业可以帮助供应商解决技术问题，节约的成本则由双方共享；供给企业也可以修改核心企业的设计要求，减少的成本也可以双方共享。企业由追求自身利益最大化转向追求整个价值链（供应链）上的价值最大化。这样的合作关系使企业与企业之间的传统界限变得模糊，这些相互联系的上下游企业组成了一个更大的虚拟企业，也称之为虚拟一体化供给链。网络型组织通过团队（基层项目小组和高层管理专业小组）来适应创造性劳动对知识的密集性要求。创造性劳动需要不同知识背景的人相互组合，企业团队就是由此而产生。团队是加强合作、加强信息交流的一种方式，也是网络型组织的一种形式。网络型组织通过权力和责任本地化来激发人的积极性、能动性与自我管理能力。在实行分权和授权的变革后，即使在非独立核算的下级单位，决策也并非是由上级部门作出后下达执行，而是下级部门自行决策后上报，或上级与下级商议后决策；重要的不是权力而是业绩。设立利润中心和成本中心、划小和建立独立的核算单位（以自我管理团队为核算单位）也是网络型组织的特征之一。

3. 网络型组织具有柔性化特点

柔性化是指在组织结构中设置一定的非固定和非正式或临时性的组织机构，这些组织机构往往是以任务为导向的，可以根据需要而设置或取消，与正式的组织机构有着网络型而不是直线型的关系。网络型组织具有多文化、个性化和差异化特点。在网络型组织中，每一个人都是网络组织上的节点，它们之间的联系比在传统直线型组织下更密切。企业内部多种文化和差异、个性则有利于知识和信息的整合。网络型组织通过学习和培训增加组织的知识密度。具体形式有职工培训、教育投资、多岗位轮换等。

同理心标志着开化

第三次工业革命改变了我们对个人与他人之间关系和责任的看法，我们开始以集体的思维方式进行思考。地球中不同洲际间的合作共同体中分享地球上的可再生能源很自然地就形成了新的种族认同。而这一新兴的相互联系和生态圈嵌入意识的觉醒催生了人们对生活质量的新梦想，在新一代中尤其如此。

近年来，经济学家开始用其他的指标，就是以生活质量指标为基础的而不是单一的衡量经济产出：可持续经济福利指数、福特汉姆社会健康指数、真实发展指数、经济福利指数和联合国开发计划署（UNDP）人类发展指数，都是新型的衡量生活质量的经济指数模型。这些新指数衡量的是社会发展的总体进步与发展，包括婴儿死亡率、人均寿命、健康保障的普及率、教育的普及率、平均周收入、贫困指数、收入差距和闲暇时间等。法国、美国、欧盟和世界经济合作与发展组织均建立了官方的生活质量指数，希望以此衡量经济的总体水平。

如果生活质量这一概念要求我们对自己所生活的共同体具有集体的责任意识，那么接下来的问题就是我们所生活的这个共同体的边界在哪里。在新时代中，我们对空间和时间的定位早已超越政治的界限，同理心已跨越国界，延伸出物圈的界限。

传统科学将自然视为对象，新科学则将自然视为关系的集合。传统的科学以客观、物体解剖和实证分析为特征，新科学的特征却是参与、补充、整合与整体论。传统的科学致力于将自然变成商品，新科学则希望实现自然的可持续发展。传统的科学从自然处寻求能力，新科学则希望同自然建立一种伙伴关系。传统科学重视人力相对于自然的自治、而新科学则希望融入自然之中。

如果人类想要继续生存与繁衍，我们就要改变原有的时空观。将空间视为有用的容器或储藏室，这一古典经济学家的定义正为新的观点所取代，空间应该是由物质运动所组成的共同体。在这一新的范式之中，地球的化学组成部分不再被视为一种资源或财富，而是维持地球生命所需的复杂关系中的一部分。情况也的确如此，我们的经济重点必须从生产效率转向传承性，从对自然基于工具理性的运用转向对维持生物圈所需的各种关系的管理。

与此相似的是，在时间的安排上，效率也需要让位于可持续性。对于管理模式，我们也要重新界定，使其同自然资源的可再生周期相符合，而不是单一地追求生产效率。

这种从生产率到传承性，从效率到可持续性的转变将使人类再次同我们所居住的更大的生物圈共同体的规律和周期保持一致。这也是第三次工业革命的本质所在，同时也使现有的经济理论不足以成为指导新经济时代发展、创造生物圈意识的理论框架的原因所在。

将来很有可能发生的情况就是人们对标准经济理论中仍然适用的部分观点和内容，从热力学的角度进行重新定位并使其发挥作用。而学习热力学的有关知识将会使经济学家同工程师、化学家、生态学家、生物学家、建筑师、城市规划者等专业人员一道进行更深层次的思考。这些从业人员所从事的领域正是以能量定律为基础的，也是真正充实经济活动的部分。各个学科之间所进行的这种严肃的讨论将会实现经济理论同商业实践之间的协调发展，促进第三次工业革命范式相适应的新型经济模式的产生。当今世界正在实现由集中性第二次工业革命向扁平式第三次工业革命的转变。

人类的观念随着历史的演变不断变化，当能源体系和通信革命相结合时，人类的观念就会分散变化。

远古狩猎为生的社会是口述文化，主导思想是神话传说。灌溉农业文明是围绕书写记载组织起来的，这样就产生了世界上的各种宗教思想。印刷术的发明成为文化传播的媒介，在以煤和蒸汽为动力的第一次工业革命中，各种活动就由这种媒介组织起来，在启蒙时代人们的思想也由宗教思想转变为意识形态。到20世纪，在以石油和汽车为基础的第二次工业革命中，电子通信成为重要的管理机制，电子通信促成了一种新的思想的产生——心理意识。

生物圈保护意识，在一个全新的全球紧密相连的第三次工业革命时代，教育的基本任务就是让学生意识到自己是同一个生物圈的一部分，以此来进行思考并身体力行。

我们对生物圈保护意识越来越强，在进化生物学，神经认知科学和儿童发展等领域也有了新发展，这些新发展表明人类生来就是具有同理心的，我们的本性并不像很多启蒙运动思想家所说的那样缺乏理性、冷淡、贪婪、好斗而且自恋。相反，人类富有爱心，热爱交际、合作性强而且相互依赖。人类不再是"智人"，而是"同感人"。社会历史学家告诉我们，同理心是社会的黏合剂，虽然人口越来越多样化，越来越个人化，同理心却使人类跨越宽阔的地域，结成亲密的纽带，这样整个社会就团结一心了。富有同理心就是开化的开始。

随着历史的变迁，同理心也发生了变化。在游牧狩猎社会，人们只同情部落里与自己有血缘关系的人。在灌溉农业时代，人们不仅同情与自己有血缘关系的人，也同情那些与自己因为宗教关系而产生联系的人。在工业时代，因为出现了现代国家，同理心的范畴也延伸了，延伸到与自己思维相似、国籍相同的人身上。美国人同情美国人，德国人同情德国人，日本人同情日本人。

如今，从第三次工业革命开始，同理心开始跨越国界，延伸到生物圈的界限。我们认识到生物圈是不可分割的社区，我们应该同情其他同胞，并把其他生物当作我们的亲人一样对待。人类是富有同理心的物种。同理心也随着时代发生了变化。就像在博客世界里一样，我们在生物圈里相互联系。

过去，我们认为"知识就是力量"，是个人为自己获得利益的力量。现在我们认为知识是我们要一起承担的责任，为全体人类的福祉和整个地球负责。

人类与自然的关系现在正处在第三个阶段，由敬畏自然，依赖自然，到今天要融入自然，这就是生物圈保护意识。

人类不断增强的自我意识是一种心理机制，这种心理机制使我们的同理心不断增强。因为我们的个性意识越来越强，我们认识到我们的生命是独一无二的人生旅程，让我们能够对别人表示支持。我们表达的方式就是采取怜悯的举动，帮助别人，让他们的生命尽可能地完满。

扁平式学习是基于一个对学习完全不同的定义。知识不再是客观独立的，而是我们对共享经历的解释。寻找真相就是懂得万事万物是互相联系起来的，通过与他人深入互动，我们才能发现这些联系。我们的经历和相互关系多元化，我们就容易理解现实，越容易理解我们每个人是如何融入整个大背景的。

雷切尔·卡森说过：谁能理解地球的美，就能找到像生命那样源源不断的力量。

第三次工业革命标志着伟大的工业时代进入最后一个阶段，也标志着合作时代的到来，这两个阶段相互重叠，是经济史上的过渡期，因为第一个阶段是以工业行为为特征的，第二个阶段是以合作行为为特征的。

如果说工业时代强调纪律和勤奋，遵循自上而下的权威模式，注重金融资本、市场的运作机制及私有财产关系的话，那么合作时代则更多地看重创造、互动、社会资本、参与、开放、共享以及加入全球网络。

纵观历史，各个文明都经历过生死攸关的紧要关头，要么被迫彻底改变发展方向，迎接崭新的未来，要么面临衰亡的下场。

无边界的信息流动

"无边界"这个词汇是通用的杰克·韦尔奇的创造，是在字典里很难找到合理解释的词汇而是《韦尔奇字典》中的一个术语。"无边界"是韦尔奇变革过程中的一个有力武器，其目的是在公司内部建立透明、公正的价值观。

杰克·韦尔奇对于通用，对于管理界的一大贡献就是它在实践中引入并证明了变革的概念和价值。从担任通用电气董事长兼首席执行官的第一天起，韦尔奇已经认识到，变革不仅是企业和管理者不可避免的，而且是公司必须走的一步棋。

"无边界"可以说是描述韦尔奇对管理行业所做贡献的最佳词汇。自从这个词汇诞生之日起，它就成为韦尔奇标志性计划。韦尔奇不仅创造了该术语，还设计了相应全新的管理模式。

一个新的企业，一开始的时候是无边界的，因为没有很多系统，因为是新企业，但是随着企业的发展壮大，那些老板官僚主义者，他们放入了更多的边界，然后百年之后就形成了像水泥似的坚硬的障碍，所以要打破这样的障碍。任何边界都是不好的。在一个无边界组织中，信息可以自由流动。没有任何东西阻碍决策、思想、人员等的连续流动。

一个苹果如果两个人分享，那么苹果只分一半；但是，如果一个思想两个人分享，那么思想却变成了2倍。因此，韦尔奇的观点是，任何东西，无论是什么只要限制了思想和学习自由交流，那么它们都是有百弊而无一利的。

一个无边界公司必须设法把公司外部的围墙推倒，将企业供应商和用户包括进来，成为一个虚拟的整体，打破它们之间存在的围墙。一个无边界的公司必须把公司内部各个地域之间的围墙推倒。

1988年，在通用电气的各个阶层中选取40~100名员工，共同召开一次非正式的会议。会议的主持人以审视企业与设定议题的方式做了个开场白，然后便先行离去。接下来，所有的与会员工被分成若干小组，分别探讨解决方案。到最后，主持人再回到会场中，听取他们最终的商讨结果。主持人只有三个选择：马上接受这个想法；立即驳回这个想法；或是要求提供更多的信息资料，他便会再下令组织一个小组，并且在限定的时间里要他们做出决策。

最开始的时候，通用电气的员工都唯唯诺诺，而一些管理人员则表现出不情愿让这些员工来解决问题的感叹和想法。然而，韦尔奇的"无边界"行为还是取得了成功。最终，员工常常把对工作中的不满及所有问题全部都一一搬上台面，公开对问题进行讨论。此外，这些会议也传达出韦尔奇的一个信念，即越接近该项工作的员工，对问题的了解和认识也越透彻，也越能提出有效的解决方案。

非正式会议的目的是达成四个目标：建立信任感、授权给员工、除去不必要的工作、为通用电气创造一个无边界的新典范。

在第一次训练会议中，一位中年员工非常肯定地表示通用电气选择了正确的道路："25年来，"这位员工说，"通用电气赋予的酬劳不仅是我顺手所做的工作，同时也包括我大脑中的思维与想法。"

那个时候通用电气是一个官僚主义气息严重的机构，由各老板下令，然后这个命令一级一级往下传递，工人实施。后来我们引进了一种系统，叫作群策群力。不要老因为有一个非常愚蠢的上司告诉你这么做，要避免这样的情况，通过这样的一种系统，我们要听得见的意见，几年之后我们开了几千次的会议，如此之多让大家感觉群策群力是非常重要的。如果公司里有100个员工，只有一个人在动他的脑子，剩下的99个人只是根据他发出的指令来行事，如果我们有99个人都在动他的脑子，哪个更好呢？比如说在我们的系统中那些年轻的刚毕业的大学生，举个简单的例子，要买个模具或者道具，一个年轻的大学生，可下一个购买道具的订单，但是我们改变了这样的做法。我们让操作这个道具的工人来购买这个道具。他们知道哪些道具是好的，哪些是不好的。而不是说那些年轻的刚刚走出校门的大学生，不要因为他们只是比普通工人学历高一点就让他们下订单。我们的意识就是这样，一定要让大家群策群力。

无边界行为很快在通用电气公司成为非正式沟通的企业文化。通用电气公司上下，包括韦尔奇的司机和秘书以及工厂的工人都叫他"杰克"。

在无边界文化的指引之下，通用电气公司内部涌现了各种各样的故事。其中流传范围最广的员工是这样的。1990年4月，在通用电气公司的家电业务部门举行的一次"群策群力"会议上，一位工人认为电冰箱的生产流程工艺可以做出适当的修改，于是，他发表了自己的看法，提出了自己认为合适的生产流程。然而，正当他滔滔不绝地阐述之时，工程的另一位工人忽然站起来打断了他的发言。

"你说的简直是天方夜谭。"另外一个工人说道，"你根本没有到过那条生产线。你怎么可能知道正确的流程应该是什么样的。"

接着，他跑到讲台上，把自己心中的答案原原本本地一一道来。原本单调的独角戏变成了热闹、精彩的双人舞。这就是韦尔奇所倡导的群策群力，忘记彼此的身份，直截了当地阐述自己的想法，而这样做的最终目的是为了更有效、更准确地分享问题解决问题。

于是，"每天提出一个更好的方案"不再仅仅是停留在口头上的一句标语，它已经成为无边界文化的本质和精髓，成为通用电气公司全体员工的共同期望和目标。在多年之后，通用电气公司经历了许多变化，无论是重组还是并购，无论是变革还是发展，无边界始终是通用电气公司"社会结构"的核心。

如果必须用成果来衡量一项行动的价值的话，那么下面的数字也许可以从一个侧面展现无边界文化为通用电气公司所带来的收益。从1992年到2000年的8年间通用电气公司的营业利润从11.5%增长到了创下最高纪录的18.9%；在通用电气公司的工业部门，流动资本周转率从4.4提高到了同样创下最高纪录的24；在2000年，通用电气公司的营业收入达到13000亿美元，净收入为130亿美元。可以毫不夸张地说，无边界的理念使通用电气公司中心的平凡的人成就了非凡的事业。

警醒的风险管理

随着第三次工业革命的浪潮，企业间的竞争日趋激烈，多元化已使企业面临的运营风险越来越多、越来越大，可以说，风险无时不有，无处不在。提高企业对开展全面风险管理工作重要性的认识，进一步增强企业风险防范的紧迫感和责任感，已经不是时髦的话题，而是我们需要警惕的，即"警惕"和"醒悟"。

"破窗理论"给我们的警示。美国政治学家威尔逊和犯罪学家凯林经过观察提出了"破窗理论"。如果有人打坏了一栋建筑上的一块玻璃，又没有及时修复，别人就可能受到某些暗示性的纵容，去打碎更多的玻璃。久而久之，这些窗户就给人造成一种无序的感觉，在这种麻木不仁的氛围中，犯罪就会滋生、蔓延。"破窗理论"更多的是从犯罪的心理去思考问题，但不管把"破窗理论"用在什么领域，角度不同，道理却相似：环境具有强烈的暗示性和诱导性，必须及时修好"第一扇被打碎玻璃的窗户"。

华为创始人任正非从43岁开始被迫创业，却在不到30年的时间里，把公司从一个倒卖交换机的二道贩子做成通信行业全球第一，而这背后，不得不说的，是他一直信奉的"危机学"。

2001年，任正非写了一篇名为《华为的冬天》的文章，令人可敬的是，在华为2000年销售额达220亿元，利润以29亿元人民币位居全国电子百强首位的时候，任正非大谈危机和失败，确实发人深省。他在这篇文章里写道："十年来我天天思考的都是失败，对成功视而不见，也没有什么荣誉感、自豪感，而是危机感。"

近几年，华为在手机市场的表现非常突出，不少人都对华为充满期待，觉得总有一天华为一定能打败苹果、三星。但在一次内部会议中，任正非却警告华为员工，以后谁要再说灭掉苹果、干掉三星，说一次就罚款100元。因为在他眼里，华为远没达到可以挑战苹果、三星的地步，类似的话语只会滋生员工的骄傲，反而不利于华为的发展。

今年，随着美国封杀华为升级，谷歌、英特尔、高通相继中断与华为合作，任正非仍表现得云淡风轻。因为从10年前他就为应对危机做好了准备，早早就开始组织团队进行芯片的自主研发与技术升级，所以美国的封杀并不能击溃华为，反而激起了华为的斗志，使其更加凝聚。不得不说，正是因为任正非的居安思危，才让华为避免了一次次的危机，成为如今的通信巨头。

微软的比尔·盖茨也说："微软离破产永远只有18个月。"海尔的张瑞敏总是说："每天的心情都是如履薄冰，如临深渊。"联想的柳传志也说："你一打盹，对手的机会就来了。"

"风险管理"就是要及时修好第一扇被打碎玻璃的窗户。

最小风险原理。系统发展的风险和机会是均衡的，高的机会往往伴随着大的风险。强的生命系统要善于抓住一切适宜的机会，利用一切可以利用甚至对抗性、危害性的力量为系统服务，变害为利；善于利用中庸思想和更好的对策避开风险、减缓危机、化险为夷。

自20世纪80年代以后，风险管理无论是在理论上还是在实践中都取得了大量成果。去年，美国COSO委员会在充分吸收各方风险管理研究成果的基础上，颁布了有关企业风险管理框架的讨论稿。自此，内部控制框架的建立正式与企业的风险管理相结合，内部控制的发展开始步入成熟期。企业风险管理框架是建立在内部控制框架基础之上的，是一个主要针对风险的更为明确的概念，因此，它是对内部控制框架的扩展，内部控制是企业风险管理的重要组成部分。简言之，企业风险管理框架包括四个目标（战略目标、经营目标、报告目标和合规目标）、八项要素（内部环境、目标设定、事项识别、风险评估、风险对策、控制活动、信息与沟通、监控）、三个层级（整个企业、各职能部门、各条业务线以及下属各子公司）。在企业风险管理框架中，风险是个贯穿始终的因素。企业需要考虑潜在事项可能对实现目标产生的影响，对风险进行正确的评估，并在此基础之上确定风险对策。本节着重分析企业风险管理框架下的风险对策问题。风险对策是指管理层在评估了相关的风险之后，所做出的防范、控制、转移、补偿风险的各种策略和措施。该框架草拟稿提出的风险对策包括规避风险、减少风险、共担风险和接受风险四项策略，要求管理者考虑成本和效益，并在期望的风险容忍度内选择可以带来预期可能性和影响的风险方案。笔者认为，可以将风险对策细分为以下七类：

（1）风险避免——采取措施回避无法承受的风险。企业在面临一项风险时，首先要根据自身的经营特点和能力，权衡收益和风险的得与失，凡是风险所造成的损失不能由该项目可能获得收益予以抵消的，企业都应尽量避免该种风险的发生，即采取回避政策。避免风险的方法还可以分为完全避免和部分避免两种。完全避免，就是不惜放弃伴随风险而来的盈利机会。部分避免，主要取决于成本及非经济因素。如果避免收益大于避免成本，就可以考虑避免，否则可以不要避免。

（2）风险控制——采取措施控制风险的发生。控制风险包括两个方面：一是控制会产生风险的因素，从而减少风险的发生；二是控制风险发生的频率和降低风险损害的程度。企业可以采取各种措施控制风险的发生。譬如：对诸如汇率、利率以及信用评估等事项进行更为准确的预测；在决策之前，筛选出多个可行方案，从中优选出最佳方案；在向市场投放新产品前做深入的市场调研，以充分掌握市场需求信息和消费者偏好信息；在对外投资上，尽量使投资领域、投资地域、投资项目以及投资品种达到多样化，以分散风险；此外，要与政府部门保持顺畅的沟通协调，从而及时获取政策信息等。

（3）风险转移——采取措施将风险转移至他人承担。企业可以设法通过某种方式将部分或全部风险损失转移给他人承担，从而避免可能给企业带来的灾难性损失。在转移风险的过程中，企业需要付出一定的代价，诸如保险费、赢利机会、担保费和利息等，但是，较之承担风险所面临的损失而言，企业为转移风险所需支付的代价要小得多。特别要指出的是，企业在转嫁风险时，一定要基于合法、合理、公平和公正的原则，绝不能使用欺诈手段使其他企业受损。典型的措施有：以投保的方式将风险转移给保险公司承担；将风险较大的项目转由专门的机构完成；通过契约的形式将风险损失转移；通过各种形式的经济联合，例如合资、联营、联合开发等转移风险；通过技术转让、特许经营、战略联盟、租赁经营和业务外包转让经营风险；此外，还可通过委托开发、购买专利等来转移技术风险。基于以上措施，企业应当在识别风险的类型和大小，并权衡得失后，选择恰当的方式转移。一般地，自然风险宜用投保，较大的财务风险宜用风险共担，过大的技术风险和生产风险宜用风险主体转移。

（4）风险接受——企业自身消化风险，并承担风险损失。如果企业既不能避免风险，又不能完全控制风险、分散风险、中和风险或减少损失时，企业就只能根据对自身能力和财力的评估来承受一定的风险损失。企业可以采取风险自担和风险自保自行消化承担风险损失。风险自担，就是风险损失发生时，直接将损失摊入成本或费用，或冲减利润。风险自保，是指对已预测到的风险所造成损失的承担方式，即企业预留一笔风险金或随着生产经营的进行，有计划计提风险基金如坏账准备金、呆账损失、大修理基金等。这适用于损失较小的风险。

（5）风险组合——以整体组合的观点考虑风险。即要求企业管理者将风险不同且互不相关的产品和投资项目、不同经营单位的风险进行优化组合，通过产品或项目的盈亏补偿以及不同经营单位的风险抵消，达到减少整体风险损失的目的。在企业风险管理中，高级管理者必须采用风险组合的观点，以确定企业的风险组合是否与企业目标相关的风险偏好相称。实施风险组合须注意：第一，高风险项目与低风险项目适当搭配，以便在高风险项目遭受损失时，能从低风险项目受益中弥补；第二，所选项目数适当；第三，要根据企业的核心能力给定一个风险承受的临界点即风险容忍度，以此作为风险组合的标准。

（6）风险预防——事先加强防御风险的能力。即企业根据以往的经验和对风险事项的把握，事先从制度、文化、决策、组织和控制上，从培育核心能力上提高企业的防御风险的能力。例如，加强企业的核心竞争能力，巩固有价值产品的市场竞争优势；建立健全企业各项规章政策，完善各项制度以弥补可能产生的漏洞；加强企业文化的建设，形成企业自身特有的价值观、道德精神以及服务理念等；优化企业的组织、决策及控制职能，从策略措施本身着手来分析防范风险。

（7）集中风险——以风险集中的形式承担风险。在保险企业和大型集团性企业中，风险对策通常采用集中风险的方法。保险企业一般会向众多投保单位收取保险金，虽然每个单位交的数目很小，但加在一起数目就很大，足以用来应付风险，这就是保险集中的方法。另外，对于大型集团公司而言，其分支机构多，通过预测，集团公司每年要求各分支机构交少量管理费，由集团公司自己承担某些风险，而不利用保险。集中风险使企业以较小的成本获取较大的收益，增强了企业抵御风险的能力。

创新生态经营模式

• 管理是自然生态系统的一个侧面

1962 年美国的 H. T. Odum 首先使用了生态工程 (Ecological Engineering) 概念，并把它定义为 "为了控制生态系统，人类应用来自自然的能源作为辅助能对环境的控制"，管理自然就是生态工程，它是对传统工程的补充，是自然生态系统的一个侧面。

在我国生态工程的概念是由已故的生态学家、生态工程建设先驱马世骏先生在 1979 年首先倡导的。马世骏 (1984) 给生态工程下的定义为："生态工程是应用生态系统中物种共生与物质循环再生原理，结构与功能协调原则，结合系统分析的最优化方法，设计的促进分层多级利用物质的生产工艺系统。"

中国的生态工程不但要保护环境与资源，更迫切的要以有限资源为基础，生产出更多的产品，以满足人口与社会的发展需要，并力求达到生态环境效益、经济效益和社会效益的协调统一；改善与维护生态系统，促进包括废物在内的物质良性循环，最终是要获得自然—社会—经济系统的综合高效益。正因如此，在我国对生态系统的发展与生态工程的建设提出了 "整体、协调、再生、良性循环" 的理论。

建立生态工程的良好模式必须因地制宜，根据不同地区的实践情况来确定本地区的生态工程模式。扩大系统的物质、能量、信息的输入。由于生态系统是一个开放、非平衡的系统，在生态工程的建设中必须扩大系统的物质、能量、信息的输入，加强与外部环境的物质交换，提高生态工程的有序化，增加系统的产出与效率。

密集相交叉的集约经营模式。在生态工程的建设发展中，必须实行劳动、资金、能源、技术密集相交叉的集约经营模式，达到既有高的产出，又能促进系统内各组成部分的互补、互利协调发展。

• 企业管理的生态系统

企业生命体对环境的适应，形成一个统一的系统。我们把生命体与环境形成的系统，称作企业生态系统。

根据生态学原理，生态学将生命单位分为个体、种群和群落三种形态。个体指生命的单独形态，种群指同一生命个体之集合，群落指不同生命个体集体之聚合。在企业生命系统中，也同样存在企业个体、一定个体构成的企业群体和不同群体企业组成的企业群落。因此，也具备生态系统主要特点：①企业系统是有生命的系统，能够与企业生态环境进行物质、能量和信息的交换。②企业系统由各个自系统构成，各个系统存在相互依存关系，构成整个企业系统。③企业系统是一个开放系统，其生命力在于外界环境的物质、能量和信息交换中获得新陈代谢。企业生态环境是指围绕生命主体、占据一定空间、构成生命主体存在的条件和各种物质实体和社会因素。历史发展到今天人们已经意识到企业和周围环境是不可分割的整体。我们把企业的生态环境划分为物质环境、经济环境和社会环境三大方面。

物质环境是企业生存的根本，也是人类须臾不能离开的基础。企业的发展和外在环境紧密相连。企业的本质功能就是创造社会物质财富，所以企业作用的劳动对象就是千万种物质材料。企业所依赖的物质环境包括天然的物质环境和人造的物质环境。

经济环境是指除企业本身之外的社会生产方式和生产活动所有要素组成的相互依存、相互制约的关系网络。经济环境要素之间是互为环境的。而企业就是依存于经济环境中栖身繁衍，其本身就是经济环境的一个组成部分。

社会环境是指人类生活于其中的政治、文化、科学技术与知识、伦理道德观念、风俗习惯等因素。而政治和文化环境对企业影响最大。社会环境具有非物质性、历史性的特点。不同的社会制度，不同的文化传统国家，社会环境差别很大，对企业生命的影响也就根本不同。

企业生态系统存在动态平衡性。由于企业生态系统必须是一个开放系统，它要不断与外界发生物质和能量交换才能维持其稳定状态继而转换为物质和能量。所以，企业生态系统具有动态平衡性。在动态平衡过程中依据生态学原理，系统内要达到外界交换能量、企业生态系统内必须存在承担三种不同功能的主体。即承担生产功能的主体、消费功能的主体和分解功能的主体。实际上，这是与社会生产总过程相适应的，在市场、分配、交换和消费四个环节中，不同企业承担着各自的功能，而每个企业自身又必须具备这三种功能，从而形成整个社会市场总过程的良性循环。

先了解一下生态基本原理有哪些，可以帮助我们对企业生态的认识。竞争原理。研究企业生态资源目的之一就是保护有效竞争、消除企业之间的不利行为或有害行为，逐步建立有利于企业生存发展的生态平衡。首先，要明确生态位的概念。生态位是指一生命个体的生存空间以及在其群落中的机能作用和地位。生态位是多维的，企业生态位也一样。企业生态位包括空间维度，以及市场、资源、社会的维度。生态位的各个维实际上是企业之间竞争所争夺的各要素，竞争原理也适用于企业生态，即一个生态位一个企业类别，"生活"在一起的企业必须具有它们自己的独特的生态位。其次，企业生态也存在"马太效应"；在竞争对手中，强者将越来越强，而弱者越来越弱。从而存在适者生存的规律。企业生态学则把研究竞争策略放在重要位置，如果竞争对手之间能遵循只要有可能就避开竞争对手的制约，避免双方无谓的竞争的原则，达到各方面都乐意利用尚未有对手竞争的资源，转移到不与其他企业发生重叠的生态位上去，或尽量在少重叠的生态位上生存发展，就可能实现利用竞争达到资源的优化配置。最后，企业生态学研究的另一个目的就是解决适度竞争的问题。事实上那种自由竞争的时期已经过去。它造成了企业生态的极大破坏和资源的浪费。适度竞争还要防止竞争不足，竞争不足会降低资源的充分利用程度，导致效率下降。

技术原理。企业系统与外界能量、物质、信息交换的结构与路径受技术进步的影响，反过来它们也影响技术进步的推广和应用。波兰学者 J. 皮亚斯科夫提出了技术链的演变规律。把生产单位之间的最基本联系是具有明确先后顺序的链式联系称为技术链。他认为，技术链是随着历史的发展而变化的，这是受生态学中食物链的原理启发而研究出来的。食物链是生态系统中最重要的能量交换。生物为了生存必须不断从外界摄取营养和食物。绿色植物能自己制造食物，动物和人类都直接和间接以植物为主。肉食动物吃草食动物，草食动物吃植物，生物之间通过取食和被取食的关系而互相结成了单方向的食物链。生物生态系统就是依据食物链而实现能量交换的。借用这个原理，人们把上面介绍的技术链后面连接流通环和消费环，就构成了企业生态的投入产出能量交换的形式。如果再加以重视，管理水平的提高，设立反馈机制就使技术链各环节达到平衡状态。这就是我们看到既然任何生物群体或个体都离不开特定的事物网所代表的生物群落，同理，任何市场企业也离不开特定的投入产出网所代表的技术经济系统。可见，技术进步和技术链的形成是保证企业生态平衡的重要条件。企业生态中物质流、能量流、信息流的流动渠道的建立和完善，这种流动渠道实际就是保证三流通畅的基础。电力设备是企业生态系统的重要能量流。运输系统则是其物质流的运动渠道。通信系统及有关公共服务则是信息流得以畅通的渠道。由此看来，企业生态平衡离不开这些基础的完善。

企业经营机制是企业具有生命力的基础，企业具有生命力的最基本最一般的现象就是自我更新。只有自我更新，企业才有生命力。

• 企业有机体的"内环境稳定"

谈到企业生命有机体，它往往给人两方面的深刻印象，一方面是它依赖外部环境条件。例如国家政权的稳固，管理体制的完善，政策法律的稳定和市场体制的健全等。一旦出现异常，企业将遭受很大打击。另一方面企业又表现出相对独立其外部环境。如前段时间受国际金融危机的影响，出现的市场疲软，有些企业不但未发生危机，反而产品价格坚挺，供不应求。是什么使企业有如此自强的能力？我们把这种现象称为企业有机体的"内环境稳定"。这一概念是借用生物学家伯纳德针对生物有机体内环境稳定性而提出的。他认为有机体内存在某种机制，当体内某个系统或机能发生变化时，它通过反馈进行自组织，使机体内循环稳定。正是由于这种内循环稳定才使有机体得以生存。例如，人体体温是恒定的，体内存在一种机制可以使各器官需要多少自动加以调配。当温度升高时，皮肤小动脉扩张，皮肤发红，循环加快，热量辐射掉并大量排汗；当遇冷时，皮肤小动脉收缩、皮肤苍白，出汗减少，于是热量保存。同时浑身打颤、肌肉紧张增加输出热量，帮助身体缓和。同样，人体内存在的血液循环机制、消化机制等都存在类似的自组织原理。依据这一原理，我们把企业视为具有"生命力"的有机体，企业也应存在"内环境稳定"。只要企业各系统的机能均衡发挥作用，使企业内部环境稳定，企业有机体就会保持旺盛的生命力。如果各机能出现失调，内环境紊乱，企业就会气血不足，消化不良，精神不振，企业就不会有活力。如果各机能出现亢进也会使企业内环境紊乱，如产供销衔接不好，消化机能受阻，企业产品质量和数量就会出现问题。如果企业管理系统中领导机能亢进，会产生瞎指挥，项目盲目上马，使企业走上歧途。因此，保证企业实现有效经营和各机能功能正常，使企业生命有机体内环境稳定的基础是健全的企业经营机制，它也是企业生存与发展的依据和基础。

• NH 酒店集团生态经营模式

NH 酒店集团是西班牙和意大利的酒店巨头，是欧洲第五大酒店连锁集团，旗下有 400 余家酒店。NH 集团引入了一个名为数据集市的在线控制系统，可以对整个酒店的能源消耗进行实时监控，利用信息在最大限度满足客人需求的同时减少浪费。在 2007~2010 年，NH 集团取得了非凡的成就，能源消耗降低了 15.83%，二氧化碳排放降低了 31.03%，垃圾产量降低了 26.83%，水的消耗量下降了 28.2%。

NH 集团现在正在推行"智能房间"的概念，这是一个实时监控系统，可以随时掌握用水、灯光、空调和供暖消耗的信息，并在 24 小时 66 周期之内根据个人的需要自动调节。作为奖励，能源消耗低于标准的客人在结账时将会获得 NH 酒店会员卡积分，在下次入住任何一家 NH 酒店时将会享受折扣。

NH 集团也在进行将酒店改造为微型电站的尝试。该公司在意大利境内所属的酒店中已经有 15% 安装了太阳能加热系统。集团旗下位于罗马维托里奥·威尼托大街的 NH 酒店已经安装了太阳能光电系统，可以满足 10% 的能源需求。NH 集团正在筹建世界上第一座零碳排放的酒店。

NH 酒店中所使用的木质和纸质产品都是由可再生的原木制成，所有的客房和附属设施都是由对环境影响较低的"生态"材料制成。NH 酒店所产生废物都进行了循环利用，洗手间、沐浴和水龙头都使用了节能科技，最大限度地减少耗水量。

NH 集团甚至成立了一个由 40 家公司组成的支持者俱乐部，这些公司的生产线都在持续的监控、评估之下，并不断升级，以满足 NH 酒店集团设定的能源要求和生态标准。

通过节能和创建生态友好型酒店，NH 酒店在盈利的同时，建立起了一个可持续的商业运作模式，为顾客提供了合理的价位。顾客在享受优质服务的同时，也意识到自己正在减少碳排放并履行生态圈中的管理职责。NH 酒店集团所采取的所有节能技术和商业实践极大地提高了公司的生产率，在优质服务的同时降低了成本。

罗伯特·艾尔斯是欧洲工商管理学院的一名环境和管理学教授。欧洲工商管理学院坐落于法国的枫丹露，是世界知名的学府。艾尔斯的专业是物理学，其研究相当大一部分关注能量流动和科技进步。艾尔斯在对美国整个 20 世纪的经济增长曲线进行研究之后，对英国、日本和澳大利亚的经济也一并加以分析。通过研究，艾尔斯发现将能源加入投入模型之后，"这四个国家在 20 世纪的经济增长几乎都是能源带动的结果"。艾尔斯的增长模型清晰地表明了"日益提高的将能源和原材料转化为有用的热力学效率"正是生产率提高和工业社会经济增长的主要原因。

关注企业的热力学效率和提高生产率的新方法并不是一个令人费解的经济学概念，而是切实的商业工具。NH 酒店集团成为欧洲顶尖的酒店连锁集团之一，很大程度上要归功于通过降低能源消耗、提高能源使用效率而节省的巨额费用——企业成本降低可以使客户享受物美价廉的服务。

与员工共同分享挑战

• 首要任务是结束"大男子主义"

西班牙是西语世界最强大的国家，西班牙总统何塞·路易斯·罗德里格斯·萨帕特罗曾宣称一旦当选首相，首要任务之一，就是结束西班牙的"大男子主义"。萨帕特罗认为，天主教和君主制曾统治西班牙数百年的历史，其间它们一直紧密控制着社会的各个方面，而所谓的"大男子主义"成了从教会和中央政府到每个家庭中实施等级统治的同义词。也是所谓的"大男子主义"使一代又一代的西班牙人接受来自不受任何约束的权威统治，无论是教会、国家，还是雇主，都可以对他们发号施令，而不会受到任何质疑和挑战。他说："大男子主义是旧秩序运行的保障，它遏制了人们对尊严的追求，禁锢了人民的精神，扼杀了个人自由。我们一代又一代的西班牙人亲身感受到了它对人类灵魂的毒害。"接着说，"对于在互联网时代和社会媒体亲密互动成长起来的年青一代，等级制和自上而下的权威应该丢进历史的垃圾箱了。"大男子主义同"脸谱"和微博格格不入。

萨帕特罗是意识形态发生了深刻变化的年青一代政治领导人中的先行者之一。原有的支配社会关系的等级制模式正在让位于开放性思维的网络模式，而这对我们现存的大多数基本制度，如宗教信仰、教育体系、商业模式和政府形态的有效前提提出了严峻挑战。

在这历史性的新时期，生存意味着的不是竞争而是合作，不是各自为政而是你我相连，那么我们的生存则依赖于彼此合作共同保卫身处其中的全球生态系统。这才是可持续发展的深层含义，也是生物圈政治的本质所在。

• 海底捞的激励哲学

当我们学习那些优秀的企业的时候，如果你学的是表面的那些方式方法，也许你会失败，你得找到标杆的核心根本去学习和研究，才有可能做得好。

海底捞董事长张勇说，门店的那些做法其实没有一件是他想出来的，都是员工在平时工作中自发提出来的。

海底捞内有一个员工分享的平台，员工每天工作完了之后，回到宿舍，有一件必须做的事情就是写日记，把今天做的一些有价值的事情，包括好的做法在论坛上发表出来。这样一来，一个门店做得很好的一个小创新，很快就会被其他门店看到，并被学习。这就是海底捞为什么那么多好的想法层出不穷的原因。创新层出不穷只是一个"果"，导致这个"果"的"因"在于说海底捞有这样一个分享的平台，同时有这么一群员工愿意去分享。

那么员工为什么愿意去分享呢？这其实是海底捞真正要学的地方，也就是海底捞的激励哲学。

海底捞激励哲学最底层的根本原因是董事长张勇的个人价值观，张勇的个人价值观是什么呢？双手改变命运的价值观。第一，他是想创造一个公平公正的企业环境；第二，让这些农村出来的孩子，能够通过自己的双手改变命运；第三，把海底捞做大。

张勇讲："我就是要拿出一部分利润，分开两拨人，一拨人是顾客，另外一拨就是我的员工。所以我才能看到，在海底捞，你有那么多的'便宜'可以占，所以你才能看到，海底捞的员工住着那么漂亮的宿舍，有那么好的、其他的企业没有的待遇。这也是很多企业学海底捞学不来的原因。"

正是在这样一种文化理念和管理的支撑之下，在海底捞才会出现一群从来不用担心背叛的创业团队，也会有一大批像孩子一样单纯的店经理和一批具有中华民族传统美德的员工。因为有了这些，所以你到了海底捞门店，才会感觉那么不同，那么温暖。

- "非诚勿扰"电视相亲节目是体现新时代人文精神的坐标

新型经济模式的产生基础是新时代的人文精神。而新时代的人文精神是什么？看看叫"非诚勿扰"相亲电视节目就知道。

"非诚勿扰"相亲电视节目是体现新时代人文精神的坐标。

从事管理工作的朋友可能认为这类节目是娱乐性，没有时间看，也没有兴趣看。我看过不少期这个节目，这个节目之所以红火，有生命力、影响力，是因为他体现了新一代年轻人的价值观和新时代的人文精神。

这个节目没有大男子主义，没有等级观念，没有刻板的范式流程，它还原人类的本色，宽容、自由、合作、尊重个性，体现人格，世界各地的朋友都在寻找诉说一个共同的话题：追求人生幸福理想。也因为这个原因，它抒发了人们心底的愿望，使人们的情结通过看节目得到一定的释放。这对我们从事企业管理工作的朋友难道不是一种启示吗？

中国当代企业成熟领导力的缺乏：由于历史和时代的原因中国 45~55 岁的这个人群总体上在教育方面是被"耽误的一代"；同时中国快速变化的时代也没有给他们足够的时间从容地沉淀和酝酿出卓越的领导力；而更年轻的所谓"少壮派"，也难见老辣的精神气质。研究发现雇员期望通过领导和经理的帮助所获得的与他们认为他们真正"得到"的有很大差距，尤其体现在软实力方面的技能上，比如说员工更多地期望领导和经理是值得信任的，关怀员工的幸福感，鼓励组织内部的人才发展等，而不光是带领公司取得业绩的成功；所以员工觉得他们通常从领导那里得不到真切的帮助。中国"80 后"，是一个不能不提的一代新劳动力群体，特征明显。我们也针对这个群体做了专项的研究，如果从挑战的角度来简单概括的话，中国的"80 后"，在职场上高离职倾向的特征更加明显，他们情感上越来越难以对某一个组织产生归属感，他们所处的职业发展阶段，使他们更愿意追逐机会。时代和他们本身所处的状态，都使针对这个人群的管理呈现出与以往传统一代极其不同的是很多组织不太适应的特征。从 3~5 年之痒到 1 年之痒。几乎在世界上任何一个人类社会的角落，任何一种相对封闭的关系，都存在某种程度的 3 年之痒或者 5 年之痒；但是在中国当下变化如此迅速的社会环境下，我们的员工已经等不了 3 年或者 5 年了，发痒的周期在变短，员工和组织之间的蜜月期从 1 年缩短到半年，发痒期从 3 年缩短到 1 年。大家变得越来越没有耐心了。

- "永恒的三角"的迷茫

人事管理有三种一般性理论。第一种基于组织理论，第二种基于工业工程，第三种基于行为科学。这是管理学界所称的"永恒的三角"现象。

组织理论家认为，人类的需要要么不理性，要么变化无常，并会根据具体情境而调整，因此人事管理的主要职能就是随情境的变化而做切实的工作。他们推断，如果工作的组织形式适当，将会产生最有效的工作结构，接下来自然会形成最佳的工作态度。

工业工程师则认为，人类有机械性倾向，受经济因素激励，把个人放在最有效率的工作岗位能最好地满足人的需要。因此，人事管理的目标应该是制定最合适的激励体系，并按最能充分利用人类机器的方式设计具体的工作条件。工程师以获得最高效的运作为目的来设计工作结构，坚信他们能获得最优化的工作组织形式和合适的工作态度。

行为科学家关注的是团队情绪、个体员工的态度以及组织的社会环境和心理环境。这种理论强调各种保健需要和激励需要中的一种或多种需要。他们的人事管理方法一般强调某种形式的人际关系教育，希望注入健康的员工态度，建设切合人类价值观的组织环境。他们相信，正确的态度将带来高效的工作和组织结构。

对于组织理论家和工业工程师不同方法的总体效果，一直存在激烈的争论。显然，两种方法都取得了巨大效果。但令行为科学家烦恼不已的问题是：最终导致组织花费更多的所谓人的问题，例如跳槽、缺勤、工作失误、违反安全规则、罢工、对产出的制约、工资上涨和福利提高等，其代价到底有多大？另外，行为科学家难以证明使用他们的方法后人事管理有明显的进步。

激励，保健理论建议丰富工作内容，以便有效利用员工。通过巧妙利用激励因素来系统地激励员工的尝试，只不过刚刚开始。工作丰富化(Job Enrichment)这个术语描述了这种活动的初期工作。一个老一点的术语是工作扩大化(Job Enlarge Sement)，这个术语应避免使用，因为它让人联想到过去由于误解这个术语而招致的失败。工作丰富化为员工提供了心理成长的机会，而工作扩大化仅仅使工作结构扩大了。由于科学的工作丰富化最近才出现，因此本书仅根据最近企业界几个成功的实验提出一些原则和实践步骤。

要和员工共同分享挑战，就必须要改变领导力的观念。新的领导力观念的组成要素是：

在你的人生中，谁对你的影响最大？（谁是你的影响者或领导者？）

你从这些人身上学到哪些关于领导力的东西？

他们是怎样影响你，帮助你建立自己的领导力观念的？思考一下你自己的人生目标。你为什么在这里，你想完成什么？哪些核心价值观执导着你的行为，让你想"有目标地"度过自己的人生。基于你从过去那些领导者身上学到的东西，你的人生目标以及你的核心价值观，你认为该怎样领导和激励员工？你的员工对你的期待是什么？你对你的员工的期待是什么？你将怎样为你的员工树立榜样？

• 挑战和机遇并存

机遇在哪里？机遇就在差距之中。

发生在资本主义社会的危机，根本上是源于生产过剩与人们支付能力不足之间的矛盾。而我国现阶段的主要矛盾，仍然是人民群众日益增长的物质文化需求同落后的社会生产之间的矛盾。

庞大的内在需求，正是孕育机遇的沃土。

与10年前相比，中国战略机遇期的内涵已经发生改变。如果说国际金融危机以前，机遇主要表现在外部市场需求有助于我们做大做快；那么，在"后危机时代"，机遇则表现为内部转型的要求有助于我们调整升级。

"在最近的一个榜单中，全球前一百名的品牌依然没有一家来自中国大陆的企业，这是一个遗憾，甚至是悲哀。"百度CEO李彦宏说，"中国已经是全球第二大经济体，却没有一家真正有全球影响力的中国品牌"。

走出在全球产业链上处于低端的窘境，推进产业转型升级，我们会暂时损失一些产能和销量，却将收获更高的效益和质量。

多位专家学者指出，全社会就推动改革达成共识，改革开放以来积累了充分的物质和制度准备，外部压力对国内发展形成倒逼——在这三种条件共同作用下，中国已进入了制度和观念创新的"窗口期"。在这个阶段，如果我们抓住机遇，做对了，就可能事半功倍；没抓住，错过了，就算再补课，也将是事倍功半。中国跨越式发展的过程，就是一个不断解脱束缚、破除枷锁、打碎桎梏的过程，是一次又一次打破"定律"、改写"模式"的过程。从某种意义上说，机遇本身就是一种挑战。

参考文献

[1] 小约翰·珀西科、帕特里克亚·让娜·莫里斯：《5I 商业价值观》，张昕海、刘彦译，机械工业出版社，2000 年。

[2] 鲁迪·拉各斯：《知识优势》，机械工业出版社，2002 年。

[3] 裴利芳：《组织行为学》，中国城市出版社，2005 年。

[4] 常青：《理念管理》，中国华侨出版社，2005 年。

[5] 黄山、张中正:《中小企业境外及香港上市融资实务》，机械工业出版社，2006 年。

[6] 圣严法师：《正信的佛教》，上海市佛教协会印行，1998 年。

[7] 彼得·圣杰：《第五项修炼》，郭进隆译，上海三联书店，1998 年。

[8] 尚水利：《团队精神》，时事出版社，2001 年。

[9] 约翰·布罗克曼：《第三种文化》，吕芳译，海南出版社，2003 年。

[10] 张志刚：《宗教学是什么》，北京大学出版社，2002 年。

[11] 吴光远：《听大师讲哲学》，中国民航出版社，2003 年。

[12] 韦政通：《伦理思想的突破》，中国人民大学出版社，2005 年。

[13] 樊浩：《伦理精神的价值生态》，中国社会科学出版社，2007 年。

[14] 常青：《理念管理》，中国华侨出版社，2005 年。

[15] 杰里米·里夫金：《第三次工业革命》，中信出版社，2012 年。

[16] 菲利普·格诺夫：《管理心理学》，中国科学技术翻译出版社，1986 年。

[17] 肖洋：《哈佛经营管理学》，北京燕山出版社，1997 年。

[18] 沙莲香：《社会心理学》，中国人民大学出版社，1997 年。

[19] 唐海滨：《企业生命的秘密》，中国经济出版社，2002 年。

[20] 蔡树堂：《企业战略管理》，石油工业出版社，2001 年。

[21] 严文华：《跨文化企业管理心理学》，东北财经大学出版社，2000 年。

[22] 赵继新：《管理学》，清华大学出版社，2006 年。

[23] 陆贞全：《佛学思想在团队学习中的伦理作用》，亚洲社会科学（Asian Social Sci ence），2006 年第 10 期。

[24 陆贞全：《企业绿色组织的变革》，工商管理国际期刊（International Journal of Business and Management），2009 年第 5 期。

附录 1 学术地位

工商管理国际期刊（ISSN 1833—3850）在加拿大以英文出版，已被加拿大国家图书档案馆与澳大利亚公共信息检索库收录，多家国立图书馆收藏。

根据国内多所大学与科研机构学术期刊分级标准，*Nternational Journal of Business and Management* 属于国际重要学术期刊，级别为 B 级／二级，仅次于四大检索 (SCI、EI、ISTP、SSCl) 收录期刊。此文发表在该期刊 2009 年，第 5 期，第 41-45 页。

附录 2　企业绿色组织的变革（英文版）

Enterprise Green Organization Change

Zhenquan Lu

Anhui Polytechnic University， 243002， China

Wealth Index (Beijing) International Investment Consulting Co.， Ltd.，
100053， China

Abstract

Enterprise organization whichi is the reflection of the ear must change timely because of the change of era. In era of knowledge economy， the concept of knowledge ecosyetem should be applied to know the development direction of organization change. To improve ability to meet an emergency， enterprise organization should be human orientated， weaken the power consciousness but strengthen ability consciousness. Enterprise green organization change must be promoted to maintain sustainable development of enterprise.

Key words: comprehension of enterprise organization， organization change direction， wisdom promiscuous theory

Introduction

Why greeen enterprise is not used in the item "enterprise green organization change"? Here in this paper， three problems are discussed: Comprehension of enterprise organization， organization change direction and wisdom promiscuous theory.

1. Comprehension of enterprise and organization

A company or an enterprise again is an organization, but each of them has its own meaning. Briefly, enterprise is what to do while organization is how to do it; it looks like a bit obscure, but the difference of the two concepts is quite crucial.

An enterprise must explore market demands, and meet these demands by supplying products and services, so product and market are the two main back bones of enterprise operation. In addition, to supply products to market, enterprise must consume resources and compete with a group of fixed-rivals, it can be seen that the four essential factors of enterprise are product, resource and competition.

The above paragraph doesn't tell enterprise is composed, managed or operated, then it comes to the function of organization which relateds to human, resource, structure and culture (the common ground of enterprise and organization is resource).

Enterprise is what to do and organization is how to do it lead to the following cause-effect relationship: If you don't know what to do, you are impossible to know how to do it. So according to the definition, enterprise comes up before organization. Wrong conclusion will be deduced if you determine how to improve organization according to its interior situation, because you take the wrong angle.

So, which angle is the best ? The answer lies in your future organization. What will your enterprise be in the future ? If you know this exactly, you can ask yourself "what kind of organization can operate this enterprise ? " Then you will see more clearly and find out the perfect organization model to closely meet the real need of enterprise.

2. The direction of organization change

The so-called green economy and sustainable economic development both are conceptual knowledge. But knowledge is a quantitative concept which means that we can infuse knowledge into the brain also we can take it away. This obviously runs in the opposite direction with the fact of knowledge application. But if we use the concept of knowledge ecosystem, we will get a more clear cognition about the sustainable economic develoopment, such as green economy. Because in any ecosystem, things need attention and cultivation must be taken into account first, and disadvanageous factors for their growth should be considered, then they will be left to grow in their own dynamic model. The considered of ecosystem is not merely how to organize each task; also, nor is merely the investment, application and practice of technique; but it is a whole which is the combination of all the elements listed above. Enterprise core capability is that combination which can be divided into interior combination and exterior combination. Enterprise core capability comes from its common sense toward market, customer and technique, namely, the gain of enterprise core capability depends on collectivity but not an expert.

Unfortunately, many enterprises and organizations always reckon on the so-called genius.

It is no doubt that we are witnessing a historical change relating to industry structure and competition. The General Motro Corporation, IBM, and Kodak, which used to be leading industries, are undergoing unbelievable convulsion and change. Besides, some other famous companies in other countries are frustrated in vigousness too. Recently, the board chairman of panasonic confessed that "panasonic is no longer an excellent corporation", and he abdicated.

Why do so many large companies which were successful at one time get bogged down into trouble at the same time ? That is because of their dogmatic way of organization and management.

The origin of dogmatism can be traced back to 1920s. the leaders of international companies such as General Motro Corporation, Dupont, Sears, and Standard Oil of New Jersey launched an organization revolution. Essentially speaking, they transformed the functional organization structure which dominated compony at that time into a bran-new organization model with multiple departments. This model is the symbol of the innovation of management theory, and this new theory has been assimilated as a creed: Stratagem/structure/system model. This multiple department structure formed a typical function of high-level, middel-level and primary-level administrators which can be seen in many companies until now.

Jack Welch of General Electric Corporation had ever described this problem vividly that the typical organization structure "put their face to CEO, but put their buns to customer". As a matter of fact, not only the organization structure which is more and more complex and bureaucratic day by day is behind the times, but also the basic creed of stratagem/system model is out of times. The following are three main problems.

The first, the stratagem and decision made by high-level administrator og adrift with the practical knowledge and special skill in organization. The complete dispersion of front line operation makes it difficult for high-level administrator to know exactly the practical situations of primary level, further more the exterior environment with more and more change makes their work tough.

The second, the long-term elaboration on structure leads to fragmentation and bureaucratism of organization. The core of departmentalization of organization is the partition of department; organization is divided into sections which are getting smaller and smaller and smaller. The division of assets, resources, and responsibility impedes contact and cooperation in the interior of organization.

The third, in order to manage the multifarious levels of organization, the whole system is getting more and more complex, accordingly, the flexibility and growth of organization are disrupted.

Although this kind of organization structure is faced with an obvious pretty pass, we still falsely think that this organization, to a certain degree, is better than actual status. The management model of stratagem/structure/system has deeply taken root in our society, in our value as well as our management practice. So, high-level managers must reform, they should regard themselves as leaders who will remake stratagem and decision, reconstruct organization, and redesign system.

2.1 The direction of interior combination is objective, process and personnel

Objective management, nameyly, all levels of organizations establish operation objective together, is content of great importance in modern organization development. Being different from management by oooression or task, employees in objective management take part in making objective, and have cognizance of their value and responsibility. Besides, objective management is propitious to communication between high-level and primary-level, so resistance to achievement of objective will be alleviated and personal interests and whole objective will be united. In additionm, democratic management is strengthened, activeness in various respect will be mobilized in objective management.

We get three new cognitions about organization concept, management function and management concept as follows.

Firstly, we got a different cognition about organization. Confined by the old doctrine of stratagem/structure/system, managers are apt to imagine the orgnization as a structure similar to box and line, they immerse themselves in papers and reports but forget the fact that box represents human resource, line represents interpersonal relationship, they pay more attention to assignment of assets and task, but neglect the process and function they should improve.

Secondly, we think that managers have the thorough function change on their shoulder. The functions of high-level, middle-level and primary level managers in traditional model are resource allotter, management controller and implementer respectively, while in the new model, there should be organization establishing person, cultivator of management and organization, and innovator.

Thirdly, a new kind of structure function comes up. The old doctrine of "stratagem/structure/system" must give place to the completely different structure of "objective, process and personnel". When enterprise is systemized based on knowledge, its ranking system changed, namely formed a kind of "flat" organization structure.

Now let's see the "30-30-30-10" simple rule of ABB Corporation. It is crucial that this is a very, very compact corporation. Percy Barnevik, the corporation president, implements "30-30-30-10" rule in each merged enterprise. He requires that 30% of employees should be in state of retirement or dimission, 30% go to the front line, 30% shift to positions similar to independent service provider, and only 10% can stay in headquarter.

ABB doesn't just simply merge 1300 enterprises, but spent much time and energy in redefining the function of management levels and their interrelationship. This is transformation from simple authorization to power delegation, and the difference between the two is very crucial.

Besides improving organization structure, ABB improved management process too. Besides contact with high-level managers, the board of directors contact with each operation company. With the help of board of directors, the managers of co-operation company, together with regional managers, relating business managers and technique experts, broaden the management scope, it is the board of directors who changed the management relationship. In ABB, the relationship between CEO and board of directors is quite different from the relationship between the authority and controller in traditional ranking relationship. The Corporation has realized that only the front line runs well, will delegation of power be of significance.

Another example, the reform of 3M system is evolved from the primary level. Innovation brought a lot of commercial opportunities to 3M corportation, the organization structure is evolved from the primary level but not assigned from high-level (research and development group, department, sub-company, company).

What 3M tells us is the same with what the re-creation of ABB and other enterprises tell us. Enterprise imspires the innovation awareness of front line managers so make them be interested in establishing an efficient enterprise, the task of middle-level managers is to make those enterprises develop successfully, the high-level manager functions in organization estbalishment and promoting continuous innovation of organization, so as to make objective management change from "V" type to "M" type.

2.2 Exterior combination is to lead native enterprise to internationalization and listing abroad

Nearly all the managers' cognitions of organization are confined by the traditional stratagem/structure/system model and definition of organization rule. This way of thinking should be changed.

Managers must regard organization structure as a manner to center on the main task of organization, and redefine function of personnel as well as their interrelationship, but shouldn't regard it as aggregation of task and responsibility. It is crucial to change the think way of whole organization, namely change it from the old rule of stratagem/structure/system to the new rule based on objective, process and personnel. We should notice that the objective mentioned above is congnition of management concept, and it is world economy and culture integration, furthermore it is making integrated resources to become integrated with world and leading native enterprises into international orbit.

It is no doubts that we are in the vigorous process of globalization. Does the Mount Huangshan has become the natural heritage protected unit of U.N., it is a perfect travel place for people all over the world. The Chinese market itself is a large market which is in the process of internationalization, its competitive environment is no longer "National Games" and "Asian Games", but "Olympic Games".

Essentially speaking, enterprise is an economic organization which integrates resources in order to provide products.

International enterprises are shuttling here and there so as to make use of global resources, of our enterprises still stay in our own country, they will be similar to the frog in the well which knows nothing of the great ocean. So, we as to do business with the world.

The ancients said that "he who cannot ponder the overall situation, cannot ponder the part well", the overall situation nowadays is world economic integration, we should learn to use the oversea capital market to achieve our own objective. A survey shows that Chinese abroad listed companies mostly concentrate themselves in American stock market. Until November 2, 2004, the whole market value of the 14 Chinese mainland companies listed in NASDAQ of America has come up to 10 billion dollars. A great number of the 120 companies which have applied to NASDAQ and are waiting for listing come from China. China will still be the focus of market in future two or three years. It is estimated that there will be 1000 Chinese companies listed abroad in future ten years. The symbol of an international city is not natural resources but oversea development and accommodation of international rules. Ruimin Zhangt said that "if we don't go out, they will come in", Chuanzhi Liu said that "let Dell know Legent and who Yuanqing Yang is". Gensheng Niu of Mengniu Dairy said that "how large the entrepreneur's frame of mind is, how large the enterprise will be".

3. Wisdom promiscuous theory

The management mode created by haier—the combination of Chinese humanistic emotion management and western scientific and strict management. The goal is to create a Chinese – style world brand. This may help us understand what is known as "hybrid wisdom theory".

It is a creative practice to transform enterprises, and it is impossible to achieve the goal of enterprise reform without moving or copying.

Some aspects of creativity are clearly defined and thus free to flourish, while others are limited by certain taboos. This is why economic ethicists define Chinese culture as "binary culture".

Companies must learn how to reconcile the extremes of chaos at one end and rigid bureaucracy at the other. "Hybrid theory" is now being encouraged as a liberating factor in business, and perhaps a little chaos is just what many bureaucratic businesses need. However, enterprises that can achieve a positive balance between these two extremes will be more successful in the long run (e.g., one country, two systems, haier SBU strategic business unit, 3M pilot unit).

Managers used to be doers rather than thinkers, but the real value added by managers in 21st-century organizations is that of innovatiors, entrepreneurs, and conceptual modelers who will help discover new ideas to add new value to their customers and organizations. Managers must learn to adapt to theoretical architecture and deal with abstract concepts. I hope you wil read more foreign books and study more aout China.

A great man once said: The first man to eat crab is a hero. Today we say learn from the crab "enterprise reorganization".

The crab's shell does not grow as it grows, so the solution is to unshell. Before unshelling, crabs first absorb calcium carbonate from the hard shell into liquid. When a layer of soft wrinkles grows in the shell, the old shell breaks off, and the body splashes the wrinkles into a new shell. Calcium carbonate is injected to harden the shell. The same is true for enterprises. As the organization gets larger, the original organizational structure cannot be applied, so it must be replaced like a crab. Before the destruction of the old organization, the basic engineering of the new organization must be established, and the useful resources of the original organization should be retained to build a new organization more suitable for the future environment and development.

Conclusion

It is important to delegate power in order to operate enterprise wisely. The ability in the item of "Weanken the power consciousness but strengthen ability consciousness" is "give prominence to intergration of interior and exterior resources, ceaselessly innovate and change rules". It may be a wise decision to use the promiscuous theory. The change of enterprise green organization should achieve the objective of dynamic balance, namely there should be sufficient stability, sufficient durability, sufficient adaptablity and sufficient innovation.

References

Chang qing, Management of Ideas, China Overseas Chinese Press, 2005.

Huang shan, Zhang zhongzheng, Financing Practice of Small and Medium-sized Enterprises Listed Abroad and in Hong Kong, China Machine Press, 2006.

Five I's of Business Values, Mechanical Industry Press, 2000.

Pei Lifang, Organizational Behavior, China City Press, 2005.

Lagos, rudi, Knowledge Advantage, Mechanical Industry Press, 2002.

附录3　书法诗词的诠释

　　一乃天道为自然。"一乃天道"是佛学思想的世界观用语。佛教讲"六道轮回"是佛教指凡俗众生因善恶业因而流转轮回的六种世界。即地狱、饿鬼、畜生、阿修罗、人、天。其中，地狱、畜生、饿鬼称三恶道，或三涂。阿修罗、人、天称三善道。三善道中，一乃天道，二乃人道，三乃阿修罗道。"天道"的字面含义是天的运动变化规律。世界必有其规则，是为天道。所谓天道，即万物的规则、万物的道理，一切事物皆有一定的规则。老子《道德经》第七十七章："天之道，损有余而补不足。"天道的特点是"高者抑之，下者举之，有余者损之，不足者补之。"天道就是减少有余而补充不足。佛教中关于天道，认为因为自身的原因，只有用自然的方式，来感悟天道，通过模仿一些接近天道的东西，来实现感悟天道的目的。

　　"为自然"就是"自然之道"。老子的自然之道，又不仅仅是以自然来指导我们，他对自然有一种特殊的理解，他实际上是建立了一种信仰，他认为自然世界就是我们的文化规范。人类的社会习俗以外的那个世界，是深奥不可测的，是充满活力的，这个自然的深奥，自然的活力，远远超过人的智力和理解力。老子和后来所有道家思想家一个重要的信念，就是人要信任自然，要信任自然的指引，而不能信任那些"规矩"，特别不能信任自己的智力，不能自高自大，在自然面前要谦卑，这是道家最重要的一个原则。

　　土载万物慧德显。《周易》中的卦辞："天行健，君子以自强不息；地势坤，君子以厚德载物。"天（自然）的运动刚强劲健，相应于此，君子应刚毅坚卓，奋发图强；大地的气势厚实和顺，君子应增厚美德，容载万物。古代中国人认为天地最大，它包容万物。对天地的理解是：天在上，地在下；天为阳，地为阴；天为金，地为土；天性刚，地性柔。认为天地合而万物生焉，四时行焉。没有天地便没有一切。天地就是宇宙，宇宙就是天地。这就是古代中国人对宇宙的朴素唯物主义看法，也是中国人的宇宙观。所以八卦中乾卦为首，坤卦次之；乾在上，坤在下；乾在北，坤在南。天高行健，地厚载物。地，土也。所以说土载万物。然后从对乾坤两卦物象（即天和地）的解释属性中进一步引申出人生哲理，即人生要像天那样高大刚毅而自强不息，要像地那样厚重广阔而厚德载物。"土载万物"而不嫌，也就是我们要有纳万物的胸怀。

"慧德显"，人顺应了自然之道就是智慧，就是大德，简称慧德，就显现于外在美。

君子不器通天意。"君子不器"选自《论语·第二章·为政篇》。依据《系辞传》的"形而上者谓之道，形而下者谓之器"，古人多是在"道"（德）与"器"对举的意义上理解这句话。如朱熹《论语集注》就在"德体器用"的基础上将之解释为："器者，各适其用而不能相通。成德之士，体无不具，故用无不周，非特为一才一艺而已。"用今人的话来作解释，所谓君子，首先是作为一个兼具理性与感性的人而存在，他应该具有充分的主观能动性，"君子不器"为君子无论是做学问还是从政，都应该博学且才能广泛，如此才不会像器物一样，只能作有限目的之使用。"通天意"是借用中国道教的思想，中国道教对于人的灵魂说法，人的精神分而可以称之为魂魄，其魂有三，一为天魂，二为地魂，三为命魂。天意就是天魂，天魂就是天道。通天意，认识和顺应社会的客观发展规律而发展。通天意，顺之者昌。反之，逆之者则会被自然淘汰。

羊者义也耐品端。《说文解字》说："羊，祥也。"秦汉金石多以羊为"祥"，"吉祥"写作"吉羊"。《三字经》开头说"人之初，性本善"，其中的"善"字从羊。"义"之本训谓礼容各得其宜。礼容得宜则善矣。故文王，我将毛传皆曰。义，善也。引申之训也。从我。从羊。威仪出于己，故从我。董子曰。

278

仁者,人也。义者,我也。谓仁必及人。义必由中,制也。从羊者,与善美同意。"羊"和"义"都是与善美同义。人的一生,其实就是认识、理解和实践"真""善""美"三个字。

　　"耐品端",求真,要与时俱进,顺应社会的发展就会吉祥。顺应社会发展是"天道",是"真"。"羊"是吉祥,是"善",,"真"和"善"的和谐产生"美",义者,我也、义也。"耐品端"是值得不断深入思考的,也是我们人生追求的终极目标。

附录4　谈《管心》悟《管心》

《管心》这本书的作者陆贞全先生是我的忘年交，亦师亦友。他平常并不健谈，为人忠厚、淡定、低调。和他交往多了，发现他知识渊博，很有底蕴，善于学习，悟性很高，是个多才多艺的人，他不仅书法水品很高，曾称为"书写灵魂的书法家"；而且他的篆刻作品也多次在刊物上发表；他的文学素养很好，读他的《管心》一书就可以感受到语言流畅并且精练；多年来，发表过社科论文、报告文学、电视专题片解说词、文学评论等作品200多万字，但他从不以学者自居。陆贞全先生之所以写出《管心》这本书，与他的综合素养密不可分。

《管心》这本书我读了四遍，语言流畅，思想深刻，思维跳跃，发人深思。这本书有四个特点：可读性、时代性、深刻性和操作性。这本书共写了十个章节，作者在后记里做了说明，有三章是作者曾经在国内外发表过的论文即第二章"人际关系在管理中的素质作用与要求"、第三章"佛学思想在团队学习中的伦理作用"、第六章"企业绿色组织的变革"。另外还有三篇是作者在社会上出席论坛讲座时的讲稿："道德智慧与创新发展"、"战略管理的思考"、"企业生命力的反观"。出书时新写了四个章节。由此可见，陆贞全先生对管理学是多年的研究与思考。一分耕耘，一分收获。这本书出版社是按精品书出版的，博库网将《管心》与管理大师的书并列为管理学经典类图书。多家大学图书馆收藏此书，书中附录2是在国际期刊发表的论文英文版，曾引起了国内外热爱管理学读者的关注和期许。

我认为《管心》这本书还有四点特色：

第一，从管理学角度写了现今时代的深刻变化。阐释时代背景对管理变革的需要。第三次工业革命对经济发展的影响表现在以下几个方面：一是它引起了生产力要素的变革，使劳动生产率显著提高；二是使整个经济结构发生了重大变化，第三次工业革命不仅加快了产业结构非物质化和生产过程智能化的趋势，而且引起了个各国经济布局和世界经济结构的变化；三是，第三次工业革命以其丰富的内容使管理学发展成为一门真正的科学。

第二，从管理学形成的历史脉络阐释管理学发展变革的必然性。铁路工业所采用的合理的集中化管理特征，十分适用于煤炭和蒸汽为动力催生的更加复杂的商业体系。以煤炭和蒸汽为动力的现代科技同现代通讯方式的结合，大大缩短了时空的距离，加速了处于供应链每一个环节的产业发展，无论是煤炭和其他原料的开采与运输，还是耕耘成品制造商再到零售商。而互联网通过整合博弈场所改变了职场游戏的本质。通过网络将上百万生产者和卖家在虚拟空间中连接起来几乎不需要任何成本。这种网络经济消化了传统供应链中每一阶段的教育成本。它创造了一个全新的扁平式的、合作性的市场组织结构，而不是传统意义上的、层级式自上而下的企业结构。

第三，从管理学的理念与方式谈到企业管理的具体方法。本书的十个章节，以及前言、后记都是从不同的角度诠释新的管理理念，同时，也使我们看到了具体的工作方法。如第三章"佛学思想在团队学习中的伦理作用"，既阐述了佛学是最好的动力源泉，也明确了团队学习的具体方法。如"道德智慧与创新发展"，既阐述了智慧的根源，也指导了创新的具体方法。最后的第十章"成长突破的八大智慧"，阐述了企业如何突破瓶颈的具体方法。这是一本很实用的工具书，当然它也是一本思想深刻的管理学理论书。

第四，要想把管理搞好，不能为管理而管理，要透过现象看本质。所谓管理的本质就是管理的终极目标，也即管理的终极理由。为什么管理？管理的意义是什么？为谁创造价值？工作的意义是什么？生命的意义是什么？等等，这是现代管理必须搞清楚的问题。

读《管心》这本书我还有四点感悟：

其一，管理者应该是心理学家。

管理的根本不是什么模式方法，是理念的转变，也是思想的统一。企业领导者与被管理者是对立统一的关系。正如作者总结的"经验管理是管事，制度管理是管人，而今时现代的生态管理就需要管心"。在本书的第四章"心灵磁性的角色需求"，作者对最佳雇主的"三大变革六大特点"、对中层管理干部的"三大精神八项能力"，读来常常回味。因为管理的最高效应就是聚集效应，只有实现统一，心情愉悦，把心管住，才能应对变革的时代。领导者总是在"真我发现"—"自我突破"—"熔铸团队"—"创造卓越"过程中轮回。

其二，管理者应该是故事演说家。

管理学不是管理概念的演绎，《管心》深入浅出，古为今用，洋为中用，思想深刻，雅俗共赏，是让人能够理解与接受的管理学。书中的故事读来亲切真实，像是在交流，没有说教，拉近了读者与作者的心理距离，容易产生心灵的碰撞。《管心：企业管理变革根本》是陆老师此前的著作，此书一出版，社会上就出现地摊盗版书，说明这本书很有市场，不仅是管理者，也受大众喜爱。作为企业领导者要善于在日常生活中发现管理的案例，学会讲故事。因为故事通俗易懂，容易记忆，影响深刻。

其三，管理者应该是纵横家。

管理学本身是边缘学科，需要管理者丰富的知识面来理解管理的方法。作者在书中引用了心理学、宗教学、伦理学、天文学、中医学、社会学、经济学、互联网、新能源、审美经济等。这些启示我们知识是相通的，没有什么是不相干的。当今时代对人才有新的定位，人才起码要具备六种能力组合：人际关系处理能力、逻辑思维能力、创意思维能力、时间管理能力、自我更新迭代能力、自我省查能力。需要我们学会举重若轻，学会抉择与决策。

其四，管理者应该是哲学家。

哲学是认识论、方法论。今天各种高科技技术快速发展，令人目不暇接，摩尔定律已经被广泛验证。高科技是把"双刃剑"，推动了人类进步，也改变了人的基本人伦。科技越往深度发展，越接近人的内心。我们要学会反思，从自然性与社会性的统一来应对变革。"我们正在沦陷，沦陷于一个'看不见'的时代！我们被网络卷入，被手机压迫！这就是最重要的文化境遇。"这是上海师范大学人文与传播学院教授、博士生导师金定海以"越往内心走，越中国"为题的演讲。他认为，传播是一种存在方式，而传统文化的传播与创新，正是为了形成一种更强的存在。每一代人都有自己的"新媒体"，而新技术的传播意义，不在于如何改造传播，而在于如何改变消费者的感知方式和生活方式，这是对科技认知与人文认知的知行合一。

我深知，人类的终极目标是真、善、美。科技是真，即基础；管理是善，即规范；人民的获得感、满足感、愉悦感、幸福感是美，即目标。我们正在努力走向中国特色社会主义的终极目标！"中国数字产业集团有限公司"是一家战略性、高科技、国家级创新型大型企业，承担国家"一带一路"大数据中心、云计算中心建设重任，以"信息化、社会化、市场化、国际化"为导向，正朝着"建成国际一流的大数据信息产业公司"的战略目标迈进……"水因善下终归海，山不争高自成峰"。中国数字产业集团有限公司作为以"数字改变生活、信息联通未来"为战略使命的新生集团，将积极增强全力建设数字强国的信心，全面打通承载全国各个行业搭载信息技术、数据发展的高速通道，完成与各级政府共同建设数据强国、信息富民、数字中国的重任！以资本为纽带，以人才为核心，以创新为动力，搭建国家战略预备队平台，集聚行业资源要素，持续发现数字产业新的经济增长点，进一步加大数据共享与开放力度，整合全球资源、技术、资本和科技创新人才，加快突破核心技术，积极进入国际市场，为其他产业的发展起到桥梁作用，深化国际数字经济交流与合作，共同推动全球互联网治理体系变革，与世界各国携手共建网络空间安全命运共同体。

读《管心》悟《管心》！适逢本书再版时与大家分享感悟。权作后记！

王　涛

中国数字产业集团有限公司党组书记、董事长

后　记

　　《管理心性：管理变革的根本》这本书共写了十章，从企业管理变革的角度对心理思维在管理中的重要作用进行了探讨，以期对读者特别是从事管理工作的同仁有所启发与引导，以引起对管理变革的重视。

　　现对书中几个章节的内容作一说明：

　　第二章"人际关系在管理中的素质作用与要求"我曾于1993年发表在《中国机械企业管理》杂志上，而且论文题放在封面上，后《中国改革发展丛书》要收录，我放弃了。今天看看这篇论文还没有过时，就放在书里。

　　第三章"佛学思想在团队学习中的伦理作用"我曾于2009年发表在加拿大英文国际期刊《工商管理国际期刊》上，引起了国际学术组织的重视，纷纷发来电子邮件，提出了各种期许，使我很是欣慰。

　　第六章"企业绿色组织的变革"我曾于2006年发表在加拿大英文国际期刊《亚洲社会科学》上。发表的英文文章附后，供喜欢英文阅读的朋友一阅。

　　所以，严格来说，这本书只能算是论文的汇集。从书中十个章节的内在逻辑来看，自认为还不算凌乱，也就这样汇总出书了。

　　企业有个"三命观"，即生命、使命和宿命。企业的生命是指企业由诞生到成长、成熟再到消亡。能够成为百年企业是每个企业家的梦想与追求。也因如此，百年企业得到人们的尊重和信任。企业的使命不仅是指经济使命，还有社会使命，因为企业是社会成员的一个细胞，是社会的一个组成部分，企业的发展离不开社会的各项功能条件和帮助。企业不仅享受了这一权利，企业同样还有义务为社会承担社会责任，毕竟权利和义务是对等的关系。企业还有更高的使命，那就是文化使命。企业管理的特色就体现了企业的文化。而一个成功、成熟企业的管理模式、管理文化成为社会的资源，为其他企业借鉴与学习，由此推动整个社会经济的发展。文化有引导力、向心力、惯性力，文化的特点是潜移默化、源远流长。所以我们今天一讲到管理就会想起那些百年成功的企业。因为这些企业传承的是企业的精神，也就是企业的文化。

我曾经到过一个做豆制品的企业，看到这个花园式的企业，我很感慨。这个企业里还有几十户做豆制品的个体小作坊，这个企业还负责对小作坊的规范管理和食品安全监督，体现了社会使命的责任感。这个企业还有中国首家豆文化馆，对豆制品在中国发源与传承，使人非常清晰。我当时就想到，这个企业集中体现了企业家的三个使命，经济使命、社会使命和文化使命。尽管这个企业当时不一定很清楚三个使命的理论，但实际上已经具有了三个使命的雏形了。

企业管理者应当把三个使命有机结合，从某种角度来看，企业的社会使命和文化使命的价值，有时会大于企业的经济使命。

也有人戏称我为管理专家，我不敢当，我内心都不承认我是个学者。但我热爱管理工作，也热爱管理理论，也许"热爱就是最好的老师"。我经常说自己很有点阿Q精神，但愿这种阿Q精神能无愧于读者，无愧于社会，无愧于人生。

"文学和科学相比较的确是没有什么用处。但是文学的最大的用处，也许就是它没有用处。"这是莫言获得诺贝尔文学奖领奖时的感言。

借用莫言这句话，《管理心性：管理变革的根本》这本书，不可能使任何一个企业即时见到效果，的确是没有什么用处的。但是，这本书最大的用处，也许就是它没有用处。

推陈出新全在心，爽秋寒冬复又春，龙龄天意贞观志，乐在文都奏键音。

中国人，中国梦。